Wolfgang Kuhn
Darwin im Computerzeitalter

Wolfgang Kuhn

Darwin im Computerzeitalter

Schwengeler-Verlag
CH-9442 Berneck

CIP-Titelaufnahme der Deutschen Bibliothek:

Kuhn Wolfgang:
Darwin im Computerzeitalter: das Ende einer Illusion
/Wolfgang Kuhn. - Berneck: Schwengeler, 1989
(TELOS-Bücher; Nr. 2181: TELOS-Präsent)
ISBN 3-85666-229-4
NE: GT

TELOS-Bücher
ISBN-Nr.3-85666-229-4
TELOS-Präsent-Nr. 2181

Umschlaggestaltung und Gesamtherstellung:
Cicero-Studio am Rosenberg, Berneck/Schweiz

Inhalt

Kapitel 1

An den Grenzen der Erkenntnis

Der griechische Philosoph und Naturforscher Aristoteles († 322 v.Chr.) war davon überzeugt, das menschliche Gehirn habe als das *kälteste Organ* keine andere Aufgabe als die, das Blut abzukühlen und dadurch vor Überhitzung zu bewahren. Viele Jahrhunderte später galt das Herz immer noch als Mittelpunkt der Person, in dem alle Gedanken *erwogen* wurden. Noch im 17. und 18. Jahrhundert beschrieben Naturforscher das Gehirn als einen *geronnenen Brey*, und selbst noch in unserer Zeit eines imponierenden naturwissenschaftlichen Fortschrittes müssen wir zugeben, daß es trotz aller inzwischen gewonnenen Kenntnisse auch über unser *Führungsorgan* (A. Portmann) immer noch ein Rätsel ist, wie das Gehirn arbeitet[1].

Da mag denn immerhin die Versuchung verständlich erscheinen, sich die ganze Sache, zumindest in der Theorie, etwas zu vereinfachen. Freilich nicht mehr gar so naiv, wie es der materialistische Biologe L. Büchner um die Mitte des vergangenen Jahrhunderts tat, als er rigoros und dogmatisch erklärte, das menschliche Gehirn erzeuge die Gedanken nicht anders als die Leber ihre Galle oder gar die Nieren den Urin. Doch so manche kaum minder dogmatische *Erklärung* für die angebliche Evolution von Geist bewegt sich auch mehr als 130 Jahre nach Büchner beschämenderweise noch immer auf dem gleichen Niveau.

Vertreter der sogenannten *Evolutionären Erkenntnistheorie* möchten in den Inhalten wie dem Vorgang unseres Denkens nichts anderes sehen als Produkte der *Natürlichen Auslese* im Kampf ums Dasein, der unerbittlichen *Selektion.* Menschliche Vernunft, so verkünden sie pathetisch, ergebe sich als ein notwendiges Produkt der Evolution aus einer bestimmten Konstellation der Materie, weshalb nichts, aber auch absolut nichts *Übernatürliches* darin gesehen werden müsse[2]. Mit anderen Worten: Wenn die Materie, in diesem Fall die Zahl von Nervenzellen als *Schaltelemente* und ihrer Verknüpfungen, der Synapsen, einen bestimmten Grad von Kompliziertheit erreicht hat, dann produziert sie aufgrund dieser Komplexität auch Geist, sie denkt. Somit wird unser menschliches Erkenntnisvermögen schlicht zur «Funktion eines biologischen Organs, nämlich des Nervensystems», womit allerdings das Zentralnervensystem Gehirn gemeint ist[3]. So einfach ist das also!

Unter solch anspruchslosen Voraussetzungen ist der Schluß, den der Soziobiologe R. Dawkins zieht, nur allzu folgerichtig: Man müsse, so fordert er kurzerhand, komplizierten Rechenmaschinen, vor nicht allzulanger Zeit noch *Elektronengehirne* genannt, dann konsequenterweise auch Selbstbewußtsein zusprechen. Übrigens ist auch die Meinung, von einem bestimmten Grad der Kompliziertheit an *müsse* tote Materie Geist erzeugen, keineswegs ganz neu und originell! Erinnert sie doch peinlich an jene vor über 100 Jahren bereits geäußerte Zuversicht eines materialistischen Biologen, wenn es erst einmal gelungen sei, künstlich das *richtige* Eiweiß herzustellen – heute würden wir sagen: ein Eiweiß, das in seinem Aufbau kompliziert genug ist – dann begänne es schon ganz von allein zu *krabbeln*, also zu leben. Auch das Leben selbst darf ja in diesem reduktionistischen Denken nichts anderes sein als das geradezu zwangsläufige *Produkt* einer bestimmten Komplexität der Materie.

Immer noch und immer wieder verwechseln die meisten Biologen Voraussetzungen mit Ursachen und kommen so von falschen Denkansätzen – wie könnte es denn anders sein – auch zu irrigen Ergebnissen. Mehr noch als nur irrig: absurd, wie es beispielsweise die Behauptung eines Radiomechanikers wäre, wenn man erst ein Empfangsgerät mit noch mehr Transistoren, Kondensatoren, Spulen usw. und mit noch komplizierteren *Verdrahtungen* bauen könne, dann benötigte man schließlich überhaupt keine Sendeanstalten mehr. Dann würde nämlich dieser Apparat allein aufgrund seiner komplizierten Struktur selbst Nachrichten, Musikprogramme, Hörspiele etc. hervorbringen!

Wenn allerdings die Frage, ob unser Gehirn ein *Computer* sei, der aufgrund seiner besonderen *Konstruktion*, seiner chemisch-physikalischen Voraussetzungen Geist produziere, verneint werden muß, dann stellt sich die uralte Frage nach der Herkunft eben dieses Menschengeistes aufs neue. Sie ist zugleich die entscheidende Frage nach der Sonderstellung des Menschen als Krone der Schöpfung über allem Geschaffenen.

Künstliche Intelligenz?

Das Schlagwort von der *Künstlichen Intelligenz* hat schon längst nichts mehr mit billiger Science-fiction-Literatur zu tun. Man findet es in den Tageszeitungen, die über Kongresse berichten ebenso wie in der Fachliteratur, wo es bereits eine gängige Abkürzung dafür gibt: *KI.* Bezeichnenderweise handelt es sich dabei auch noch um eine Falschübersetzung von *Artificial Intelligence*, die – den Evolutionisten durchaus nicht unwillkommen(!) – suggeriert, es gäbe schon bald keinen Unterschied mehr zwischen der Intelligenz des Menschen und der eines Computers. Doch *Intelligence* steht nun eben einmal im Englischen nicht für Intelligenz in unserem Sinne, sondern für das Sammeln, Mitteilen und Auswerten von Nachrichten. So ist ja auch ein *Intelligence-Bureau* mitnichten etwa ein intelligentes Büro, sondern ein Nachrichtendienst (W. Gitt). Offen wurde auf einer Tagung der Evangelischen Akademie Tutzing, die unter dem Motto «Denken und denken lassen» namhafte Computerfachleute und Informatiker zu Wort kommen ließ, zugegeben, daß *Künstliche Intelligenz* im Grunde ein *mißlungener Fachbegriff* sei. Verwunderlich ist nur, daß offenbar kein einziger Vorschlag einer berichtigenden Namensänderung erfolgte, obwohl auch der international bekannte amerikanische Informations-Technologe Joseph Weizenbaum vor einem *Zauberglauben an die Künstliche Intelligenz* warnte und sich bei den Teilnehmern einhellig die Überzeugung durchsetzte, *daß menschliche und Künstliche Intelligenz astronomisch weit voneinander entfernt sind*. Wie kann, wie darf man ehrlicherweise aber *astronomisch*, also schier unendlich weit voneinander entfernte, mithin völlig verschiedene Inhalte mit dem gleichen schillernden Begriff kennzeichnen? In der Tat mit einem Begriff, den niemand genau zu definieren vermag: Was menschliche Intelligenz ist, das bestreitet kein Fachmann, weiß man nicht! Nur eines ist sicher: Sie leistet mehr, um astronomische Größenordnungen mehr, als selbst der größte und komplizierteste Computer zuwege bringt. Die KI hat ihre engen Grenzen, wo zweckrationale Prozesse aufhören. Sie berührt allenfalls Teilbereiche menschlichen Denkens, solche des rein Rationalen, während Gefühle, Spontaneität, Kreativität, Intentionen und Phantasie nicht programmierbar sind.

Nicht *programmierbar* – dies ist nun gewiß das entscheidende Eingeständnis, daß ein Computer nicht eigenständig *denken*, sondern lediglich vom denkenden Menschen eingegebene Informationen algorithmisch verarbeiten kann. Allein der Mensch, sein Konstrukteur und Programmierer ist es, der hier denkt! «Neue kreative Gedankengänge kann die Maschine nicht hervorbringen». Kein Roboter leistet mehr, als ihm durch die Intelligenz, die Voraussicht seines Programmierers an *modellhaftem Wissen* aufgeprägt wurde[4]. Der Computer führt seine Rechenoperationen zwar als elektrisch arbeitendes Gerät rascher durch, als es unser Gehirn vermag – aber er ist eben nur *schnell*, nicht *intelligent*. Bezeichnend ist der Name *Blechdepp*, den treffsicherer Studentenhumor jenem Computer verliehen hat, der die Examennoten, stoppt man ihn nicht rechtzeitig, bis auf Tausende von Stellen *hinter dem Komma* errechnet! Auch der Braunschweiger Informatiker W. Gitt stellt fest, daß zwischen der (fälschlicherweise so genannten!) KI und unserer menschlichen Intelligenz nicht nur graduelle, sondern grundlegende, also echte Wesensunterschiede bestehen – eine Aussage, die nun freilich weit präziser ist als der etwas nebulöse Hinweis auf Unterschiede in *astronomischen Größenordnungen*. Deshalb schlägt Gitt auch vor, die KI redlicherweise als *Datenverarbeitung auf höherem Niveau* zu bezeichnen, auf gar keinen Fall hingegen als *Beginn des selbsttätig denkenden Computers* (S. 136).

So zeigen denn – entgegen lange gehegten Erwartungen! – gerade die moderne Computerwissenschaft und die Informatik, daß *Geist* eben nicht das zwangsläufige Ergebnis einer gewissen Struktur der Materie ist. Der *Geist*, die Intelligenz, die vermeintlich von der Maschine, dem Computer *erzeugt* wird, ist, und mag diese Maschine noch so kompliziert gebaut sein, just jener, der zuvor vom alleindenkenden Menschen in ihn, in seine Struktur, seine Hardware, und mittels des Programms, der *Software* sozusagen *hineingesteckt* wurde. Man könnte gar ein Goethewort entsprechend umformulieren: «Was ihr den ‹Geist› des Computers heißt, ist seines Schöpfers eigner Geist, der im Computer sich bespiegelt!»

Sowenig wie Eiweiß, hat es erst einmal (wodurch, das freilich bleibt nach wie vor eine unbeantwortete Frage!) eine bestimmte molekulare Komplexität erreicht, von selbst *krabbelt*, also zu leben beginnt, fängt irgendein Computer bei Erreichen einer bestimmten Größe und Zahl seiner Schaltelemente an, intelligent zu denken. Was dieser Fehlerwartung zugrunde liegt, ist eben wiederum jene schon erwähnte verhängnisvolle, aber im darwinistischen Denken auf Schritt und Tritt anzutreffende Verwechslung von Ursache und Voraussetzung. Ohne eine bestimmte organische Komplexität ist zwar kein Leben möglich und ohne ein höchst komplex vernetztes Zentralnervensystem kein Denken – ebensowenig wie etwa eine Klaviersonate ohne Klavier. Doch die Annahme, diese Voraussetzungen des Lebens oder Denkens seien deshalb auch seine Ursachen, wäre ebenso absurd wie die Behauptung, das Klavier *erzeuge* die Mozartsonate allein und ausschließlich aufgrund der komplizierten Anordnung seiner Tasten, Hämmer und Saiten, so daß weder ein Komponist noch ein Pianist erforderlich wären!

Unser Gehirn – ein lebender Computer?

Wohl etwas allzu vorschnell bezeichnete man anfangs die Rechen-Computer als *Elektronen-Gehirne*. Weil diese Maschinen aufgrund ihrer von Menschenhirnen erdachten, verwirklichten und programmierten Konstruktion untergeordnete Teilfunktionen des menschlichen *Führungsorganes* leisten können, glaubte man zuversichtlich, in beiden Systemen, dem Computer wie dem Gehirn, spiele sich dabei auch genau das gleiche ab, und es sei lediglich eine Frage der weiteren Entwicklung solcher *Elektronengehirne*, daß sie eines Tages sämtliche Funktionen eines Menschengehirnes ebensogut, ja besser noch und in wesentlich kürzerer Zeit zustande brächten.

Inzwischen jedoch gehört der Begriff *Elektronengehirn* der Vergangenheit an. Längst hat sich herausgestellt, daß es kaum Gemeinsamkeiten gibt zwischen der Maschine und unserem Gehirn. Der Vergleich mag zwar für das Verständnis untergeordneter Teilprozesse hilfreich sein, aber er führt insgesamt gesehen dennoch in die Irre (Crick). Ein Computer verarbeitet Informationen, die man ihm *eingibt* zwar mit hoher Geschwindigkeit, jedoch nacheinander, während das beträchtlich langsamere Gehirn seine Informationen in Millionen von Kanälen *gleichzeitig* umsetzt. Fällt beim Computer nur ein Teil aus oder wird er entfernt, dann taugt die ganze Maschine zu nichts mehr. Im Gehirn jedoch können sogar viele *Schaltelemente* ausfallen, ohne daß dies zu einer nennenswerten Störung führen muß. Ja, ausgefallene Bezirke, etwa durch einen Schlaganfall zerstörte Areale, können in ihrer ursprünglichen Funktion sogar durch andere, die sie nun mitübernehmen, ersetzt werden. Computer *verstehen* lediglich Nachrichten, die in einem ja-nein-Code verschlüsselt sind, während das Gehirn auch mit weit weniger präzisen Methoden Signale übermittelt und den Wirkungsgrad seiner Synapsen so zu verändern vermag, daß es aus Erfahrungen lernt. Der Mensch kann mit seinem Gehirn *Muster* erkennen, *«vor denen jeder Computer kapitulieren müßte»*[5].

Während die Tätigkeit eines Computers auf Zahlenverknüpfungen beruht, gelangt das Gehirn durch Schlußfolgerungen zu seinen Ergebnissen[6]. Bei alledem ist jedoch noch nicht berücksichtigt, daß sich dieses Menschengehirn ja selbst aufbaut und weitgehend auch selbst *programmiert*, was – glücklicherweise! – kein Computer kann, der aus vorgefertigten Teilen durch menschliche Intelligenz zusammengebaut und anschließend programmiert werden muß. Von allen Fähigkeiten unseres Führungsorganes, die über rein mathematische Operationen hinausgehen – und gerade dies sind nun einmal die bedeutsamen! – ist beim Computer auch nicht eine Spur zu finden. Computer können, wie gesagt, schneller rechnen und große Mengen von Tatbeständen sortieren – allerdings nur, soweit diese Zahlen ausdrückbar sind, meint E. Bay: «Sonst sind sie dem Gehirn in jeder Hinsicht weit unterlegen.» Das hat sich wohl in keinem anderen Fall ernüchternder gezeigt als im Scheitern aller Versuche, Übersetzungsautomaten zu entwickeln. Ein Computer versagt kläglich, selbst wenn es nur um Sprachleistungen geht, wie sie ein Kind bereits im zweiten und dritten Lebensjahr vollbringt!

Aber selbst wenn unser Gehirn wirklich nur ein Computer wäre und einem solchen vergleichbar funktionierte (wobei die Frage immerhin offen bliebe, welche überragende Intelligenz ihn erdacht und *konstruiert* hat, denn nirgendwo entstand je ein Computer *von selbst*!), dann wäre es allen derzeit existierenden technischen Computern um so viele Größenordnungen überlegen, daß eine sinnvolle Extrapolation, also ein Schluß von einem auf das andere, nicht mehr möglich ist (W. Gitt).

Von alledem ahnte Ch. R. Darwin freilich noch nichts. Zu seiner Zeit konnte man ja nicht wissen, welche Einblicke in das verwickelte Geschehen im menschlichen Gehirn die weitere Forschung vermitteln würde. Für ganz und gar unmöglich hätte er es allerdings gehalten, daß der Fortschritt auf physikalisch-technischem Gebiet, von dem sich ja vor allem seine Anhänger und Nachfolger eine rein materialistisch-naturwissenschaftliche Erklärung auch der Lebensvorgänge einschließlich der geistigen erhofften, gerade zur gegenteiligen Erkenntnis führen und die unüberbrückbare Grenze aufzeigen würde. Ausgerechnet die Computerwissenschaft und die Informatik erbringen heute den Beweis dafür, daß dieses Menschenhirn eben gerade *kein* Computer und Geist nicht das naturnotwendige Produkt einer bestimmten Organisationsstufe der Materie ist.

Das Lächeln der Mona Lisa...

Tatsächlich erinnert ein jeder Versuch, rein naturwissenschaftlich – und darunter versteht man in der Regel mit den experimentellen Mitteln und Methoden von Physik und Chemie – zu erklären, was sich in unserem Gehirn abspielt, an den vergeblichen Versuch des Lügenbarons v. Münchhausen, sich am eigenen Zopf aus dem Sumpf zu ziehen. Ist doch in diesem wahrlich verzwickten Falle der Gegenstand, das Objekt der Forschung identisch mit ihrem Instrument, mit dem Subjekt, das ihn untersucht! Schließlich existiert ja keine andere Instanz, die das menschliche Gehirn studieren, sozusagen *unter die Lupe nehmen* könnte als eben dieses Gehirn selbst als Instrument des forschenden Geistes. Wie aber wäre so etwas möglich: Ein Werkzeug, das sich selbst analysiert, um sich schließlich selbst zu verstehen und dennoch während dieser Analyse, die doch ohne Zergliederung gar nicht möglich ist, stets unversehrt und *ganz* bleibt? Da hilft denn auch nicht der verständlicherweise etwas gequälte Hinweis weiter, schließlich bestehe das Gehirn, wie jedes andere Organ auch, aus Zellen, deren Funktionen den gleichen Gesetzmäßigkeiten unterliegen, denen alle Zellen unterliegen. Immerhin können ja sämtliche anderen Organe, das Herz beispielsweise oder die Leber, mit Hilfe eben dieses Gehirns *von außen* betrachtet und analysiert werden – nur sich selbst vermag es einer derartigen Operation nicht zu unterziehen! Gewiß: Die elektrischen und chemischen Signale der Gehirn-Nervenzellen können registriert und – zumindest teilweise – interpretiert werden, ebenso wie sich auch die chemischen Bestandteile dieser *Schaltelemente* identifizieren lassen und auch das Netzwerk ihrer *Verkabelung* in einzelne Schaltkreise zu zerlegen ist[7]. Doch diese relativ untergeordneten Teilerkenntnisse tragen wenig oder auch gar nichts dazu bei, das *Funktionieren* unseres Gehirns zu begreifen – und erst recht nichts zum Verständnis der, wie Büchner gesagt hätte, *Erzeugung von Geist.* Dafür lassen sich gleich mehrere gewichtige Ursachen ins Feld führen. Einmal widersetzen sich bereits die immerhin noch *übersichtlichsten* Strukturen, in denen diese Gehirn-Schaltelemente, die Nervenzellen oder Neuronen *wie auf einem Schaltbrett* angeordnet und miteinander verknüpft sind unserem Verständnis, geschweige denn erst die weit komplizierteren räumlichen Vernetzungen[8]. Zum anderen erinnern solche Hinweise auf chemische und physikalische Forschungsmethoden zur erhofften Aufklärung geistiger Prozesse noch immer an Ludwig Büchners Nieren- oder Gallenbeispiel. Beschämend, daß selbst anerkannte Fachleute auf diesem Gebiet offensichtlich noch immer nicht gelernt haben, daß sie auf eine rein chemische oder physikalische *Frage* an den Organismus eben auch lediglich eine chemische oder physikalische Antwort erwarten können, nicht aber, wie in diesem Falle erhofft, eine Antwort über Natur und Ursprung geistig-seelischer Vorgänge!

Über einen Chemiker, der allen Ernstes die skurrile Überzeugung äußerte, wenn es erst einmal gelungen sei, sämtliche Farben, die Leonardo da Vinci vor nahezu fünfhundert Jahren zum Malen noch selbst vorbereitete, genau zu analysieren, dann wäre endlich auch das geheimnisvolle Lächeln seiner Mona Lisa *naturwissenschaftlich* gelöst und erklärt, da ihr Gesicht ja mit eben diesen Farben gemalt und sich auch seine Stimmung aus deren Molekularstruktur zwangsläufig ergäbe, würde alle Welt mit gutem Recht lachen. Und doch ist die Erwartung, aus den chemischen und physikalischen Vorgängen im Zentralnervensystem Intelligenz und Geist *naturwissenschaftlich* erklären zu können, nicht minder skurril. Daß in beiden Fällen erneut Voraussetzungen mit Ursachen verwechselt werden, sei hier nur am Rande vermerkt. Unser *Führungsorgan* Gehirn mit all seinen höchst komplizierten *Verkabelungen* und diffizilen chemischen wie physikalischen Prozessen ist als *Instrument* eine unerläßliche Voraussetzung geistiger Aktivität, aber es bringt diesen seiner selbst bewußten Geist (Eccles) sowenig aus eigenem Vermögen hervor, wie das Instrument Klavier irgendeine Sonate. Es geht eben nicht ohne den *Pianisten* (vom Komponisten ganz zu schweigen!), den Karl Popper einmal im Hinblick auf unser Gehirn als *das Gespenst in der Maschine* mit diesem seiner selbst bewußten Geist vergleicht[9].

Kybernetik kontra Darwin

Des Neurophysiologen H. Nauta und M. Feirtags Eingeständnis, selbst wie auf einem Schaltbrett übersichtlich angeordnete Strukturen von Nervenzellen und ihren Synapsen in unserem Gehirn widersetzten sich – und dies ganz offensichtlich grundsätzlich und keineswegs etwa wegen ungenügenden Wissens lediglich *noch* – unserem Verständnis, wirft nun allerdings die Frage auf, ob es denn überhaupt möglich sei, die Gesamtheit dieser Schaltelemente und ihrer so vielfältigen gegenseitigen Verknüpfungen überhaupt auch nur abzubilden. Anders gesagt: Ist es grundsätzlich möglich, einen Gesamt-*Bauplan* dieses vermeintlichen *Computers Gehirn* zu erstellen?

Vor über zwei Jahrzehnten bereits stellte der bekannte Kybernetiker K. Steinbuch zu dieser Frage eine interessante Berechnung auf. Er ging dabei von der Erfahrungstatsache aus, daß ein Fachmann zur Erstellung des Schaltplanes eines ihm bis dahin völlig unbekannten Nachrichtengerätes mit insgesamt nur 200 Schaltelementen etwa fünf Stunden benötigt. Unter der allerdings stark vereinfachenden Annahme, die Schwierigkeit und damit der Zeitaufwand einer solchen Analyse wüchsen linear mit der Anzahl dieser Schaltelemente, so daß beispielsweise für ein Gerät mit 400 Elementen auch nur doppelt so viele Stunden, also zehn erforderlich wären, kam Steinbuch zu dem überraschenden Ergebnis, daß nur für die Aufzeichnung eines kompletten Schaltplanes aller 10–15 Milliarden Gehirn-Schaltelemente (Neuronen) des Menschen sage und schreibe 40000 Jahre ununterbrochener Arbeit erforderlich wären! Da spielt es nun allerdings keine Rolle mehr, daß die erwähnten Schwierigkeiten, vor allem der Zeitaufwand, sehr viel rascher anwachsen als die Zahl der Schaltelemente, also keineswegs linear. Ob 40000 oder aber 4 Millionen Jahre – in jedem Fall ist die Erstellung eines Gehirn-Schaltplanes grundsätzlich unmöglich. Aber selbst wenn diese Schwierigkeiten nicht existierten und der Schaltplan aufgezeichnet werden könnte, gäbe er am Ende *«kaum eine brauchbare Auskunft»* (Crick). Man wüßte immer noch nicht, was da geschieht und wie *es funktioniert*. Hubel vergleicht den forschenden Neurobiologen mit einem Menschen, der wohl etwas weiß über Widerstände, Kondensatoren und Transistoren und in das verwirrende Innere eines Fernsehapparates schaut. Auch er kann die Funktionen des Gerätes nicht verstehen, solange er keine Ahnung hat von seinem Zweck, von dem Ausmaß der Verdrahtungen und dem Zusammenwirken aller Einzelteile. Nur: Im Gegensatz zum Schaltplan eines Fernsehgerätes ist eben der unseres Gehirnes nicht nur aus den bereits genannten Gründen gar nicht erst aufzustellen. Wäre er doch einige hundertmal komplizierter als das gesamte Telefon- und Fernschreibernetz unserer Erde und erforderte zu seiner

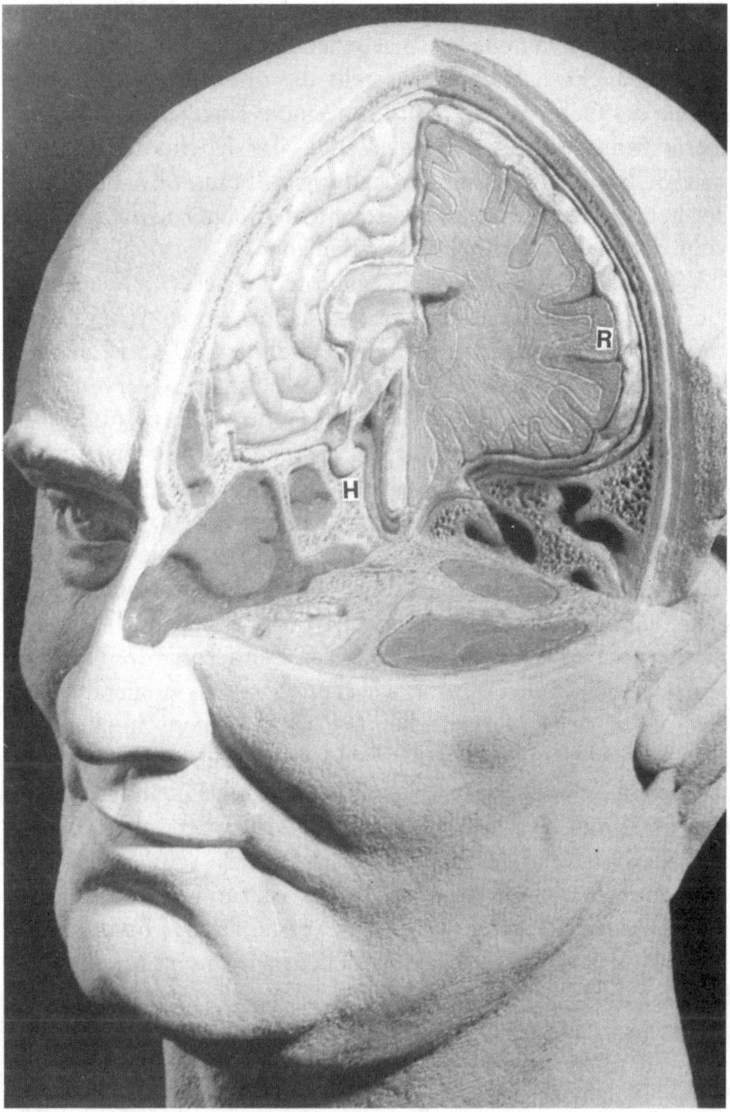

Die Lage des menschlichen Gehirns, des allen bislang konstruierten Computern unendlich überlegenen, kompliziertesten Systems des uns bekannten Universums, im Schädel. Kombinierter Längs- und Querschnitt. R=Hirnrinde; H=Hypophyse (nach einem Modell im Nathist. Museum London).

Aufzeichnung selbst bei kleinstmöglicher Wiedergabe mehrere Quadratkilometer eng beschriebenen Papieres. Eine weitere unüberwindliche Schwierigkeit stellt die unerhörte *Bauelement-Dichte* des Gehirns dar, das in nur einem einzigen Kubikzentimeter zehn Millionen Bauelemente, also lebende Zellen enthält! Selbst «die Zusammenschaltung von tausend Computern der heutigen Spitzenklasse würde nicht annähernd die Komplexität der Gehirnarchitektur wiedergeben»[10].

Vermutlich ist jedoch dieses Schaltnetz unseres Gehirns noch viel komplizierter und enthält weit mehr *Elemente*, als für gewöhnlich angegeben wird. In den erwähnten 10–15 Milliarden sind nämlich die sensorischen, die Empfindungs-Nervenzellen nicht mitenthalten, da sie nicht im Gehirn selbst, sondern in Ganglien (Nervenknoten) liegen, die Gehirn und Rückenmark flankieren. Außerdem gibt es sehr kleine Nervenzellen, die zudem außerordentlich dicht gepackt liegen, so daß ihre genaue Anzahl unmöglich bestimmt werden kann (z.B. die Körnerzellen im Kleinhirn). Infolgedessen könnte die Gesamtzahl aller Schaltelemente des Menschengehirns «ohne weiteres(!) um eine Zehnerpotenz oder sogar um zwei Zehnerpotenzen größer sein»[11]. Auch Hubel nimmt, wie ebenso Stevens «ungefähr hundert Milliarden» Nervenzellen (= 10^{11}) im menschlichen Gehirn an, wobei diese enorme Zahl «vermutlich um den Faktor 10 nach oben oder unten unterschiedlich» sei. Mit anderen Worten: Es könnten tatsächlich *nur* zehn Milliarden, aber ebensogut auch tausend Milliarden *Schaltelemente* sein! Auch hier kann nur festgestellt werden: Beides ist für uns längst nicht mehr vorstellbar, geschweige denn verständlich. Hundert Milliarden – das wären ebensoviele Zellen, wie unsere Milchstraße Sterne zählt![12]

Erst recht versagen Vorstellungskraft und jedes Verständnis, wenn man berücksichtigt, daß jede dieser Nervenzellen als Schaltelement unseres Gehirns Informationen von Hunderten bis Tausenden anderen erhält und diese wiederum auf Partner überträgt, deren Zahl sich in der gleichen Größenordnung bewegt. Insgesamt verbinden etwa fünfhundert Billionen Schaltstellen oder Synapsen die Einzelelemente dieses unvorstellbaren Netzes[13], und alle Verbindungskabel ihrer *Verdrahtung* ergäben zusammen eine Strecke von 500000 Kilometern – also mehr als den zehnfachen Erdumfang am Äquator.

Aus alledem ergibt sich die eine Schlußfolgerung: Diese astronomischen Zahlen, die hohe Komplexität der Verknüpfungen aller Schaltelemente unseres Gehirns, die Unmöglichkeit, auch nur einen Schaltplan zu erstellen, machen ein Verstehen seiner Funktionen und Fähigkeiten, insbesondere seiner geistigen, prinzipiell unmöglich. Hier ist die Wissenschaft in der Tat an ihrer mit mathematischer Exaktheit formulierbaren Grenze der Erkenntnis angelangt.

Das bestätigt übrigens interessanterweise gerade ein Gesetz der Kybernetik selbst! Es besagt, daß zur Analyse eines Systems – also etwa eines datenverarbeitenden Computers – ein anderes System von höherem Kompliziertheitsgrad erforderlich ist. Das Umgekehrte ist grundsätzlich nicht möglich: Das einfachere System vermag das kompliziertere niemals zu analysieren. Nun ist aber das menschliche Gehirn das bei weitem komplizierteste System des uns bekannten Universums. Da es also kein komplizierteres gibt, ist seine Analyse, die restlose Aufklärung seines Funktionierens, nicht möglich. Freilich kommt als eine weitere unüberwindliche Schwierigkeit noch hinzu, daß die methodischen und erkenntnistheoretischen Möglichkeiten der wägenden und messenden, mithin auf das Quantitative beschränkten Naturwissenschaft nicht genügen, die nicht in Maß und Zahl faßbaren Qualitäten, die seelisch-geistigen Aktivitäten des Gehirns also auch nur zu beschreiben, geschweige denn zu analysieren und zu erklären.

Für den überzeugten Evolutionisten muß dies nun freilich eine niederschmetternde Erkenntnis sein. Widerspricht sie doch eklatant seiner gläubigen Erwartung, der Fortschritt unseres naturwissenschaftlichen Wissens würde über kurz oder lang dazu führen, daß wir schließlich alles, selbst unseren Geist, mit den Mitteln und Methoden von Physik und Chemie auf *natürliche Art und Weise* zu erklären vermöchten. Genau das Gegenteil ist nun eingetreten. Jetzt muß er sich ernsthaft fragen, ob es tatsächlich für möglich, ja auch nur denkbar gehalten werden kann, daß dieser *Super-Computer* Menschengehirn nichts anderes ist als das Produkt planlosen, ziellosen und sinnfreien Zufallsgeschehens sowie einer unerbittlichen Selektion. Das würde schließlich bedeuten, dem Zufall, der *«gesetzlosen Beliebigkeit»* (Illies), weit, weit mehr an genialer *Schöpferkraft* zuzuschreiben als der sozusagen *geballten* Intelligenz aller Computerfachleute, Physiker, Informatiker und Mathematiker dieses Jahrhunderts der Naturwissenschaft und Technik zusammen. Nein, keiner dieser vielen Fachleute käme auf die wahrlich absurde Idee, irgendein funktionsfähiger Computer, und sei es auch der kleinste und einfachste je von Menschen erdachte und gebaute, könne auf mysteriöse Weise zufällig entstanden sein oder gar, wie das menschliche Gehirn, sich selbst aufbauen, also seine *Hardware* selbständig konstruieren und mit sinnvoller *Software*, mit den erforderlichen Programmen ausstatten. Auch ein Programm, selbst das *einfache* einer vollautomatischen Waschmaschine, entsteht ja ebensowenig *von selbst* wie irgendeine andere *Information*, etwa die eines Buches aus Druckerschwärze, Papier und Leim oder auch nur ein einziger sinnvoller Satz aus Tinte und Schreibpapier!

Die letzte, jedoch entscheidende Frage in diesem Zusammenhang aber scheut sich der nur-Naturwissenschaftler zu stellen, weil sie ihn überfordert, denn seine Arbeitsmittel reichen bei weitem nicht, sie zu beantworten. Als philosophische Frage überschreitet sie die engen Grenzen des Erkennens, die ihm seine kausalanalytische Methode, das *«Messen, was meßbar ist»* (Galilei), steckt. Dennoch drängt sie sich unserem logischen Denkvermögen geradezu auf. Das erwähnte kybernetische Gesetz, daß stets ein komplizierteres, ein *höheres* System vonnöten ist, um ein weniger kompliziertes, niedrigeres zu analysieren, beinhaltet folgerichtig, daß ebenso stets ein höheres, komplizierteres *System* der Erfinder und Konstrukteur des weniger komplizierteren, niedrigeren sein muß.

Welches überragende, all unsere Vorstellungskraft übersteigende, weil unser Gehirn abermals um astronomische Zahlenwerte an Kompliziertheit übertreffende *System* von unerforschlicher Intelligenz ist also seine letzte Ursache, der Schöpfer dieses einmaligen *Führungsorganes*?

1 *Crick, F.H.C.*, Gedanken über das Gehirn (In: Spektrum der Wissenschaft 11/1979).
2 *Riedl, R.*, Evolution und Erkenntnis. München-Zürich 1982/259.
3 *Kaspar, R.*, Die Evolution des Erkennens (In: Wir sind Evolution. München 1981/62).
4 *Gitt, W.*, Energie - optimal durch Information. Neuhausen-Stuttgart 1986/136.
5 *Crick, F.H.C.*, a.a.O./148
6 *Gitt, W.*, Logos oder Chaos. Neuhausen-Stuttgart 1985/11.
7 *Hubel, H.*, Das Gehirn (In: Spektrum der Wissenschaft 11, 1979/37).
8 *Nauta, W., Feirtag, M.*, Die Architektur des Gehirns (In: Spektrum der Wissenschaft 11, 1979/69).
9 *Popper, K. u. Eccles, J.*, Das Ich und sein Gehirn. München-Zürich 1982.
10 *Gitt, W.*, Logos oder Chaos, a.a.O./113.
11 *Nauta, W. u. Feirtag, M.*, Die Architektur des Gehirns. a.a.O./70.
12 *Hubel, H.*, a.a.O./47.
13 *Vester, Fr.*, Denken, Lernen, Vergessen. München 1980/30.

Kapitel 2

Plan und «Superplan» im Schmetterlingsei

Schmetterlingseier zu suchen ist ein mühsames Unterfangen. Nicht nur, weil sie buchstäblich so *verschwindend* klein sind, kaum einen Millimeter lang und lediglich einen Bruchteil davon breit. Nein: Das Schmetterlingsweibchen heftet sie stets ausschließlich auf die Unterseite verbergender Blätter! Es handelt ganz so, als wüßte es recht genau, daß auf die Blattoberseite abgelegte Eier bereits vom nächsten Regenschauer abgewaschen, von den heißen Sonnenstrahlen ausgedörrt oder zuvor schon von den scharfen Augen hungriger Vögel entdeckt würden. Doch der Schein trügt. Kein Schmetterling *weiß*, was er tut und handelt nach Überlegung. Dagegen spricht allein schon die unübersehbare Tatsache, daß sich sämtliche Angehörigen einer Art völlig gleich verhalten bei dieser für ihr Überleben so wichtigen Tätigkeit. Nicht ein einziges Schmetterlingsweibchen müßte dieses klug erscheinende, das *richtige* Eierlegen erst lernen, und sei es auch nur durch die einfache Nachahmung anderer. Selbst völlig allein und isoliert von allen Artgenossen aufgezogene Tiere machen es auch nicht um eine einzige typische Bewegung anders. Das aber bedeutet nicht mehr und nicht weniger, als daß dieses *Verhaltensprogramm*, sein *Instinkt* dem Tier angeboren im Sinne von ererbt sein muß und mithin bereits im Ei die genaue *Information* auch für das richtige Vorgehen bei der Ei-Ablage irgendwie *codiert*, verschlüsselt gespeichert ist. Denn schließlich ändert sich ja die artspezifische Erbsubstanz auch während der Verwandlung oder *Metamorphose* über Raupe und Puppe bis zur *Imago*, dem fertigen Schmetterling, nicht im geringsten – und auch von außen kommt etwa durch Lernen, wie bereits vermerkt, keinerlei neue Information mehr hinzu.

Das Besondere an diesem so winzigen Schmetterlingsei ist, daß es die Information gar für drei Generationen in seinem mikroskopisch kleinen Kern gespeichert enthalten muß: Das Entwicklungsprogramm oder, einfacher ausgedrückt, die Bau- und Betriebsanleitung für eine Raupe, die der daraus hervorgehenden Puppe und schließlich die des Schmetterlings, die sich immerhin ganz wesentlich voneinander unterscheiden. Das gleiche gilt selbstverständlich auch für die unterschiedlichen Verhaltensprogramme. Jedes dieser so grundverschiedenen Programme muß genau zur rechten Zeit *abgerufen* und verwirklicht werden, sauber getrennt von den anderen, ohne die geringste Überschneidung. So bildet die Raupe schneidende Kiefer aus, wohlgeeignet zum Zernagen von Blättern – jener Kost also, an die auch ihr Darm mit seinen Verdauungsdrüsen derart einseitig angepaßt ist, daß sie ausschließlich die Blätter einer einzigen Nahrungspflanzenart frißt. Der Schmetterling hingegen besitzt nur noch ein paar verkümmerte Reste dieser Kiefer, die zum Beißen nicht mehr geeignet sind. Dafür aber hat er einen langen Saugrüssel, mit dessen Hilfe er ebenso ausschließlich Blütennektar zu sich nehmen kann. Und doch legt er seine Eier, als könnte er sich an seine eigene Jugend als Raupe noch erinnern, dem ererbten Instinktprogramm gemäß stets und ausschließlich an die Blätter der artspezifischen Raupennahrungspflanze.

Diese Eier bergen unter ihrer derben Hülle just die Menge an Eiweiß-Baustoffen, die erforderlich ist, um einen vollständigen, wenn auch vorerst noch recht kleinen Raupenkörper daraus aufzubauen – nicht ein winziges Tröpfchen zuwenig oder etwa gar zuviel! Es reicht minutiös abgemessen aus für einen Raupenkörper mit allem, was nun einmal notwendigerweise dazugehört: mit den schon erwähnten starken Kieferzangen (Mandibeln), unscheinbaren *Punktaugen*, Geruchs- sowie Geschmackssinnesorganen, auf eine bestimmte Nahrungspflanze *geeicht*, einem Darm mit allen erforderlichen Verdauungsdrüsen, mit drei Paar gegliederten Brustbeinen und jenen eigenartigen stummelförmigen Bauchfüßen, insgesamt acht an der Zahl, die sich mit ihren weichen Sohlen jeder spiegelglatten Unterlage ebenso fest haftend anschmiegen, wie ihre Borstenkränze auf rauhen Flächen Halt finden. Mit dem nötigen Luftsauerstoff versorgt werden alle Organe durch ein dichtverzweigtes System von zier-

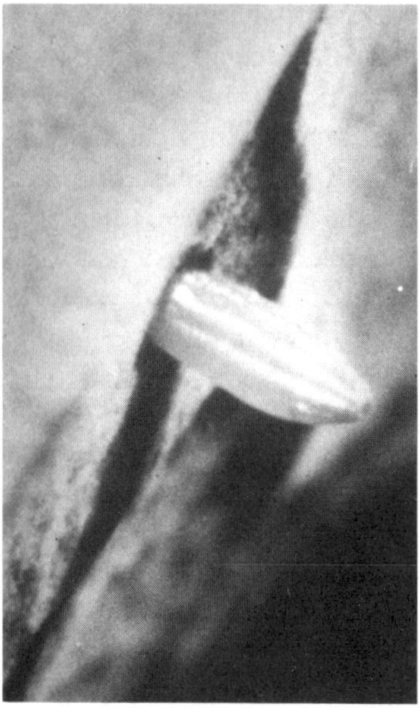

Kohlweißlings-Ei

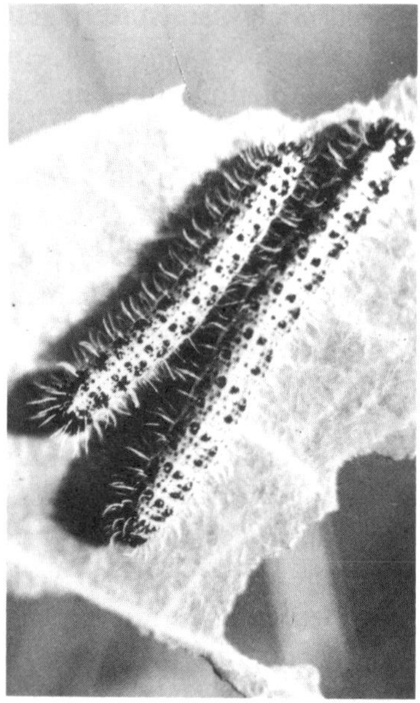

Junge Kohlweißlingsraupen

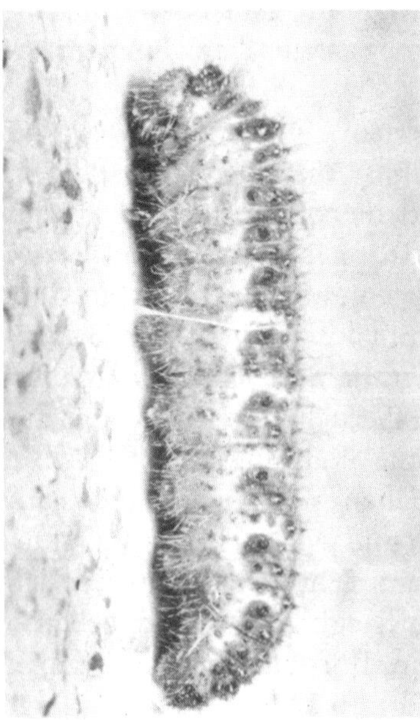

Alte Kohlweißlingsraupe im Gürtel

Gürtelpuppe

Das Kohlweißlingsweibchen legt seine Eier, obwohl es als Schmetterling selbst ausschließlich von Blütennektar lebt, nur an solchen Pflanzen ab, die das geeignete Futter für die bald schlüpfenden Larven darstellen. Man findet diese hellgelben, kaum 1 mm langen, in ihrer Gestalt an winzige Rugbybälle erinnernden Eier stets nur auf den Blattunterseiten, als wüßte der Schmetterling, daß sie auf der Oberseite nicht allein von der Sonne ausgedörrt oder vom Regen abgewaschen würden, sondern ebenso hungrige Vögel auf sich aufmerksam machten. Jedes dieser Eier (Bild 1) enthält exakt soviel Baustoffe, wie erforderlich sind, um ein anfangs noch sehr kleines Räupchen daraus hervorgehen zu lassen – wiederum exakt nach der in seinem Zellkern gespeicherten Information, einem minutiösen Bau- und Funktionsprogramm. Denn auch das Verhalten dieser Räupchen (Bild 2), denen kein einziges lebenswichtiges Raupenorgan mangelt, ist genau vorprogrammiert! Sie fressen mit ihren starken, zangenartigen Kiefern (der Schmetterling besitzt stattdessen einen Saugrüssel!) ausschließlich Blattgewebe ihrer Wirtspflanze, wachsen heran und häuten sich in regelmäßigen Abständen, da ihre alte Haut aus festem Chitin nicht mitwachsen kann.

Zu einer festgelegten Zeit verändern die Tiere ihr Verhalten, suchen sich eine feste Unterlage und spinnen einen feinen, silberglänzenden Seidengürtel um ihren Rücken. Seine beiden Enden kleben an der Unterlage fest, und dadurch hält er die Raupe so sicher, daß sie nicht herabfallen kann (Bild 3). Auch dies alles ist vorprogrammiert, der Aufbau besonderer Spinndrüsen wie ihr richtiger Gebrauch, den keine einzige Raupe erst erlernen muß, zum rechten Augenblick. Dann streift das Tier zum letzten Mal seine alte Haut ab, und zum Vorschein kommt, was sich vorsorglich darunter bereits ausgebildet hat: die Puppe, die nun ihrerseits von dem Seidengürtel als sogenannte «Gürtelpuppe» gehalten wird (Bild 4). An ihr entdeckt man weder Beine, noch einen Kopf oder gar Flügel. Vielmehr lösen sich fast alle Raupenorgane unter ihrer derben Hülle auf, und ihre Zellen gruppieren sich zu neuen Organen, wie sie der Schmetterling benötigt: lange Beine, ein Rüssel, große Facettenaugen, lange Fühler und schuppenbedeckte Flügel. Die Umwandlung, die sich hier in aller Stille und im verborgenen vollzieht, hat ihr erster wissenschaftlicher Beobachter, der Dominikanermönch Albert der Große, im 13. Jahrhundert mit Tod und Auferstehung im verklärten Leib verglichen.

Der fertigentwickelte, bald ausschlüpfende Schmetterling hat so gut wie nichts mehr gemein mit der ehemaligen Raupe. Aber selbst Ort und Färbung jeder seiner unzähligen Flügelschuppen waren bereits im Ei vorprogrammiert.

lich ausgesteiften Atemröhren (Tracheen), deren Öffnungen an den Flanken des Tieres durch Miniatur-Siebe selbst vor feinsten Staubpartikeln geschützt sind. Größere Raupen zeigen oft auch recht komplizierte Farbenmuster. Durch die Einlagerung bestimmter Farbstoffe (Pigmente) in unterschiedlicher Menge und Dichte werden verschiedenfarbige Flächen, Streifen und Flecken in ebenfalls streng erblich festgelegter Ordnung gebildet – unübersehbar also nach einem artspezifischen Plan oder Programm!

Das Wachstum dieser Schmetterlingsraupen erfordert ein weiteres Programm, das ebenso peinlich genau eingehalten werden muß. Da die lederartige Haut nicht mitwächst, muß sie von Zeit zu Zeit abgestreift werden: Das Tier häutet sich. Das jedoch funktioniert nur, wenn – nicht minder exakt nach Plan! – zuvor rechtzeitig unter dieser alten Haut eine neue, noch in Falten liegende und daher zu Anfang auch etwas dehnbare gebildet wurde. Endlich, wenn die Raupe voll ausgewachsen ist, häutet sie sich zum letzten Mal. Was allerdings dabei unter ihrem alten *Raupenhemd* zum Vorschein kommt und dank jener noch von der Raupe gesponnenen Seidenfäden fest verankert als Stürz- oder aber Gürtelpuppe an irgendeinem Zweig hängt, hat kaum noch einen Rest Ähnlichkeit mit ihr. Findet man doch an dieser unbeweglichen *Puppe* weder einen Kopf noch Beine. Aber ihre Unbeweglichkeit ist nur eine rein äußerliche! Unter der wie erstarrten Hülle vollzieht sich nämlich etwas ganz und gar Unglaubliches. Die alten Raupenorgane, mit Ausnahme des Nervensystems, beginnen sich regelrecht aufzulösen, in kleinere Zellgruppen, ja sogar einzelne Zellen zu zerfallen, aus denen sich alsbald neue und zum Teil gänzlich andere Organe bilden!

Gerade angesichts dieses rätselhaften *Umbau-Prozesses* drängt sich mit Macht die Gewißheit auf, daß alles, was hierbei mit höchster Präzision geschieht, nach einem geradezu raffiniert ausgeklügelt anmutenden Plan verläuft. Ein zufälliges Wuchern dieser Abermillionen von Zellen würde, ohne zentrale Lenkung auf ein vorausbestimmtes Endziel hin, niemals und unter keinen Umständen zu etwas anderem führen als zu einem ungeordneten, krebsgeschwulstähnlichen, chaotischen Zellhaufen, der nicht überlebensfähig wäre. Hier aber entstehen neue, funktionstüchtige Organe, die sich zudem gegenseitig sinnvoll und fehlerfrei zu einem ebenso neuen Geschöpf ergänzen: dem Schmetterling mit seinen oft farbenprächtigen Flügeln, die er, ohne es mühsam und zeitraubend erlernen zu müssen, sogleich in der rechten Weise zu gebrauchen versteht, mit großen *Facettennaugen* und dem schon erwähnten aufrollbaren Rüssel, feingegliederten langen Beinen zum sicheren Landen und Festhalten selbst auf Blüten, die im Wind hin- und herschwanken, und die er mit Hilfe seines ausgeprägten Farbensinnes und seiner langen Fühler als empfindsamen Geruchsorganen bereits aus erstaunlichen Entfernungen ausmacht. Gleich *angeborenen Gebrauchsanweisungen* leiten seine ererbten Programme, eben die Instinkte, den jungen Schmetterling zur rechten Verwendung all dieser verschiedenen Organe an.

Welches Ausmaß an Ordnung bei dieser Umwandlung von der kriechenden, wurmähnlichen Raupe in den fliegenden Schmetterling verwirklicht wird, das mögen, sozusagen stellvertretend für alle seine Organe, hier einmal nur die Farbmuster seiner Flügel veranschaulichen. Bekanntlich[1] handelt es sich dabei um Mosaik-Bilder, zusammengesetzt aus Abertausenden einzelner, unterschiedlich gefärbter oder durch ihre besondere Struktur, ihren Feinbau *Farben* erzeugender Hautschuppen. Bis zu sechshundert können auf wie mit dem Lineal gezogenen geraden Linien nebeneinander und sich wie Dachziegel deckend übereinander auf nur einem einzigen Quadratmillimeter Flügelfläche gezählt werden. Es ist für uns schlechterdings unvorstellbar, wie diese Schuppen, je nach den Erfordernissen der Stelle, an der sie gebildet werden, stets genau den *richtigen*, eben an dieser Stelle erforderlichen Farbstoff enthalten können. So etwa ein schwarzes oder dunkelbraunes Pigment, wenn sie innerhalb eines dunklen Fleckens wie beispielsweise der *Pupille* im Augenmuster eines Tagpfauenauges liegen oder ein gelbes, sobald sie Teil eines entsprechenden Musterstreifens oder einer gelben Fläche auf dem Flügel des Schwalbenschwanzes sind. Beim Apollofalter wird der dunkle *Pupillenfleck* seines auffälligen Augenmusters durch einen roten Ring abgegrenzt, und nur jene Schuppen, die im Bereich dieses Ringes sitzen, enthalten ein rotes Pigment. Weiße Schuppen, wie sie oft den Glanzfleck in der *Pupillen*-Mitte solcher Attrappen-Augen bilden, enthalten meist überhaupt keinen Farbstoff, sondern erzeugen ihr Weiß infolge ihrer besonderen Struktur durch die Totalreflexion des Sonnenlichtes, der ja auch Schnee seine weiße *Farbe* verdankt. Auch das Blau ist hier keine Farbe, sondern entsteht durch den recht komplizierten Feinbau besonderer Schuppen als Ergebnis rein physikalischer Vorgänge (Streuung, Interferenz). Solche *Strukturfarben* erzeugenden Schuppen bilden also in strenger Zuordnung zu unterschiedlich pigmentierten die artspezifischen, unverwechselbaren Mosaikmuster der Schmetterlingsflügel, die von Generation zu Generation praktisch unverändert weitervererbt werden. Das aber bedeutet, daß der Ort und die Pigmentierung oder Strukturierung einer jeden einzelnen dieser unzähligen Flügelschuppen als exakte Information ebenfalls bereits im Ei-Zellkern codiert sein muß – neben allen diffizilen Informationen für den Aufbau und die Funktionen sämtlicher übrigen Organe des Tieres. Kein Wunder also, daß diese *Miniaturisierung* der Informationsspeicherung längst nicht mehr vorstellbar ist. Welche Schwierigkeiten hierbei gemeistert werden, erhellt allein schon der Umstand, daß die exakt symmetrischen Zeichenmuster im zusammengefalteten, unter der engen Puppenhülle stark zerknitterten Zustand der Flügel entstehen und ihre Ordnung sich nach deren Auseinanderfalten beim Schlüpfen dennoch als absolut *stimmig* erweist.

Aber bei unserem *Landkärtchen* (Araschnia levana) wird die Sache noch viel komplizierter und mithin unbegreiflicher. Wer den im Frühling aus der überwinternden Puppe geschlüpften Falter mit jenem vergleicht, der sich aus den von ihm an Brennesseln als Futterpflanze abgelegten Eiern über das Raupen- und Puppenstadium im Sommer entwickelt, der glaubt, zwei ganz verschiedene, nicht einmal weitläufig miteinander verwandte Schmetterlinge vor sich zu haben. Sie unterscheiden sich auffällig in Grundfarbe und Flügel-Mosaik, viel ausgeprägter als etwa Großer Kohlweißling und Baumweißling. Diese beiden verschiedenen Erscheinungsformen ein und derselben Art hat man *Saison-Dimorphismus* genannt, weil es ganz offensichtlich nur von der Jahreszeit, zu der das «Landkärtchen» aus seiner Puppe schlüpft, abhängt, wie es gezeichnet ist. Daß es hierbei nicht

Die Frühlingsgeneration des «Landkärtchens» ist im Grund-Farbton rötlichbraun und ganz anders gezeichnet als die Sommergeneration.

Bei der Sommergeneration ist die Grundfarbe schwarz. Ebenso neu ist das umlaufende weiße Band.

etwa auf den Einfluß der sommerlichen höheren Temperaturen, sondern lediglich auf die Tageslänge ankommt, das läßt sich jederzeit experimentell bestätigen. Setzt man nämlich die Puppen der Frühlingsgeneration durch zusätzliche künstliche Beleuchtung entsprechend länger dem Licht aus, als es der Jahreszeit gemäß bei rein natürlicher Beleuchtung der Fall wäre, dann schlüpft bereits im Frühling die *Sommerform* des «Landkärtchens» aus. Umgekehrt verläßt im Sommer ein Falter der Frühlingsform die Puppe, wenn diese durch vorzeitiges Abdunkeln Tag für Tag unter Kurztags-Bedingungen gehalten wurde.

Die Dauer des täglichen Licht-Einflusses löst demnach als Außenfaktor die Bildung des einen oder anderen als ererbte Information codiert bereitliegenden Musters aus. Beide sind also schon in der DNS (= Desoxiribonukleinsäure, die allen Lebewesen gemeinsame Erbsubstanz) des Ei-Zellkerns als Programm gespeichert, was an sich schon erstaunlich genug ist bei der Winzigkeit dieses lebendigen *Mikrochips.* Dennoch muß noch ein diesen beiden Programmen übergeordnetes, weiteres Programm existieren, ein *Superprogramm* sozusagen, das die verschiedensten Außenfaktoren, darunter auch *Nachbarschaftswirkungen* der Zellgewebe etc. souverän miteinbezieht und über sie als höhere Instanz den *Befehl* erteilt, das eine oder andere untergeordnete zu verwirklichen. Dieses Superprogramm bedient sich also informierender Signale von *außen,* in diesem Falle der Tageslänge, und gibt danach die entsprechende Saison-Form zur Ausdifferenzierung frei. Dadurch sind auch diese Außenfaktoren als sekundäre Faktoren im Zellkern fest eingeplant. Erich Blechschmidt, der bekannte Göttinger Anatom und Embryologe, hat immer wieder darauf hingewiesen, daß der durchaus zutreffende Vergleich zwischen dem *Genetischen Code,* der Erbsubstanz im Zellkern und einer Bibliothek mit vielen dickleibigen Bänden dennoch, wie letzten Endes ja jeder Vergleich, hinkt. Was nützt die beste und größte Bibliothek, so fragt er zu Recht, wenn sie nicht gelesen wird? Mit anderen Worten: Wenn es keinen *Leser* der in diesem Genetischen Code, der DNS gespeicherten Information gäbe, der sie entsprechend nutzt und ihre *Anweisungen* in die Tat umsetzt, so wäre sie ebenso sinnlos wie eine Bibliothek, deren Bücher in Kisten verpackt irgendwo in einem gut verschlossenen

Abstellraum verstaut wurden. Wer oder was entspricht also bei der Umsetzung der im Genetischen Code gespeicherten *Nachricht* dem Leser der Bibliothek, der, um wieder zu unserem Beispiel des «Landkärtchen»-Dimorphismus zurückzukommen, von alarmierenden Außenfaktoren gleichsam aufgeweckt wird, wie ein über seinem Text eingeschlafener Bibliothekar durch seinen vorsorglich gestellten Wecker? Wir wissen es nicht, und wohl hauptsächlich aus diesem Grunde wird in unseren Schulbüchern wie in den Lehrbüchern der Genetik auch dieser unumgängliche *Leser* einfach verschwiegen und stets so getan, als genüge das genetische Programm allein oder, vergleichsweise, der Text eines Buches hätte, auch wenn es niemals gelesen würde, ganz die gleiche Bedeutung oder würde sozusagen sich selbst vorlesen.

Allerdings: Eines wird an dieser Ordnungs-Hierarchie von Superprogramm und Unterprogrammen wiederum deutlich: Den *reinen Zufall* (Monod), einen *blinden Uhrmacher* (Dawkins) für ihre alleinige Ursache zu halten, das würde noch nach nahezu einem Jahrhundert des Philosophen Friedrich Nietzsche treffende Feststellung bestätigen, solche Unterfangen berechtigten den Schluß auf Geisteskrankheit![2] Allerdings: Als zu seiner Zeit Darwins *Entstehung der Arten* diskutiert wurde, ahnte noch kein Mensch etwas von Computern und welche überraschenden Einblicke deren Konstruktion und Programmierung über die bislang verborgenen Leistungen lebender *Computer*, der Organismen, einmal vermitteln sollten. Wie gut für den alten Darwin, der schon beim Anblick eines Auges ein *Fieber* spürte, daß ihm dieser ernüchternde *Schüttelfrost* erspart blieb!

1 *Kuhn, W.*, Stolpersteine des Darwinismus, Berneck 1984. Bd. 1/182
2 *Nietzsche, Fr.*, Die fröhliche Wissenschaft, 1882

Kapitel 3

Ein Programm für «Unverschämtheit»

Der Pilz macht seinem verächtlichen Namen alle Ehre. Nicht von ungefähr hat man ihm in der wissenschaftlichen Systematik den Artnamen *impudicus,* der Schamlose oder Unverschämte gegeben! Denn lange bevor ihn das suchende Auge in der Laubstreu des Waldes entdeckt, verrät er sich durch seinen in der Tat unverschämten, süßlichen Gestank nach vermoderndem Aas.

Doch über Geschmack läßt sich bekanntlich streiten. Was unsere Nase so abscheulich dünkt, das kann für Schmeiß- und Aasfliegen recht verheißungsvoll duften. Und so werden sie denn auch von diesem offensichtlich für ihren eigenen Geschmack verführerischen Geruch schon von weither angelockt. Der Pilz hält sogar, was er verspricht. Zwar finden die Fliegen kein Aas vor, dafür aber eine anscheinend nicht minder willkommene Nahrungsquelle: den olivgrünen, zähflüssig vom eiförmigen Pilzhut herabtropfenden und jenen infernalischen Gestank verbreitenden Schleim, die sogenannte Gleba. Begierig saugen sie ihn auf, mitsamt dem, was sorgsam darin versteckt ist: den winzigen Sporen des Pilzes!

Winzig – das ist allerdings immer noch eine starke Untertreibung. Diese schier zahllosen Sporen, durch die sich der Pilz vermehrt und mit Hilfe der Fliegen weithin verbreitet, sind nur dreieinhalb bis fünf Tausendstel Millimeter lang und im Höchstfall zwei Tausendstel Millimeter breit. Man könnte also theoretisch – denn praktisch wäre dergleichen aus Mangel an Pinzetten, mit denen sich solch staubfeine Partikel greifen und sortieren ließen, unmöglich – mehr als fünfhundert Stinkmorchelsporen dicht nebeneinandergereiht auf einer Strecke von nur einem einzigen Millimeter Länge unterbringen. Über das Gewicht der einzelnen Spore wollen wir lieber erst gar nicht reden, denn selbst mit der feinsten Analysenwaage wäre es nicht zu bestimmen.

Aasfliegen und Käfer haben bereits den übelriechenden, lockenden Schleim mit allen Sporen vom wabigen Hut der Stinkmorchel entfernt. Schnecken (am Pilzstiel) beseitigen die Reste.

Und doch steckt in jeder dieser vielen Pilzsporen ein erstaunlich komplizierter Plan, ein raffiniert ausgeklügelt erscheinendes, streng auf ein ganz bestimmtes Ziel hin orientiertes und in einer Art Geheimschrift codiertes Programm. Schließlich muß ja die gesamte zum Aufbau des Pilzkörpers und all seiner Leistungen erforderliche minutiöse Information von Anfang an in diesen Vermehrungskörpern drinstecken, denn von außen und später kommt ja, abgesehen von verschiedenen Anstößen zur Verwirklichung dieser Information durch Reize wie Wärme und Feuchtigkeit, nichts mehr hinzu im Laufe eines Pilzlebens, wodurch das Programm bereichert werden könnte.

Ein wahrhaft abenteuerlicher Plan ist es, der da verwirklicht, in die Tat umgesetzt wird! Sobald eine Spore nach ihrer Reise im Darm der Aasfliege irgendwo weit entfernt vom Mutterpilz in feuchten Boden gelangt und auch sonst Bedingungen vorfindet, die für ihr Auskeimen günstig sind, beginnt sie sich zu teilen. Dabei entsteht ein ständig länger werdender Faden, eine Hyphe aus kettengliedartig hintereinandergereihten Zellen, der weithin den lockeren Boden durchzieht, zumal er sich ständig verzweigt und vielfach verästelt. Er bildet, wie der Botaniker sagt, auf diese Weise ein Primär-Mycel. Die zu diesem raschen Wachstum unerläßlichen Nähr- und Aufbaustoffe muß das ständig voluminöser werdende Pilzmycel aus verfaulenden Blättern, abgestorbenen Ästen und anderen Pflanzenteilen oder verwesenden Tierkadavern erhalten. Es braucht, im Gegensatz zu den autotrophen grünen Pflanzen, die mit Hilfe der Sonnenlichtenergie aus Wasser, Kohlendioxid der Luft und Mineralien des Bodens organische Substanzen wie Zellulose, Zucker und Eiweiße aufbauen können, eben diese Stoffe, zu deren Synthese Pilze als heterotrophe Organismen ebensowenig in der Lage sind wie die Tiere. Sie bauen die organischen Stoffe um und bilden dabei überraschenderweise auch Chitin, jene harte, hornähnliche Substanz, aus der die schützende, panzerartige Außenhaut der Insektenkörper besteht, und lagern sie in ihre Zellwände ein. Einen oberirdischen Fruchtkörper, den Pilz wie ihn jeder kennt, vermag dieses Primärmycel allerdings nicht auszubilden. Dazu muß es erst auf ein zweites treffen, das offenbar anderen Geschlechts ist. Allerdings läßt selbst das stärkste Mikroskop nicht erkennen, welchem Geschlecht ein Primärmycel denn nun angehört. Man bezeichnet es daher auch gar nicht als weiblich oder männlich, sondern spricht nur von einem Plus(+)- oder Minus(—)-Mycel. Sobald sich irgendwo im Erdboden die beiden vordersten Zellen eines Plus- und eines Minusmycels treffen, verschmelzen sie miteinander, und es wächst nun von dieser Stelle aus ein neuer Faden weiter: das Sekundärmycel aus Zellen, deren jede jetzt gar zwei Zellkerne hat. Denn der «weibliche» und «männliche» Kern verschmelzen hier seltsamerweise nicht, wie das bei einer normalen Befruchtung der Fall ist, miteinander. So liefert beim weiteren Wachstum jede Zellteilung wiederum zwei neue Kerne, und es erfordert recht komplizierte Umwege bei der Zellwandbildung, um den Faden weiter zu verlängern (die als Examensfrage so gefürchtete *Schnallenbildung*!). Jahre kann es dauern, während derer dieses Mycel aus zweikernigen Zellen die Erde durchwuchert, bis endlich eines Tages aus immer noch ungeklärter Ursache knapp unter der Bodenoberfläche die Hyphen plötzlich dichte Knäuel bilden, die sich rasch vergrößern. Sie lagern sich eng zusammen, bündeln und verflechten sich zu einem dichten Gewebe, durchstoßen dann die Erde und bilden gemeinsam, sich selbst auf rätselvolle Weise ordnend, einen Stiel und einen Hut.

Doch davon ist vorerst bei der Stinkmorchel noch nichts zu sehen. Was da nämlich zwischen welken Blättern oder Fichtennadeln der Laubstreu des Waldbodens grauweißlich schimmernd hervorlugt, gleicht mehr einem tennisballgroßen und etwas rundlich geratenen Ei. Als *Hexeneier* oder gar *Teufelseier* hat der Volksmund diese in der nüchtern-sachlichen Sprache des Botanikers junge Fruchtkörper genannten Gebilde bezeichnet, die, im Gegensatz zum ausgewachsenen Pilz, sogar eßbar sind.

Was – buchstäblich(!) – in ihnen steckt, unter dieser derben, sich so seltsam prall gespannt anfühlenden weißlichen Hülle, der Peridie genannten Haut, das offenbart ein solches Hexenei, wenn man es ganz vorsichtig mit einem scharfen Messer durchschneidet. Unmittelbar unter der Haut befindet sich eine gallertige Schicht, die das pralle Gespanntsein erklärt und deren Aufgabe es ist, auch in länger währenden Dürrezeiten das Austrocknen des Inhaltes zu verhindern. Dieser Inhalt ganz im Innern nun stellt die große Überraschung dar: Der ganze, später bis zwanzig

Zentimeter hoch werdende Stiel des Pilzes mitsamt seinem eiförmigen Hut ist unter dieser schützenden Gallerte verpackt, zusammengeschoben und gefaltet auf engstem Raum wie eine Ziehharmonika in ihrem Koffer.

Tatsächlich sind unzählige Hyphen, die sich gerade hier, am einzig richtigen Ort des weitverbreiteten unterirdischen Mycels zu einem Pilz-Fruchtkörper zusammenschlossen und zusammenordneten, derart geschickt in Falten gelegt, daß sich dieser Fruchtkörper, ohne im üblichen Sinne dabei noch zu wachsen, lediglich auseinanderfalten muß, um seine endgültige Größe zu erreichen. Nur dank der Vorbildung aller Teile in genau den richtigen Proportionen in gefaltetem Zustand ist es verständlich, weshalb dieser Pilz-Fruchtkörper derart rasch seine Reifegestalt erreicht, daß man ihm dabei zuschauen könnte! Wie das bekannte Flaschenschiff, das, nachdem es mit engstmöglich zusammengeklappten Masten samt Takelage und Segeln sowie allen Deckaufbauten etc. durch den schmalen Flaschenhals geschoben und dann, mittels Fadenzug von außen, im Innern der Flasche entfaltet wird und nun, voll auseinandergeklappt, exakt in sein enges Glasgehäuse hineinpaßt, entfaltet sich die im Hexenei verpackte Stinkmorchel wie auf geheimes Kommando zur vollen Größe – und an keiner Stelle läßt sich irgendein Konstruktionsfehler entdecken. Um die ganze Ungeheuerlichkeit dieses Geschehens auch nur einigermaßen erahnen zu können, braucht man sich schließlich nur einmal vorzustellen, welche enormen Schwierigkeiten zu meistern wären, versuchte ein gewitzter Modellbastler, sein Flaschenschiff von Anfang an in zusammengeklapptem Zustand zu bauen, also ohne es jemals in seinen normalen Proportionen gesehen und auf deren Stimmigkeit überprüft zu haben. Vorausgesetzt, dergleichen wäre tatsächlich möglich: Wieviel Phantasie und unendliche Geduld müßte unser bedauernswerter Bastler aufbieten, um sich immer und immer wieder die zusammengeklappten Holzteile, zusammengefalteten Segel und zusammengeknäuelten Haltetaue in ihrer richtigen Lage, Größe und Anordnung vorzustellen! Wie oft müßte er nachmessen und umrechnen, probieren und verändern! Ungleich mehr hätte er zu überlegen und zu grübeln, zu planen und zu kontrollieren als ein Modellbauer, der sein Schiff ganz allmählich wach-

«Hexenei» lugt aus dem Waldboden.

Durchschnittenes «Hexenei»

sen sieht, seine Teile einen nach dem anderen in der jeweils richtigen Lage, Stellung und gegenseitigen Zuordnung zum Ganzen fügt. Jede eventuell auftretende Ungenauigkeit kann er sofort feststellen und berichtigen. Allein die richtige Anordnung, Verknüpfung und Länge jener dünnen Fäden, die den Schiffstauen entsprechend alle Rahen verbinden und halten, stellten ein schier unlösbares, im wahrsten Wortsinne unentwirrbar-verwickeltes Problem dar, zumal sie ja auch noch beweglich an den immer noch zusammengelegten Rahen angebracht werden müßten.

Doch – diese mühselige Arbeit wäre schon möglich. Unter der einen Voraussetzung nämlich, daß ein exakter, bis auf den Millimeterbruchteil genau berechneter und konstruierter Bauplan vorliegt. Der aber erfordert nun einmal unweigerlich den genialen Planer, den Vorausdenker, der eine ganz klare Vorstellung des fix und fertigen Schiffes in seinem Kopf, seinem wahrhaft schöpferischen Geist entwirft. Bei unserer Stinkmorchel jedoch soll just die gleiche geniale Leistung ohne eine Spur von Geist, einfach so durch blinden, plan- und ziellosen Zufall möglich sein – wie abwegig, dergleichen auch nur zu denken!

Aber handelt es sich hier im Lebendigen denn nur um die gleiche geniale Leistung? Übertrifft in Wirklichkeit das, was so ein häufiger, ein ganz gewöhnlicher Waldbodenpilz da zustande bringt, nicht sogar das Werk und die schöpferische Planung selbst des genialsten Schiffsbauers um Dimensionen? Immerhin baut sich sein gesamter Fruchtkörper ja selbständig auf, entwickelt sich von innen heraus aus Abermillionen immer und immer wieder sich teilenden und dabei fehlerlos selbst kopierenden Zellen, statt aus vorgefertigten Teilen zusammengesetzt zu werden. Jede dieser unzähligen Zellen spezialisiert sich anschließend, bildet sich zu einem Teil dessen um, was gerade an ihrem Platz ausdifferenziert wird: zu einem Teil des tragenden Stieles, des wabig zerklüfteten Hutes, der sporenbildenden Gewebe, der anfänglich alles schützenden, bergenden Peridie usw. Mit diesem unerhörten Selbstordnungsprozeß ist nichts, aber auch gar nichts zu vergleichen, was selbst der genialste Ingenieur, was die Forscher und Wissenschaftler aller Jahrhunderte jemals zustandegebracht haben oder in Zukunft jemals zustande bringen werden. In der Tat: Keine Maschine, kein noch so leistungsfähiger

Computer vermag exakte Kopien seiner selbst herzustellen, Kopien, die sich selbständig zu ebenso leistungsfähigen Computern ausdifferenzieren – mitsamt der zugehörigen Software, also sämtlichen Programmen für alle Leistungen, die einmal erbracht werden sollen. Genau das aber geschieht, wenn der verachtete, übelduftende Pilz seine winzigen Sporen bildet. Ein einziger gewöhnlicher Champignon beispielsweise, dessen Hut nicht mehr als zehn Zentimeter im Durchmesser groß ist, wirft Stunde für Stunde vierzig Millionen Sporen ab – vierzig Millionen Programme zum Aufbau und Funktionieren eines neuen Champignons! In der Gleba des Riesenbovists, der immerhin einen Durchmesser von einem halben Meter erreichen kann, werden insgesamt siebeneinhalb Billionen(!) Sporen ausgebildet. Würde jedes darin enthaltene Programm verwirklicht, dann entstünde daraus bereits in der zweiten Generation eine Pilzmasse, die achthundertmal so groß wäre wie unsere Erde! Keine ungeordnete, schleimige Plasmamasse, oh nein: Lauter bis ins letzte Detail richtig aufgebaute und funktionierende Riesenbovist-Pilzorganismen!

Bei all unseren Überlegungen ist jedoch eines bis jetzt überhaupt noch nicht berücksichtigt worden: Der Programmspeicher, die DNS des Zellkerns einer Pilzspore, stellt ja nur einen abermals verschwindend kleinen Teil der sowieso schon winzigen Masse dar. Denn die nicht einmal staubkorngroße Spore verfügt nicht allein über eine recht dicke, derbe Hülle, die im Falle unserer Stinkmorchel sogar den verdauenden Säften des Fliegendarmes widersteht. Sie enthält auch noch Nährstoffe für die ersten Zellen des jungen Mycels, das einmal aus ihr hervorgehen wird. Ja, in dieser unwägbaren Menge DNS, sozusagen als einer Mini-Bibliothek, die höchstens einen äußerst geringen Bruchteil der Sporensubstanz ausmacht, ist alle Information codiert, einschließlich jener für die Größe der Sporen selbst. Immerhin müssen sie ja durch die ungewöhnlich feinen und engen Kanäle der saugenden Mundwerkzeuge von Aasfliegen gleiten können, ohne stecken zu bleiben! Das gesamte komplizierte Entwicklungs-Programm vom Mycel im Boden bis hin zur Herstellung jener schleimigen, olivgrünen Gleba und der Synthese eines hungrige Fliegen betörenden, für unsere Nase jedoch unverschämt stinkenden Duftstoffes, enthält diese unwägbare DNS-Menge.

Welch ein sonderbarer Zufall, daß unter den unendlich vielen möglichen Düften unserer Welt ausgerechnet das Rezept jenes einen einzigen in dieser DNS enthalten ist, der Aasfliegen anlockt! Selbstverständlich(!) muß auch ein exakter Zeitplan in diesem Universalprogramm codiert sein, so daß alles in der richtigen, eben der einzig sinnvollen und zum Ziele führenden Reihenfolge geschieht – mitsamt einkalkulierten Umweltreizen wie Wärme und Feuchtigkeit als Auslöser der Sporenkeimung zur rechten Zeit am günstigsten Ort. Auch daß da, genau gesehen, zwei Teil-Programme, in Plus- und Minussporen codiert, einander fehlerfrei ergänzen, deutet doch wiederum auf eine ihnen übergeordnete, koordinierende Instanz hin, die freilich nach evolutionistischer Ansicht ebenfalls nichts als Zufall sein darf!

Kapitel 4

Fischblut ist nicht immer kalt!

Wenn sich im Frühjahr die Gewässer langsam erwärmen, dann ändert sich auch das Verhalten unserer *Dreistachligen Stichlinge* auffallend. Während die Tiere etwa von August bis März friedlich im tieferen Wasser als Schwarm zusammenlebten, sondern sich jetzt die Männchen ab und verlassen als erste diese Gemeinschaft. Die steigende Wassertemperatur wurde über Empfindungsnerven an das Gehirn gemeldet und löste dort die Bildung bestimmter Hormone aus, die ihrerseits nun bewirken, daß die Tiere unruhig werden und sich auf die Suche nach einem geeigneten Nistplatz begeben. Sobald das Stichlingsmännchen eine solche Stelle gefunden hat, beginnen seine Keimdrüsen mit der Produktion des männlichen Geschlechtshormons Testosteron. Dadurch wird der *kaltblütige* Fisch, dessen Bluttemperatur wie bei allen wechselwarmen Tieren in der Tat ganz von der seiner Umgebung, hier also des Wassers abhängt, plötzlich angriffslustig. Aggressiv verteidigt er nun *sein* Revier, das er in Besitz genommen hat und zeigt sogar durch eine nicht zu übersehende Veränderung seines Äußeren jedem Eindringling des eigenen Geschlechts seine Kampfbereitschaft an: Der Bauch färbt sich intensiv rot, der bis dahin graubraune Rücken wird türkisgrün, und seine Augenfarbe wechselt über in ein leuchtendes Blau. Nur selten kommt es allerdings zu einem echten Kampf, wobei der Revierinhaber, sobald der Eindringling mit dem Schwanz nach ihm schlägt, kräftig auf die gleiche Weise antwortet. In der Regel aber genügt bereits das Drohen durch sein *Farbebekennen*, um revierfremde Männchen in die Flucht zu schlagen. Danach endlich kann der rechtmäßige Revierbesitzer in Ruhe ans Werk gehen. Mit seinem Maul nimmt er an einer dafür besonders günstigen Stelle Sand auf, trägt ihn eine kurze Strecke – etwa 15 Zentimeter weit – fort und läßt ihn dort einfach fallen. Auf diese Weise entsteht bald eine kleine Grube, in die der Unermüdliche Algenfäden einträgt und mit dem Sekret seiner Nieren verklebt. In einigen Stunden – mitunter vergehen aber auch Tage darüber – baut er so ein regelrechtes Nest, eine kleine grüne Kugel, durchbohrt von einem Tunnel. Hat das Stichlingsmännchen diese mühsame Arbeit endlich abgeschlossen, dann färbt sich sein Bauch noch tiefer rot, und der Rücken beginnt nun weißbläulich zu glänzen.

Auch die Stichlingsweibchen verändern in der Zwischenzeit ihr Aussehen, obwohl sie noch immer im Schwarm zusammenbleiben. Ihre Haut schimmert silbrig, und der Bauch wird durch viele Eier aufgetrieben. Nähert sich nun ein reifes Weibchen dem Revier eines Stichlingsmännchens, so beginnt dieses in einem auffälligen *Zickzacktanz* ihm entgegenzuschwimmen. Sobald sich, durch dieses Gebaren des Männchens offensichtlich dazu *aufgefordert* und angeregt, das Weibchen nun schräg aufwärts stellt und dabei seinen dick aufgetriebenen Bauch vorweist, macht das Männchen kehrt und schwimmt ihm voran zum Nest hin. Für das Weibchen hat dieses so demonstrative Vorausschwimmen des Männchens offenbar Aufforderungscharakter: Es schwimmt wie gezogen hinter ihm drein. Beim Nest angekommen, steckt das Männchen, während es erregt mit den Brustflossen fächelt, seinen Kopf in den Eingang, als wollte es seiner Partnerin unmißverständlich zu verstehen geben: Hier geht's lang – da mußt du nun hineinschlüpfen! Tatsächlich reagiert das Weibchen auf diesen *Hinweis* auch ganz entsprechend. Es drängt sich so weit in den Nesttunnel hinein, bis nur noch seine Schwanzwurzel mit der Schwanzflosse zum Eingang herausschaut. Dieser Anblick wiederum stimuliert das wartende Männchen zu einem höchst merkwürdigen Benehmen. Mit seiner Schnauze trommelt es in raschen Stößen gegen die Schwanzwurzel des Weibchens. Seine *Schnauzentriller* sind offensichtlich für das geduldig im Nesttunnel ausharrende Weibchen das Signal, endlich seine Eier loszuwerden. Es laicht also ab und verläßt das Nest durch dessen *Hinterausgang*, ohne sich weiter um das Schicksal der Eier und seiner bald daraus schlüpfenden Nachkommen zu kümmern. Anders das Männchen. Sobald das Weibchen das Feld, will sagen das Nest geräumt hat, schwimmt es in den Tunnel hinein und wird von dem Anblick der Eier veranlaßt, diese unverzüglich zu besamen. Wenn es das Nest wieder verläßt, hat sich sein Verhalten dem Weibchen gegenüber, falls sich dieses immer noch in der Nähe herumtreiben sollte, grundlegend geändert. Sobald das Männchen seiner ansichtig wird, verjagt es die ehemalige Gefährtin rigoros aus seinem Revier. Mit abwärts geneigtem Kopf *stellt* es sich nun vor den Nesteingang und treibt durch emsiges Fächeln mit den Brustflossen einen Strom frischen, sauerstoffreichen Wassers über die befruchteten Eier. Nach ungefähr einer Woche (maximal 8 Tagen) schlüpfen die Jungen endlich aus. Aber der geplagte Vater ist auch dann noch nicht von der Last der Brutpflege befreit! Zwei Wochen wird es immerhin noch dauern, bis sich der Jungfischschwarm endlich auflöst. So lange bewacht er ihn und fängt jedes einzelne Junge, das sich vom Schwarm abgesondert hat, mit dem Maul wieder ein, trägt es zur schutzgewährenden Gemeinschaft zurück und spuckt es dort regelrecht wieder aus.

Diesem gesamten, recht komplexen Handlungsablauf von der ersten Begegnung der beiden Partner bis hin zum Selbständigwerden der Jungfische liegt ohne Zweifel ein detaillierter Plan zugrunde. Was hier geschieht, befolgte Schritt für Schritt ein von allem Anfang an festliegendes *Programm* im Dienste der Fortpflanzung. Nein, dabei ist absolut kein Raum für irgendwelche Zufälle, für gesetzlose Beliebigkeiten und Willkür, die den Gesamtablauf lediglich stören, ja den biologischen Sinn des Geschehens, die Arterhaltung nämlich, vereiteln würden. Jede Zufälligkeit wäre hier ebenso sinnlos und zerstörerisch, wie ein beliebiges Dazwischenblasen oder -trommeln, -pfeifen etc. während der Aufführung einer Beethoven-Symphonie! Nein, hier herrscht eine strenge, mustergültige, sinnvolle Ordnung, die kein Abweichen und deshalb auch gar kein anderes als das offensichtlich angestrebte Ergebnis und Ziel zuläßt. Jede Reaktion des einen Partners wird zum *Auslöser* für die exakt dazupassende des anderen, die nun ihrerseits wiederum den nächsten, stets richtigen Schritt zur rechten Zeit bestimmt. Die beiden spielen sich sozusagen die Bälle nach feststehenden Spielregeln abwechselnd zu. Wie bei einem wohleinstudierten Ballett sind sämtliche Einzelbewegungen der Partner so aufeinander abgestimmt, daß ein harmonisches Ganzes daraus resultiert. Das wechselweise Senden und Beantworten von Signalen ist derart klar und unmißverständlich, daß es sich leicht in einem übersichtlichen Schema darstellen läßt:

Balz des Dreistachligen Stichlings. (Nach Tinbergen, verändert)

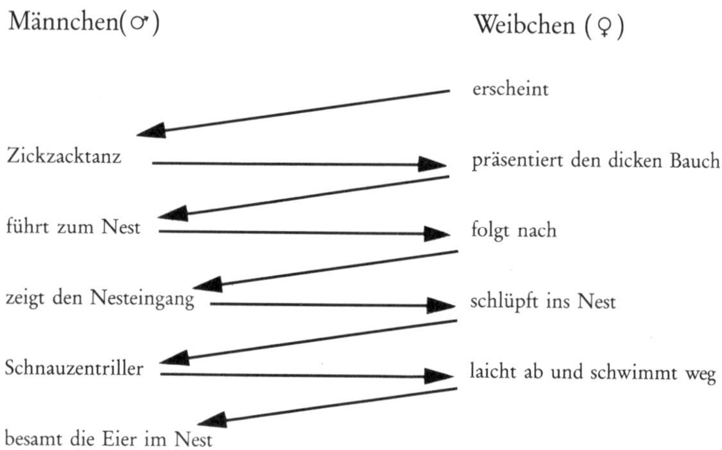

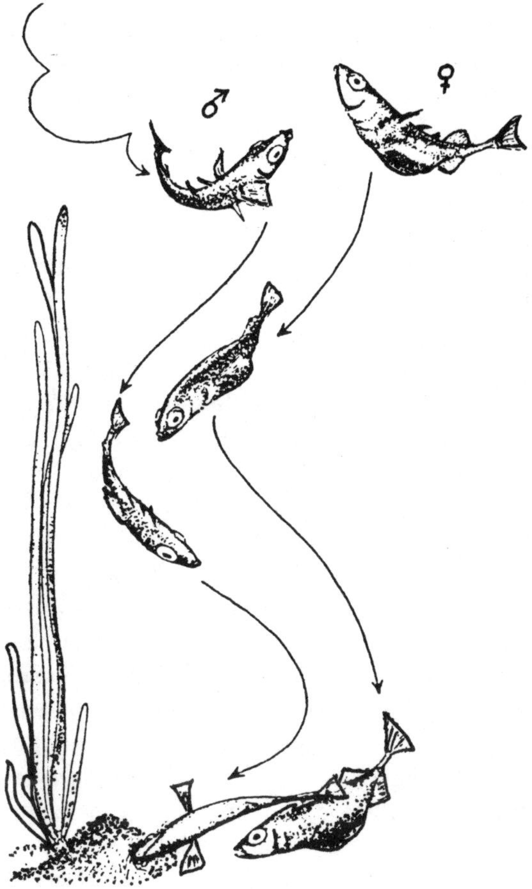

«Schnauzentriller»

Die Rolle der *Auslöser* oder *Schlüsselreize* läßt sich jederzeit experimentell nachprüfen. So reagiert beispielsweise das Stichlingsmännchen, sobald es ein Revier in Besitz genommen hat, auch dann aggressiv, wenn man ihm nur eine Stichlings-Attrappe zeigt, die, an einem Draht hängend, im Wasser auf es zubewegt wird. Sie muß nicht einmal besonders lebensecht aussehen. Es genügt schon eine recht plumpe Nachbildung ohne viel Stichlingsähnlichkeit, nur : Eine rote Bauchseite muß sie haben, sonst bleibt die Antwortreaktion des Revierinhabers aus, weil er gar keine Notiz von ihr nimmt! So ist also das Zeichen *roter Bauch* für ein Stichlingsmännchen der Auslöser des Revierverteidigungsverhaltens, für ein Stichlingsweibchen dagegen, und auch das läßt sich unschwer im Experiment zeigen, der Auslöser für das Zeigen seines prall mit Eiern gefüllten Bauches sowie das Nachfolgen zum vorbereiteten Nest. Nur eine Weibchenattrappe mit solch dickem Bauch löst das Balzverhalten des Männchens aus, wie vorher der Anblick seiner selbst ausgehobenen Grube im Bodensand als *Schlüsselreiz* das Eintragen von Nestbaumaterial. Schüttet der Experimentator die Nistgrube sofort wieder zu, dann unterbricht das Stichlingsmännchen die normale Handlungsfolge und beginnt, sozusagen wieder um einen Schritt rückwärts, erneut zu graben. Es bedarf also jeweils des ganz spezifischen Auslösers oder Schlüsselreizes – in diesem letzten Fall des Anblicks der offenen Nestgrube – um die nächstspezielle Handlungsbereitschaft zu aktivieren.

Wie unerbittlich und starr – man möchte geradezu sagen wie *stur* – diese eine bestimmte Handlungsfolge festgelegt ist, wie wenig das gesamte *Ritual* einer Stichlingsbalz etwas mit Einsicht und Absicht zu tun hat, und daß sie in der Tat einem Computerprogramm vergleichbar *abgespult* wird, das zeigt sich wohl am überzeugendsten, wenn man sie gerade im entscheidenden Augenblick unterbricht. Der Anblick des Weibchens im Nest löst normalerweise das Schnauzentrillern oder *Schnauzentremolo* des Männchens aus. Wenn nun der Experimentator das Stichlingsmännchen, noch bevor es damit beginnen kann, fortscheucht oder aus dem Versuchsaquarium herausfängt, so daß das Betrillern unterbleibt, laicht das Weibchen auch nicht ab. Es verharrt eine Weile wie abwartend im Nest und verläßt es schließlich unverrichteter Dinge. Sobald jedoch der Experimentator das Schnauzentrillern des Männchens durch entsprechende rhythmische Stöße mit einem Glasstab gegen die aus der Nestöffnung herausragende Schwanzwurzel des Weibchens nachahmt, laicht es sofort ganz normal ab. Als Auslöser des nächsten Schrittes genügt allein das dafür spezifische Signal – gleichgültig, ob es nun vom Stichlingsmännchen herrührt oder nicht.

Die geradezu dramatische Handlungsfolge der Stichlingsbalz im rein evolutionistischen Sinn erklären zu wollen, erscheint als ein absolut aussichtsloses Bemühen. Es wäre allzu absurd, im Ernst anzunehmen, dieses hochkomplizierte, so überaus exakte Zusammenspiel zweier Partner sei durch nichts als blinden Zufall zustandegekommen. Konsequenterweise müßte man dann nämlich darauf bestehen, daß der Zufall und *nichts als der Zufall*, die *gesetzlose Beliebigkeit*, einem *blinden Uhrmacher* (Dawkins) vergleichbar, ein Maß an sinnreicher Ordnung hervorgebracht habe, das all unsere moderne Technik einschließlich sämtlicher bisher geplanter und konstruierter Computer nicht einmal entfernt vergleichsweise verwirklichen konnte! Das in diesem Fall wirklich *blinde* Vertrauen in die angeblich schöpferischen Kräfte eines sinn- und zielfreien Zufallsgeschehens müßte geradezu unendlich viel größer sein als das in unsere menschliche Vernunft, in Wissenschaft und Technik. Dies jedoch wäre nun in der Tat *absurd.*

Es ist unvorstellbar, daß ein ganzheitlich orientiertes Geschehen, innerhalb dessen jede einzelne Teilhandlung ihren unverzichtbaren und unverrückbaren Stellenwert besitzt und in strenger Zuordnung zur vorangegangenen wie der nachfolgenden steht, im Laufe einer schier unendlich langen Evolution *ganz allmählich* zustandegekommen sein soll. Wie zahllose Experimente immer wieder aufs neue bestätigten, ist jeder einzelne *Schritt* dieses Balztanzes ausschließlich vom unmittelbar vorangegangenen verursacht und seinerseits ebenso ausschließlich Ursache des folgenden, und die geringfügigste Störung macht alles zunichte. Das aber besagt doch schließlich nichts anderes, als daß während einer solchen allmählichen Evolution die angeblich rein zufälligen Einzelmutationen nicht minder ausnahmslos in dieser genau festgelegten Reihenfolge nacheinander hätten erfolgen müssen!

Allerdings bedeutet es schon eine unzulässige, erhebliche Vereinfachung zugunsten dieses *Zufalls*, anzunehmen, jeder dieser Balz-Schritte sei lediglich durch *eine* Mutation verursacht! Immerhin potenziert sich ja die Unwahrscheinlichkeit für das zufällige Zustandekommen einer neuen Verhaltensweise, die den bereits vorhandenen sinnvoll, das heißt also aufgabengerecht zu- und eingeordnet ist, wenn gar mehrere getrennte Ursachen-Ereignisse dafür verantwortlich zu machen sind! Ja, diese angeblichen Zufallsmutationen müßten sich darüberhinaus auch noch gewissermaßen *im Gleichschritt* bei beiden Geschlechtern ereignen, also die zufällig zueinander passenden auch noch zufällig zur gleichen Zeit zufällig jeweils beim richtigen Geschlecht, denn andernfalls könnten ja die weiterführenden Reaktionen beim Partner nicht ausgelöst werden und alles, aber auch restlos alles bisher Erreichte wäre zur Sinnlosigkeit verurteilt! Armer, maßlos überstrapazierter *Zufall*! Selbst der würdige alte Philosoph Gottfried Wilhelm v. Leibniz († 1716) wäre wohl unter seiner wallenden Allonge-Perücke in ein zu seiner Zeit ganz unziemliches schallendes Gelächter ausgebrochen, hätte irgend jemand die damals zweifellos als *närrisch* bezeichnete Meinung geäußert, eine derartige Harmonie sei keine *prästabilierte*, wie er es nannte, also keine von Anfang an geplante und angestrebte, sondern nichts als das Ergebnis einer Reihe sinnloser Zufallsereignisse!

Übrigens: Das Problem verringert sich keineswegs etwa, wenn die erforderlichen Mutationen nicht auf die beiden Geschlechter aufgeteilt aufgetreten sein sollten, sondern in der beiden gemeinsamen Erbsubstanz. Im Gegenteil, denn in diesem Falle müßte ja gleichzeitig, also wiederum in *prästabilierter Harmonie*, in Wirklichkeit nach der Theorie jedoch ebenso zufällig ein Kontroll-System entstanden sein, das bei den Weibchen die männlichen *Anteile* des Handlungsablaufes und bei den Männchen die entsprechenden weiblichen Reaktionen exakt und ohne die geringfügigste Verwechslung unterdrückt! Aber auch damit sind wir ja immer noch nicht am Ende der durch Zufall mit absoluter Gewißheit nicht zu lösenden Probleme angelangt. Solange nämlich der letzte, der wirklich allerletzte, abschließende Mutationsschritt noch nicht erfolgte, konnte das gesamte verwickelte Balz-Ballett der Stichlinge ja noch nicht aufgeführt werden! Wie der

Versuch mit dem verhinderten Schnauzentriller beweist, genügt ja der Ausfall auch nur eines einzigen Signals selbst ganz am Ende der Handlungskette, um alles bereits Geschehene und bisher Erreichte zur Sinnlosigkeit zu verdammen. Es war also alles sinnlos und unnütz, was vor dieser letzten Zufallsmutation zustandegekommen war und hätte, falls die Theorie zuträfe, als das normale Leben der Tiere hemmender, schädlicher Ballast spätestens nach den zwei, drei ersten Schritten der Selektion, der unerbittlichen Auslese im Daseinskampf zum Opfer fallen müssen. In der Tat: Auch hier *frißt die Revolution ihre Kinder*, die Zufallsmutations-Selektionstheorie widerlegt, ja annulliert sich selbst durch ihre logische Schlußfolgerung! Oder gibt es da doch noch einen Ausweg aus solch unerbittlicher Sackgasse evolutionistischen Drauflosspekulierens? Wäre es nicht denkbar, daß zu dieser Harmonie als Endergebnis einer langen Entwicklung lauter Vor- und Zwischenstufen hinführten, die auf ihre besondere Weise in sich abgeschlossen waren und deshalb auch *funktionierten*!?

Doch selbst wenn man von der abermaligen Potenzierung der Unwahrscheinlichkeit eines derartigen Ereignisablaufes ganz absieht: Gerade in diesem Fall hätte doch überhaupt kein Grund für eine weitere Evolution mehr bestanden, streng genommen bereits nach dem ersten *Schritt* schon nicht mehr! Ja, diese weitere Evolution hätte letzten Endes nur noch Nachteile für die davon betroffenen Tiere bedingt, denn je komplizierter das ganze Geschehen wurde, um so rascher wuchs dadurch auch seine Störanfälligkeit. Mithin also wären seine Akteure gerade nicht die *Tüchtigsten*, the fittest zum Überleben, sondern ausgerechnet jene mit einer sehr viel geringeren Aussicht, den Kampf ums Dasein bestehen zu können. Nicht von ungefähr gibt es ja weit mehr Heringe als Stichlinge, denn die Heringe vermehren sich nun einmal ohne vergleichbare komplizierte Rituale viel erfolgreicher – und nach Darwin ist doch gerade die Zahl der Nachkommen der Maßstab für die Überlebenstüchtigkeit. Tatsächlich möchte man angesichts dieser so umständlichen, leicht durch Umwelteinflüsse störbaren Balz des Stichlings fragen: Wozu das alles überhaupt, wo es doch sicherer, erfolgreicher und mit weit, weit weniger Zeit- wie Energieaufwand ginge? Wo in aller Welt läßt sich denn da überhaupt irgendein *Selektionsvorteil* erkennen? Es ist nun einmal so: Je verzweifelter die Versuche werden, durch immer neue, immer gewagtere und kühnere, immer unwahrscheinlichere Zusatzhypothesen die so unglaubwürdige Theorie doch noch glaubhaft zu machen und damit möglicherweise zu retten, um so heilloser verstrickt man sich in selbstkonstruierte Widersprüche!

Die bisherigen Überlegungen führen für sich allein bereits zu einer endgültigen Absage an den Zufall als *Schöpfer* lebendiger Ordnungssysteme. Heute jedoch, da der Mensch gelernt hat, mit seinen verschiedenen Computern selbst Ordnungssysteme zu konstruieren und ihre Funktionen nach von ihm vorbereiteten Programmen sinnvoll zu steuern, kommen noch weitere, ja gewichtigere Argumente ergänzend hinzu. Es erübrigt sich allerdings, erneut darauf hinzuweisen, daß wir seitdem auch wissen: Nirgendwo kann Information, wie sie im Programm eines Computers verschlüsselt oder *codiert* enthalten ist, von selbst, also zufällig entstehen! Stets bedarf sie als ihrer Ursache geistiger Anstrengung – und das gleiche gilt ja, was leider in der Regel übersehen wird, schon von der Maschine, dem Computer, der das Informations-Programm ausführt. Es geht in der Tat kein Weg daran vorbei: Auch das Programm der Stichlingsbalz, seine Information kann nicht Produkt irgendwelcher geist- oder planloser chemisch-physikalischer, also rein materieller Prozesse sein, denn Information selbst ist ja per definitionem nichts Materielles! Vergessen wir jedoch auch hierbei nicht, daß bei solchen Vergleichen ja der *Computer Stichling* ebenfalls stillschweigend einfach als vorhanden vorausgesetzt wird. Auch er müßte ja, sollen sämtliche Forderungen der Theorie erfüllt sein, rein zufällig entstanden sein. Allerdings bräuchte wohl über diese schier grenzenlose Unwahrscheinlichkeit nun wirklich kein Wort mehr verloren zu werden.

Und doch: Es handelt sich ja hier nicht nur um *einen Computer* Stichling, es sind ja deren zwei, die da harmonisch miteinander agieren! Man versuche doch einmal, sich nur vorzustellen, welchen außergewöhnlichen Schwierigkeiten studierte Physiker, Informatiker und Computerfachleute ausgesetzt wären, wollte man von ihnen verlangen, zwei Computer zu konstruieren, die in allen Einzelphasen eine Stichlingsbalz getreulich simulieren. Die dazu erforderlichen komplizierten Apparaturen sind zugegebenermaßen nur schwer vorstellbar: All die zahllosen Elektromotoren, Hebel, Übersetzungen und vor allem die vielen Sinnesorganen entsprechenden Sensoren. Ein wahrhaft riesiger Aufwand mit entsprechenden Raum- wie Materialansprüchen wäre unerläßlich – wohlgemerkt unter der sehr unwahrscheinlichen Voraussetzung, daß dergleichen trotz des ja immerhin vorhandenen *Vorbildes* grundsätzlich überhaupt möglich ist.

Seien wir deshalb ganz bescheiden: Nur ein Konstruktions-*Modell* sollten sie nebst einem entsprechenden Programm planen. Ob sie dieser Aufgabe trotz all ihrer Erfahrung, Intelligenz, ihres physikalischen und mathematischen Wissens und Könnens, ihres jahrelangen Studiums und all ihrer gemeinsamen, sozusagen geballten Phantasie wie Erfindergabe auch nur annähernd gewachsen wären? Und wenn ihnen tatsächlich eine entsprechende Planung gelänge, dann wäre eben dies *der* Beweis für den fundamentalen Fehler einer evolutionistischen Zufallstheorie! Wäre doch diese Meisterleistung menschlichen Genies das augenfälligste Zeugnis dafür, daß Planung, Ziel-Orientierung und Sinngebung unerläßliche und unverzichtbare Voraussetzungen einer solchen *Entwicklung* darstellen – einfacher gesagt: Daß dergleichen ohne Geist, ja genialen schöpferischen Geist nimmermehr möglich ist!

Eine Voraussetzung allerdings kann auch der schöpferischste, genialste Menschengeist nicht erfüllen: daß er nämlich nur den *Keim* eines Computers konstruiert, der sich dann selbsttätig zur fertigen, leistungsfähigen Maschine aufbaut, wartet, mit Energie versorgt und notfalls repariert sowie getreue Kopien seiner eigenen Konstruktion, wiederum in *Keimform* herstellt. All dies aber nehmen wir beim *lebendigen Computer*, und sei es auch *nur* ein ganz gewöhnlicher Dreistachliger Stichling, gedankenlos als selbstverständlich hin.

Der *blinde Uhrmacher* Zufall hat angesichts alles dessen auch nicht mehr die geringste Chance!

Kapitel 5

Eine Bibliothek in jedem Samenkorn!

Die purpurfarbenen Blütenkerzen des Sumpfziest (Stachys palustris) findet man allenthalben auf nassen Wiesen, an Wegrändern und feuchten Grabenböschungen. Er gehört also keineswegs etwa zu den seltenen Pflanzen, ganz im Gegenteil. Aber gerade an ihm zeigt sich nun einmal besonders eindrucksvoll, daß die Ausbildung aller Gestaltmerkmale des Pflanzen-Organismus einem offensichtlich von Anbeginn festgelegten Plan folgt oder, wie man ebensogut sagen könnte: ein höchst sinnreiches *Programm* verwirklicht. Augenfällig spottet hier die so überaus zweckmäßige, aufgabengerechte gegenseitige Zuordnung aller Teile, die sich in vollendeter Weise gegenseitig zu einem schlechthin vollkommenen Ganzen er-gänzen, jeder Möglichkeit, in ziellos-blindem Zufallsgeschehen die letzte Ursache und einzige *schöpferische* Kraft zu vermuten.

Besonders in die Augen springend zeigt sich diese Zuordnung zwischen Stengel und Blättern. Dieser hohe, keineswegs besonders dicke Stengel, der immerhin die gesamte Last aller Blätter, Blüten und später auch Früchte zu tragen hat, ist ein typischer vierkantiger Lippenblütler-Sproß. Sein Querschnitt stellt ein Quadrat mit vier exakten, wie mit Hilfe des Zeichendreiecks gezogenen rechten Winkeln dar. Dem entspricht nun in der besonderen Anordnung der Blätter eine nicht minder auffällige Regel, die zugleich eine bestmögliche Ausnutzung des Sonnenlichtes garantiert. An jedem *Knoten* des Stengels sitzen einander zwei Blätter genau gegenüber, während die dazwischenliegenden Seiten des quadratischen Querschnittes keine Blätter tragen. Von Knoten zu Knoten wechseln jedoch diese Blatt-Ansatzstellen auf die jeweils vorher freien Seiten über. Sie sind also denen des tieferen *Stockwerks* gegenüber um genau neunzig Grad gedreht. Aufeinander von unten nach oben am Stengel folgende Blattpaare

Blüte des Sumpfziest von vorne. Die 4 reifen Staubbeutel sind aufgeplatzt, die Narbe ist noch geschlossen, ihr Griffel noch nicht in die Länge gewachsen (in der Mitte zwischen den Staubbeuteln). Farb- und Zeichenmuster der Blütenkrone sind streng vorprogrammiert.

stehen dadurch stets *auf Lücke*. Von oben betrachtet, bilden die den vier Stengelseiten entsprechenden Blatt-Zeilen also ein Kreuz: Der Botaniker spricht von einer *dekussierten Blattstellung*, bei der begreiflicherweise kein höher sitzendes Blatt ein tiefer sitzendes beschatten kann, zumal ja auch die Blattgröße von unten nach oben kontinuierlich abnimmt.

Erstaunlicherweise wird man auch nach noch so langem und geduldigem Suchen doch niemals einen Fehler in dieser strengen geometrischen Ordnung entdecken! Die Größe der einzuhaltenden Winkel wie auch die regelgerechte, alle Proportionen wahrende Verkleinerung der Blätter in der Richtung von unten nach oben muß also sehr *zwingend* programmiert sein – ganz ebenso wie die artspezifische Gestalt dieser an ihrem Rand gekerbten, länglich-lanzettlichen Blätter und auch die besondere Anordnung von stützendem Festigungsgewebe in dem tragenden Stengel. Dies allerdings gestattet erst ein dünner Stengel-Querschnitt unter dem Mikroskop zu erkennen. Da zeigt sich nämlich, daß in den *Ecken* dieses Querschnitt-Quadrates, also entlang und unmittelbar unter den vier scharfgezogenen Stengelkanten gehäuft Zellen liegen, deren Wände auffallend verdickt erscheinen. Auch die Leitbündel, deren das Wasser nach oben in die verdunstenden Blätter leitenden Röhren ebenfalls verstärkte, ja durch Holzeinlagerung ganz besonders gefestigte Wände besitzen, befinden sich hauptsächlich hier. Diese eigenartige Verteilung und Anordnung stützender Elemente hätte in der Tat kein studierter Architekt, kein erprobter Bau-Statiker exakter berechnen können. Entspricht sie doch genau dem in unserer Technik immer wieder angewandten *Maximum-Minimum-Prinzip*, das nichts anderes besagt als: Mit einem Minimum an Materialaufwand, richtig verteilt, wird ein Maximum an Trag- und Biegefähigkeit erreicht. Jeder moderne Baukran läßt diese sogenannte *Leichtbauweise* ja erkennen. Allerdings hat es einer langen, mühsam suchenden Entwicklung, zahlloser Berechnungen und Experimente sowie vielfältiger Erfahrung mit allerlei Fehlschlägen und Enttäuschungen bedurft, um von den zu Anfang noch massiven Tragsäulen und Querbalken ursprünglicher Kran-Konstruktionen endlich so weit zu kommen, daß schließlich nur noch dort, wo tatsächlich Zug- und Druck- sowie Biegebelastungen auftreten, Stahlträger

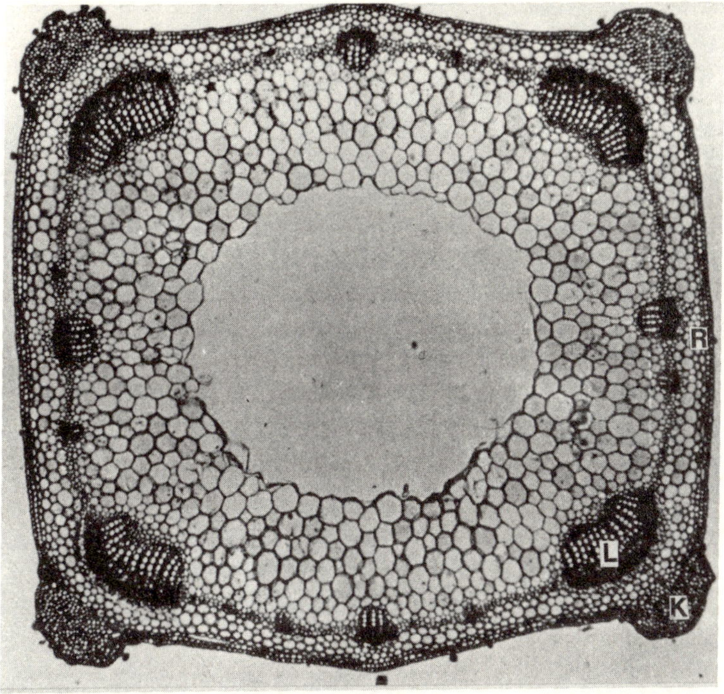

Im winzigen Kern der Eizelle im Samen des kaum stecknadelkopfgroßen Ziestfrüchtchens steckt auch die Information, das Programm für den Aufbau eines technisch vollkommenen Stengels als tragende Achse. Wie das mikroskopische Bild zeigt, ist sein Querschnitt quadratisch. Das Innere wird – nicht einmal ganz – von einem lockeren Zellgewebe, dem Mark ausgefüllt. Seine unerhörte Stabilität und Biegfestigkeit sowie Tragfähigkeit verdankt dieser Pflanzenstengel der ausgeklügelten Anordnung besonderer Festigungselemente. Dort sind die Zellwände besonders dick und können durch Holzstoff-Einlagerungen ausgesteift sein. Daher erscheinen sie hier auch dunkler. Einmal sind solche Festigungszellen als geschlossener Kreis angeordnet (R), bilden also im Stengel eine Röhre und verwirklichen dadurch das Prinzip des Mannesmann-Rohres, wie es auch im Gerüstbau verwendet wird. Zum anderen sind solche Zellen an den vier Kanten des Stengels als hervorspringende Leisten angeordnet (K), die den Flanschen von Doppel-T-Trägern entsprechen. Nach dem gleichen Prinzip sind auch die durch ihre verholzten Anteile ebenfalls stützenden Leitbündel (L) angeordnet: Sie stehen sich jeweils exakt diagonal gegenüber.

eingebaut wurden und aller unnötige *Rest* als reiner Ballast weggelassen werden konnte. Es wäre dies alles allerdings gar nicht erforderlich gewesen, hätten unsere Techniker auch nur geahnt, daß die lebendige Schöpfung dieses Prinzip bereits seit urdenklichen Zeiten in idealer Weise verwirklicht und anwendet. Sie hätten es ihr lediglich *abgucken* müssen!

Es wäre schon reichlich absurd, allen Ernstes annehmen zu wollen, was unsere menschliche Intelligenz, was Erfindergeist und Genialität in Jahrhunderte währendem eifrigen Bemühen entdeckt und allmählich in technischen Konstruktionen verwirklicht hat, könne im Stengel eines ganz gewöhnlichen *Unkrautes* einfach zufällig zustandegekommen sein. Verrät doch allein schon die Fehlerfreiheit den alles beherrschenden, lenkenden Plan! Wie außerordentlich vielfältig und inhaltsreich, wie höchst kompliziert er sein muß, das erweist sich bereits bei der Betrachtung eines einzigen dieser so exakt am Sproß verteilten Blätter! Insbesondere beim Entfalten der Blüten vollzieht sich alles wie erwartet in strengster Ordnung – also unleugbar wiederum exakt nach Plan, nach einem ererbten *Programm*. Blüten bildet die Pflanze nur an den oberen Knoten ihres Stengels, in ganzen *Quirlen* regelmäßig und den vorhandenen Raum optimal ausnutzend um diese tragende Achse herum angeordnet. Sie reifen, da die neuen stets unmittelbar unter der wachsenden Sproßspitze gebildet werden, wie auch die Blätter in der Richtung von oben nach unten. Da sie sich zugleich strecken und länger werden, bildet der ganze Blütenstand schließlich eine regelrechte und regelmäßige *Pyramide*. Die jungen Blüten sind noch geschlossen, doch die Linien, an denen entlang sich beim Reifen ihre *Lippen* voneinander trennen werden, sind bereits deutlich vorgezeichnet. So öffnet schließlich jede einzelne dieser vielen Lippenblüten ihren *Mund*, ohne daß dabei irgendwelche Wunden oder auch nur unregelmäßige Risse entstehen, just dann, wenn die inneren Blütenteile entsprechend weit entwickelt sind. Gleichzeitig – man könnte auch sagen: völlig synchron! – haben die Nektardrüsen tief unten im Schlund der Blütenkronröhre den bestäubende Insekten anlockenden und für ihren *Liebesdienst* belohnenden süßen Saft abgesondert, der sich in ausreichender Menge in diesem nie versiegenden Brunnen ansammelt.

Bei vielen Blüten ist dieser Nektar auch zugleich und im doppelten Wortsinne die Quelle ihres lockenden Duftes.

Die Spezialisierung der bei Beginn ihrer Entwicklung völlig gleichen Zellen geht in der buntfarbenen Blüte noch wesentlich weiter als im grünen Blatt (vgl. Kap. 19 «Ordnung aus dem Chaos»). Nicht allein, daß hier andere und sogar mehrere Farbstoffe gleichzeitig gebildet werden, auch der Reichtum an Formen ist ja erheblich größer. So stellt die breite, aus drei Blättern zusammengewachsene Unterlippe einen bequemen Landeplatz dar für die angelockten Insekten, und die schmalere, nur aus zwei Blättern entstandene gewölbte Oberlippe ein schützendes Dach, unter dem die feuchtigkeitsempfindlichen Staubbeutel wohlgeborgen vor Regen und Tau bewahrt bleiben. Bei der Bildung des bizarren, aber dennoch streng gesetzmäßig und symmetrisch verlaufenden Randes der Unterlippe mit seinen vielgestaltigen Einbuchtungen mußten die Zellen je nach ihrer Lage im Raum ihre weiteren Teilungen früher oder später, in jedem einzelnen Falle aber genau zum *richtigen* Zeitpunkt einstellen – nach einem wesentlich diffizileren Plan, als dies bei der Ausbildung des so viel einfacheren Laubblattrandes der Fall ist. Nicht minder bizarr ist das Zeichenmuster der Unterlippe: weiße Streifen, Flecken und verlaufende Ringe auf purpurfarbenem Untergrund, wiederum streng symmetrisch, spiegelbildlich gleich zu beiden Seiten der Mittellinie verlaufend. Durch sie wird der Landeplatz zweifellos auffälliger, und wahrscheinlich erleichtern sie es den Bienen und Hummeln als originelle *Wegweiser* auch, den Eingang zur süßen Nektarquelle zu finden.

Wie entsteht aber ein Muster von solcher Einmaligkeit und unverwechselbarer Eigenart, das als sein getreues Abbild immer wieder von einer Generation zur nächsten vererbt wird? Auch und gerade hier ist gar kein Zweifel daran möglich, daß solch streng gewahrte Ordnung nur Ausdruck eines Planes, Ergebnis eines eindeutig zielgerichteten Geschehens sein kann. Unsere Vorstellungskraft versagt indes bei dem Gedanken, daß ungezählte Hunderttausende von winzigen Zellen sich gleichzeitig teilen, die entstehenden Flächen bilden und füllen – und ausgerechnet jene, die einmal einen unvorstellbar kleinen Teil, sozusagen nur ein einziges Mosaik-Steinchen eines weißen Streifens, einer ebensolchen Schleife oder eines weißen Fleckens bilden sollen, nicht jenen roten Farbstoff aufbauen, der den kontrastierenden Untergrund zum entstehenden Muster darstellt! So exakt, in der Tat *ausgerechnet*, vollzieht sich dieses Geschehen, daß klar gezogene trennende Grenzen zwischen den weißen Mustern und ihrer rot gefärbten Umgebung entstehen und nicht eine Zelle im roten Bereich *falsch* reagiert und etwa weiß bleibt oder umgekehrt mitten im weißen Streifen eine oder gar mehrere Zellen durch Bildung des roten Farbstoffes Harmonie und Symmetrie stören. Wohlgemerkt: Dieses geradezu unerhörte Ordnungsgeschehen, in dem jede dieser unzähligen Blütenkronblattzellen genau *ihren* Platz einnimmt und die just dort passende Farbe präsentiert, vollzieht sich bereits hinter noch geschlossenen Lippen in der dunklen Geborgenheit des ungeöffneten Blütenmundes! Wenn sich diese Lippen endlich trennen, dann präsentiert sich das komplizierte Muster fehlerfrei fix und fertig den vorüberfliegenden Insekten!

Es scheint in der Tat auch hier ganz so, als würden alle diese Zellen von einer übergeordneten *Macht* gelenkt, und ihre Harmonie entstünde derjenigen eines Symphonieorchesters unter der strengen Stabführung eines an seine Partitur gebundenen Dirigenten vergleichbar. Erstaunlicherweise läßt sich sogar experimentell nachweisen, daß ein Muster, also eine geordnete Verteilung von Zellen im Raum (Butterfaß), durchaus nicht von der Form dieser beteiligten Zellen selbst abhängen muß, so daß also die Einzelzellen lediglich «die spezifische Form ... unterteilen, sie aber nicht erzeugen»[1].

Die Form, in unserem Falle das Zeichnungs-Muster, geht allem Anschein nach aus dem Zusammenwirken sämtlicher Protoplasmaanteile über die einzelnen Zellgrenzen hinaus hervor. Bestrahlt man Weizenkörner mit einer hohen Dosis von Gamma-Strahlen, so verlieren ihre Zellen die Fähigkeit, sich weiterhin zu teilen. Überraschenderweise aber entstehen dennoch Blätter der artspezifischen Größe und Gestalt, wenn diese Körner auskeimen – aufgebaut aus jenen wenigen zum Bestrahlungszeitpunkt bereits vorhanden gewesenen Zellen, die Fläche und Raum nun dadurch füllen, daß sie ungewöhnlich lang werden! Die *Endgestalt* und das Muster erscheinen hier also als das Übergeordnete, das unter allen Umständen anzustrebende und zu erreichende Ziel. Die Zellen selbst aber wären dann nur die Mittel zu seiner Verwirklichung. Paradoxerweise müßte dieser übergeordnete Dirigent, um bei unserem Beispiel zu bleiben, der zugleich Plan und Planverwirklicher ist, im Kern einer jeden Zelle verborgen sein, denn jeder dieser unvorstellbar vielen Kerne enthält ja in seiner Erbsubstanz, der DNS, das gesamte Gestaltungs-Programm und verdoppelt es vor jeder Zellteilung.

Eingedenk all dieser unzähligen undurchschauten und möglicherweise sogar undurchschaubaren Zusammenhänge erscheint es um so rätselhafter, daß die Pflanze ohne jegliche Beeinträchtigung ihrer Vitalität auf die so komplizierten Muster ihrer Blüten völlig verzichten könnte. Sie spielen ganz offensichtlich, wie ungezählte Beispiele von Blüten ohne solche wegweisenden *Saftmale* überzeugend beweisen, keine wirklich entscheidende Rolle. Sogar der dem Sumpfziest nahverwandte Waldziest (Stachys silvatica) hat keine derart überauffällig markierten Blüteneingänge, und dennoch ist er ebenso häufig. Einen Überlebensvorteil bieten solche Muster also nicht, weshalb sie denn auch keinesfalls durch *Selektion* im Kampf ums Dasein, jenem angeblich allein Ordnung stiftenden Kausalfaktor des Evolutionismus, entstanden sein können. Dennoch werden sie mit solch unvorstellbarem Aufwand an streng gesetzmäßig verlaufenden Lebensvorgängen (Zellteilung, Differenzierungen, Farbstoffsynthesen usw.) gebildet, wird das dazu unerläßliche *Programm* bei jeder Zellteilung peinlichst genau kopiert, von einer Generation auf die nächste weitervererbt!

Jene Blütenteile aber, auf die es für die Erhaltung der Art wirklich entscheidend ankommt, die männlichen Staubgefäße und der weibliche Fruchtknoten mit Griffel und Narbe, werden nicht minder plangerecht gebildet. Gerade bei ihnen wird eine streng eingehaltene raum-zeitliche Ordnung im Gesamtgeschehen erkennbar und zugleich auch in ihrer biologischen Bedeutung verständlich. Ordnung im räumlichen Geschehen – das besagt zum Beispiel, daß die Stiele der vier Staubgefäße stets(!) immer nur so lang werden, daß die nässeempfindlichen Staubbeutel an ihren Enden noch unter der schützenden, löffelartig gewölbten Oberlippe stehen. Das bedeutet also auch hier ein genau vorausberechnetes *Stop!* für sämtliche Zellteilungen und das anschließende Längsstreckungswachstum aller Stielzellen! Erstaunlich auch, wie die Staubgefäße den relativ engen *Schutzraum* voll ausnutzen und es dadurch fertigbringen, alle vier nebeneinander zu stehen. Die beiden äußeren schmiegen nämlich ihre Staubbeutel zwischen die auseinandergespreizten der beiden inneren, was eine entsprechende kleine Drehung, also Wachstumsbewegung ihrer Stiele im obersten Viertel erforderlich macht. Eine engere, sparsamere *Packung* ist schlechterdings unmöglich! Diese so sinnvolle räumliche Ordnung wiederum wird durch eine nicht minder sinnreiche zeitliche ergänzt. Zunächst reifen die beiden flankierenden, äußeren Staubbeutel, um dann, sobald sie von Blütenbesuchern leergefegt sind, Platz zu machen für die jetzt erst reifenden beiden inneren. Ihre Stielchen beginnen plötzlich wieder zu wachsen, und zwar teilen und strecken sich die Zellen exakt nur dort, wo die dadurch bewirkte Stielverlängerung eine entsprechende Drehung zur Folge haben muß. Das bedeutet: Lediglich an einer Seite dürfen sich die Zellen jetzt wieder teilen, die dann zur sich vorwölbenden konvexen Außenseite des gekrümmten Stielabschnittes wird. Es müssen also genau an die richtigen Zellen zum rechten Zeitpunkt die entsprechenden *Befehle* erteilt werden, was wiederum ohne einen differenzierten Gesamt-Plan völlig undenkbar wäre. Danach liegen die jetzt ebenfalls reifen, aufgeplatzten inneren Beutel frei zugänglich und können ohne Behinderung durch die bereits welkenden äußeren ihren Blütenstaub von den pelzigen Rücken der nektarsuchenden Bienen oder Hummeln abbürsten lassen. So wird also erreicht, daß über eine möglichst lange Zeitspanne hinweg ununterbrochen Blütenstaub zur Verfügung steht – eine sicher nicht unwichtige Erhöhung der Wahrscheinlichkeit einer Fremdbestäubung.

Eigenbestäubung, die nach Möglichkeit grundsätzlich vermieden werden muß, ist hier sogar völlig ausgeschlossen. Der Griffel ist nämlich zum Zeitpunkt der Staubbeutelreife noch längst nicht ausgewachsen, so daß die außerdem noch weitgehend ungeöffnete, demnach gar nicht bestäubungsfähige Narbe viel zu weit unten in der engen Blütenkronröhre sitzt, um etwa mit dem pollenbedeckten Insektenrücken in Berührung zu kommen.

Ältere Blüte des Sumpfziest von der Seite. Die Staubbeutel sind leergefegt. Jetzt, nachdem der Griffel entsprechend gewachsen ist, ragt die geöffnete Narbe dem besuchenden Insekt entgegen.

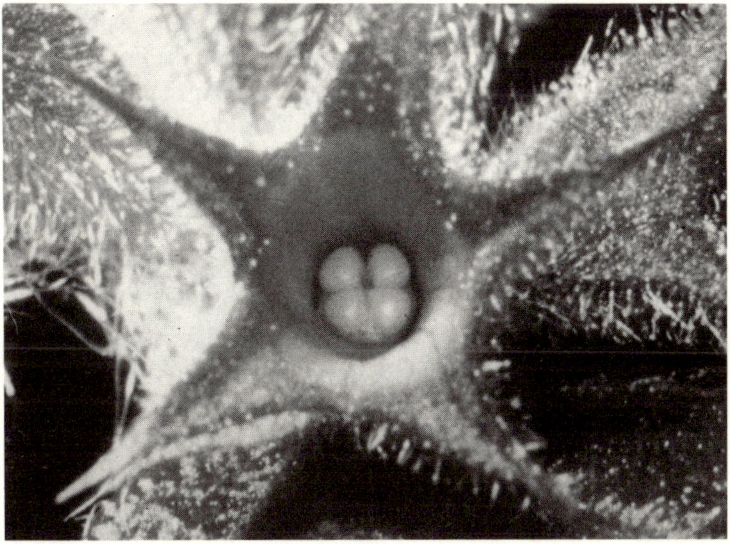

Jede der vier Teilfrüchte auf dem Boden des exakt fünfeckigen Kelches enthält das Programm für eine neue Ziestpflanze.

Erst nachdem die äußeren Staubbeutel völlig entleert sind und auch die inneren beiden zu welken beginnen, streckt sich der Griffel, seine Narbe öffnet sich und wird dadurch belegfähig, indem sie ihre beiden *Äste* weit auseinanderspreizend wie einen Vogelschnabel aufsperrt. Muß noch eigens darauf hingewiesen werden, daß der Griffel sein Längenwachstum genau dann einstellt, wenn die gespreizte Narbe nach einer leichten Krümmung nach abwärts jene Stelle vor dem Blüteneingang erreicht hat, an der sie mit Sicherheit die Rücken der eifrigen Nektarsammler berührt und den dort haftenden, von einer kurz zuvor besuchten anderen Blüte mitgeschleppten Pollen abstreift? Nach der Bestäubung und anschließenden Befruchtung reift der vierteilige Fruchtknoten und zerfällt dann in vier etwa stecknadelkopfgroße Teilfrüchte. Der Botaniker bezeichnet sie als *Klausen*, und jede von ihnen enthält nur einen einzigen Samen. In diesem Samen oder, genauer gesagt, da er ja überwiegend aus Aufbaustoffen besteht, seinem winzigen Keimling, ja ursprünglich dem Kern jener befruchteten Eizelle, aus der er sich entwickelt hat, muß der gesamte Bau- und Leistungs- oder Funktionsplan des Sumpfziest enthalten sein. Schließlich beginnt ja der planmäßige Aufbau des neuen Organismus mit der ersten Teilung der Eizelle, und es kommt später von außen keinerlei *Erbinformation* mehr hinzu! Das bedeutet mithin, daß in diesem mikroskopisch kleinen Ei-Zellkern für eine unserer kühnsten Phantasie unvorstellbare Menge an *Information* Raum vorhanden sein muß. Diese Fülle an Informationen würde zweifellos in unserer Sprache, in gedruckten Buchstaben *codiert*, eine ganze Bibliothek dickleibiger Bücher füllen. Man nimmt bekanntlich an, daß all diese Informationen irgendwie in dem DNS-Molekül der Erbsubstanz des Zellkerns, also chemisch codiert, verschlüsselt vorliegen. Allerdings konnte bis jetzt lediglich jener *Code* in der DNS entschlüsselt werden, der die Bildung von Eiweiß-Baustoffen und Enzymen lenkt. Wie jedoch aus diesen *Bausteinen* das Gebäude des Organismus, seine artspezifische Gestalt und die seiner Organe wird, das kann zwar nach der Beobachtung beschrieben, nicht aber erklärt werden. Wo die hierfür erforderlichen Bauanleitungen, eben der *Plan*, das Programm codiert ist, das wissen wir nicht. Immerhin gibt es im DNS-Molekül Abschnitte, die uns im Moment noch informationsleer erscheinen, es aber nicht sein müssen. Aber selbst wenn hier die *Bauanleitung*, der Plan des Organismus verborgen wäre – wie könnte man etwas Qualitatives mit den rein quantitativen, den nur messenden, wägenden, zählenden und rechnenden Methoden naturwissenschaftlicher Forschung nachweisen? Der Versuch gliche wahrlich jenem, den Kunstcharakter irgendeines Gemäldes aus einer chemischen Analyse seiner Farben erschließen zu wollen!

Nur daß dieser Bauplan mit seiner unerhörten Informationsfülle vorhanden sein *muß*, ist in der Tat nicht zu leugnen, sondern eine zwingende Forderung der Logik und Vernunft.

Auch die unvorstellbare Informationsdichte, die allein das DNS-Molekül ermöglicht, erschwert das Verständnis. Der Informatiker W. Gitt hat errechnet, daß beispielsweise die Informationsmenge in der DNS der menschlichen Eizelle 10^9 *Wörtern* (das ist eine 1 mit 9 Nullen!) in unserer Schrift entspricht, was gedruckt etwa zweitausend dicke Bände von jeweils 500 Seiten ergäbe[2]. Allgemein gilt von der DNS, die bei allen Lebewesen, vom Einzeller bis hinauf zum Menschen die gleiche Struktur und chemische Zusammensetzung aufweist, daß ein einziger Kubikzentimeter eine Informationsmenge von 10^{21} Bit zu speichern vermag. (Bit, aus dem Englischen *binary digit* abgeleitet, ist die Maßeinheit zur quantitativen Angabe des Informationsgehalts.) Was das bedeutet, mag ein Vergleich klarmachen. Das gesamte Wissen der Erdbevölkerung, das bis heute in Büchern zusammengefaßt wurde, beläuft sich auf maximal 10^{17} Bit. Diese enorme Informationsmenge könnte man in einem Hundertstel Kubikmillimeter genetischen Materials, also DNS, unterbringen. Die technischen Speicher unserer modernen Datenverarbeitungsanlagen bringen dagegen bestenfalls 10^4 Bit unter, ein Mikroprozessor höchstens 10^6 Bit. Es liegt also, wie W. Gitt bemerkt, eine *astronomische Spanne* zwischen beiden Werten. Um das Ganze etwas anschaulicher darzustellen: Das Verhältnis zwischen der Speicherkapazität der DNS des lebendigen Organismus verhält sich größenordnungsmäßig zu dem der Speicher unserer Computer wie die gesamte Oberfläche der Erde zu jener einer kleinen Kastanie![3]

So sind bereits die *technischen* Voraussetzungen der Informationsspeicherung im lebendigen Organismus all unseren Computern und ihren Chips derart überlegen, daß man dem Zufall, wollte man ihn ernsthaft auch fürderhin als letzte *Ursache* postulieren, in der Tat weit, unendlich weit mehr zutrauen müßte als der gesamten Intelligenz aller Menschen, die bis dato auf unserer Erde gelebt und gedacht haben. Noch viel absurder muß diese Grundforderung - von der das evolutionistische Denken freilich gar nicht abrücken kann, weil es sich andernfalls ja selbst aufgäbe - erscheinen, wenn es um die Information selbst geht, um den Inhalt, die Bedeutung oder Semantik des Gespeicherten. Daß ein solches, alles menschliche Begriffsvermögen übersteigendes Maß an fehlerfreier Planung, *nichts als Zufall* (Monod) sei, widerspricht eklatant allen Erfahrungen und Regeln der Computerwissenschaft und Informatik! In einer Zeit, da wir selbst Computer konstruieren und ihre Programme entwerfen, beginnen wir langsam zu begreifen, welche in der Tat nur in astronomischen Zahlen auszudrückenden Unterschiede in der Kompliziertheit zwischen den vergleichsweise ärmlich anmutenden Produkten höchster menschlicher Intelligenz und Wissenschaft einerseits und den lebenden, sich selbst aufbauenden und von Anfang an bereits fertig *programmierten* Organismen andererseits bestehen. Hier verbietet sich in der Tat jede ernsthafte Diskussion über *zufällige* Ursachen als völlige Absurdität.

1 *Butterfaß, Th.*, Wachstums- und Entwicklungsphysiologie der Pflanzen. Heidelberg 1970/125
2 *Gitt, W.*, Logos oder Chaos, a.a.O./145
3 *ebd.*/147

Kapitel 6

Die «falsch programmierte» Ameise

Eigentlich hat eine Ameise ja gar kein *Gehirn* – zumindest nicht das, was man bei einem höheren Tier darunter versteht, und sei es auch nur ein Fisch oder Frosch. Richtiger wäre es auf jeden Fall, lediglich bescheiden und ganz neutral von einem Zentralnervensystem zu sprechen. Bei all den vielen so erstaunlichen Leistungen, die dieser winzige *Computer* zustande bringt und lenkt – man braucht ja nur einmal an alle Erfordernisse der Brutpflege zu denken, an den Nestbau usw.! – trotz aller gespeicherten Information, die er birgt, handelt es sich eben doch *nur* um eine kaum nadelspitzengroße Ansammlung von Nervenzellen. Das *Ganglion,* wie solche Nervenknoten genannt werden, liegt oberhalb des Vorderdarmes, am Vorderende ihres *Bauchmarks,* jener strickleiterähnlich verknüpften Nervenstränge, die, unserem Rückenmark vergleichbar, den ganzen Körper durchziehen und alle seine Organe nervös versorgen. Verbunden mit dem Bauchmark ist dieses in der Kopfkapsel des Tieres gelegene *Oberschlundganglion* oder *Cerebralganglion* durch zwei starke, Konnektive genannte Nervenstränge, die links und rechts um den *Schlund* herumziehen. Wo sie sich treffen, entdeckt man einen zweiten auffallenden Nervenknoten, der wegen seiner Lage als *Unterschlundganglion* bezeichnet wird. Alle weiter in Richtung auf das Körperende zu folgenden Ganglien des Bauchmarks sind kleiner und enthalten weit weniger Nervenzellen. Genau genommen setzt sich also dieses seltsame Zentralnervensystem der Ameise aus zwei Ganglien zusammen, die alle *Programme* ihrer immerhin recht vielseitigen Lebensleistungen in sich speichern. Daß, bei aller Winzigkeit dieser organischen Datenspeicher, dennoch sämtliche Informationen fein säuberlich getrennt voneinander *archiviert* sind, das geht allein schon aus jener unbegreiflichen, strengen Ordnung hervor, mit der die verschiedenen In-

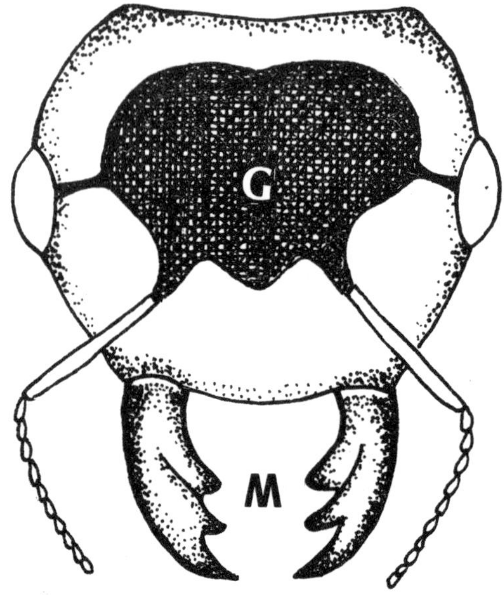

Kopf einer Ameise (Arbeiterin) mit eingezeichnetem Gehirn (G), dem Oberschlundganglion. M=Mandibeln (Oberkiefer).

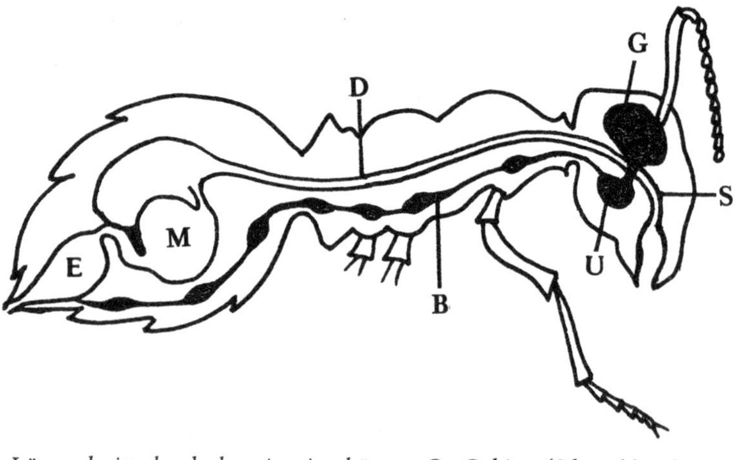

Längsschnitt durch den Ameisenkörper. G=Gehirn (Oberschlundganglion) oberhalb der Speiseröhre S. U=Unterschlundganglion. B=Bauchmark mit Ganglienknoten in jedem Körpersegment. D=Darm. M=Magen. Darüber der Kropf. E=Enddarm. Nur das erste der drei Beinpaare ist ausgezeichnet.

stinkthandlungen einander stets in richtiger Reihenfolge ablösen und gegenseitig ergänzen, statt sich wirr und regellos gegenseitig zu stören.

Eine solche Störung müßte schon von außen erfolgen, durch einen die normalen Befehlsfolgen dieses doppelten Steuerorganes in Unordnung bringenden Eingriff wie beispielsweise irgendeine Verletzung. Auch wenn unser menschliches Gehirn durch einen Unfall, einen Tumor oder Schlaganfall verletzt ist, vermag es ja manche seiner Leistungen nicht mehr oder doch wenigstens nicht in gewohnter, normaler Weise zu vollbringen. So kann etwa das Sprachvermögen empfindlich gestört sein oder die Erinnerungsfähigkeit, ja bereits ein wenig Alkohol im Blut genügt bekanntlich, um ein geordnetes Gehen, geschweige denn Autofahren schwer zu beeinträchtigen. Doch bei Ameisen geschieht hin und wieder etwas, das weit über derartige nur-Störungen, die auf einer Zerstörung von Nervenzellen beruhen, hinausgeht und, sieht man einmal von der Hypnose ab, beim Menschen bis heute glücklicherweise nicht möglich ist. Nur in Science-fiction-Romanen und entsprechenden Filmen wird dieses Schreckgespenst an die Wand gemalt. Da gelingt es beispielsweise irgendeinem verantwortungslosen Wissenschaftler oder gar Diktator, die Gehirne von Menschen so zu beeinflussen und zu verändern, daß sie willenlose Werkzeuge seiner verbrecherischen Pläne werden. Dann handeln die von solcher Manipulation an ihrem *Führungsorgan* (Portmann) Betroffenen nicht mehr nach eigener Einsicht, nach ihrem Ermessen und persönlichen Entscheiden, sondern ohne sich dagegen zur Wehr setzen zu können, ausschließlich nach den Befehlen dessen, der nun ihr Zentralnervensystem ganz beherrscht.

Was dem denkenden Menschen trotz all seiner Wissenschaft und technischen Möglichkeiten zumindest in dieser extremen Form einer gezielten Fehlprogrammierung lebender Gehirne glücklicherweise versagt scheint, das hat ein niederer Wurm, ein lästiger, gefährlicher Schmarotzer unserer Huftiere längst mit geradezu infernalischer Raffinesse fertiggebracht. Entdeckt wurde diese ganz und gar unglaubliche und in der Tat wie Science-fiction anmutende Geschichte, die der regen Phantasie einer Agatha Christie oder eines Edgar Wallace alle Ehre gemacht hätte, durch das seltsame Verhalten von Ameisen, das recht auffällig von der Norm abwich. Oder ist es etwa nicht auffallend, wenn eine Ameise mit Beginn der Abendkühle statt in die warme Geborgenheit ihres Baues und die Gesellschaft ihrer Artgenossen zurückzukehren, plötzlich einen Grashalm bis hinauf zur Spitze erklimmt und sich dort oben in luftiger Höhe mit ihren zangenartigen Kiefern festbeißt, obwohl sie doch niemals pflanzliche Nahrung zu sich nimmt? Ja, ein regelrechter Kaumuskelkrampf, der unmittelbar nach dem Zubeißen einsetzt, hindert sie gar daran, ihren so exponierten Sitz vor der Mitte des nächsten Tages wieder zu verlassen. Und kaum wird es dann gegen Abend wieder kühler, beginnt dieses seltsame Spiel von vorn. Was hat das alles zu bedeuten?

Genauere, langwierige Untersuchungen haben schließlich gezeigt, daß alle Ameisen, die sich so eigenartig verhalten, in ihrem Körper eingekapselte *Schwanzlarven* des Kleinen Leberegels beherbergen. Der Lebensweg dieser vorwiegend in den Gallengängen von Ziegen, Schafen und Rindern schmarotzenden Zwitter ist ein recht abenteuerlicher. Mit dem Kot der befallenen Tiere gelangen ihre Eier ins Freie und werden von Schnecken als *Zwischenwirten* aufgenommen. Über verschiedene Larvenformen (Miracidium, Redie), die sich durch unbefruchtete Eier vermehren (Parthenogenese), wobei schließlich aus anfänglich nur einem einzigen Wurmei bis 6000 Larven hervorgehen können, entwickeln sich zuletzt die Schwanzlarven (Cercarien). Sie gelangen dann mit den von der Schnecke ausgeschiedenen Schleimballen wiederum ins Freie und werden von Ameisen gefressen. Durch die harte Wand des Kropfes einer solchen Ameise bohren sich die Cercarien bis in die Leibeshöhle vor, wobei – man ist versucht zu sagen: sorgsam! – jedes einzelne Bohrloch wieder mit einem besonderen Sekret verschlossen wird. Bis hierhin ist eigentlich nichts gar so Besonderes an der ganzen Angelegenheit, nur – man entdeckte bei sämtlichen Untersuchungen stets ein Bohrloch mehr im Kropf der Ameise, als eingekapselte Cercarien im Körper des infizierten Tieres zu finden waren. Wo steckt die fehlende?

Wie sich dann nach eifrigem Suchen herausstellen sollte, handelte es sich bei dieser vermeintlich verlorengegangenen Wurmlarve stets um die erste von der Ameise verschluckte, die sich ganz anders verhielt als alle anderen und zielsicher, als besäße sie eine genaue Wanderkarte nebst Kompaß, just bis in das Unterschlundganglion vordrang. Und genau dort geschah dann, was nach wie vor wie Science-fiction anmutet. Die Wurmlarve programmierte in diesem untergeordneten Teil des Zentralnervensystems das normale Verhalten der Ameise um, ganz so, als würde bei einem modernen Computer ein Chip gegen einen anderen ausgetauscht, der ein gänzlich anderes Programm in seinem Speicher enthält.

Was die Ameise nun tut, entspricht genau jener neuen Information durch dieses aufgezwungene andere, fremde Programm. Daß sie dabei auch einen Beißkrampf bekommt, das verwundert insofern nicht, als das Unterschlundganglion schon beim gesunden, nicht infizierten Tier die Kieferbewegungen steuert. Der Sinn dieser Verhaltens-Umprogrammierung ist unschwer zu begreifen: An den Spitzen langer Grashalme unbeweglich festsitzende Ameisen werden natürlich häufiger von weidenden Huftieren aufgenommen als andere, die behend auf dem Boden oder in Bodennähe über Blätter krabbeln. Damit aber ist der Lebens-Kreislauf zum Vorteil des Schmarotzers glücklich geschlossen, das Spiel beginnt von vorne.

Für den Evolutionismus birgt dieses so erstaunliche Geschehen die alten, unlösbaren Probleme. Der abenteuerliche Lebenszyklus des Kleinen Leberegels könnte geradezu als ein Schulbeispiel für jenes alte, ewig neue Dilemma der naiven Zufalls-Hypothese gelten: Die Sache klappt frühestens, wenn der Kreis ganz geschlossen ist. Alle Teilprozesse gewinnen erst dann einen Sinn und können ihrer Aufgabe dienen, besitzen mithin erst einen möglichen *Auslesewert,* wenn sie sich gegenseitig lückenlos ergänzen. Solange das aber noch nicht geschehen ist, *läuft* sozusagen gar nichts. Dann aber kann von Selektion, dem angeblich treibenden, Ordnung stiftenden Faktor einer Höherentwicklung, selbstverständlich keine Rede sein – allenfalls in dem Sinne, daß diese nutzlosen und dadurch eher hinderlichen und störenden Einzelfakten eben deshalb dem *Kampf ums Dasein* zum Opfer fallen! Eine sattsam bekannte, jedoch tunlichst verschwiegene Antinomie des Evolutionismus darwinscher Prägung[1]. Ganzheiten können eben niemals nur durch die Summierung von Teilen, gar eine zufällige und ungeordnete, entstehen, das wußte immerhin bereits Aristoteles schon vor mehr als zwei Jahrtausenden.

Diese schwer zu verleugnenden Tatsachen genügen zwar hinlänglich, um die Idee einer Höherentwicklung allein durch Zufallsmutationen und Selektion der geeigneten *Treffer* ad absurdum zu führen, doch die moderne Computertechnik und Informatik liefern in unseren Tagen noch weitere, sogar wesentlich schwerwiegendere Argumente. Nicht nur, daß die Unwahrscheinlichkeit von Zufallstreffern in der einzig richtigen gegenseitigen Zuordnung dadurch noch einmal potenziert wird, daß es sich hier ja um zwei nicht miteinander verwandte, demnach also in keinerlei Gen-Austausch untereinander stehende, völlig verschiedene Organismen handelt. Es müßte also die als reines Zufallsgeschehen absolut unmögliche Voraussetzung erfüllt worden sein, daß eine jede Mutation beim einen Organismus von einer sie exakt ergänzenden des anderen begleitet wurde, und dies auch noch zum nicht minder exakt gleichen Zeitpunkt! Nein, das Hauptproblem ist damit noch nicht einmal angesprochen: Woher stammt denn die Information, die in dem komplizierten Handlungskreis, dem Ablauf eines streng geordneten Programms also unverkennbar zum Ausdruck kommt? Auch hierbei handelt es sich doch um zwei Programme, die genauestens zueinander passen müssen. Einmal um die Information im verhältnismäßig primitiven Nervensystem des Kleinen Leberegels, der als erster von der Ameise verschluckt wird. Es muß ja – unter anderen – jenes Programm enthalten, das sein kompliziertes Verhalten fehlerlos lenkt und dafür sorgt, daß er – und *nur* er allein! – zielsicher in das Unterschlundganglion wandert. Verirrt er sich doch weder in das Cerebralganglion, das *Gehirn* über dem Schlund, noch in irgendeines der vielen Bauchmark-Ganglien, so als gäbe es diese zahlreichen Fehlermöglichkeiten überhaupt nicht. Doch das Unglaublichste geschieht ja erst, wenn der Wurm dieses Ziel seiner Wanderung durch den fremden Organismus erreicht hat. Sein eigenes Programm, bereits im winzigen Kern der Eizelle codiert enthalten, aus der er hervorgegangen ist, veranlaßt ihn, den *Computerteil* Unterschlundganglion mit neuer Information zu versorgen. Er programmiert ihn derart um, daß das nunmehr durch diese fremde Information gelenkte Tier sich zu seinem eigenen Verderben just so verhält, daß es seinem *Umprogrammierer* den denkbar größten Vorteil verschafft.

Hier stimmt eben alles minutiös, paßt eine Information, eine Reaktion mit schier unglaublicher Präzision zur anderen. Nein, eine derart hochkomplizierte Vernetzung von Einzelereignissen kann nie und nimmer allein durch *blinden* Zufall (R. Dawkins) zustande kommen. Information, wie sie in diesen einander entsprechenden Verhaltensprogrammen zum Ausdruck kommt, entsteht nirgends auf der Welt irgendwann einfach *von selbst.* Stets ist sie ausschließlich Ergebnis geistiger Aktivität, zielbewußter, intelligenter Planung. Informationen, *Nachrichten* sind nun einmal nichts Materielles und entziehen sich allein schon aus diesem Grund jeder Erklärungsmöglichkeit durch eine rein materialistische Theorie. Alle Bemühungen in dieser Richtung sind in der Tat nicht sinnvoller als der vergebliche Versuch, aus einer chemischen Analyse von Papier und Druckerschwärze Inhalt und Bedeutung eines Textes ermitteln zu wollen.

1 *Kuhn, W.,* Stolpersteine des Darwinismus, Bd. 1 u. 2, Berneck (2. Aufl. 1987 u. 1988)

Kapitel 7

Gen-Manipulation durch Schmarotzer?

Umprogrammierung durch Schmarotzer – das gibt es offensichtlich auch bei Pflanzen!

Einer Pressemeldung zufolge meinte vor kurzem ein findiger amerikanischer Ingenieur auf eine Idee gekommen zu sein, die in Zukunft selbst den zaghaftesten Flugreisenden von seiner Angst vor einem möglichen Absturz befreien müßte. Streng genommen lag ja, da man Schleudersitze für die Piloten von Düsenjägern bereits seit längerem kennt und schon oft mit gutem Erfolg testete, der Gedanke nicht allzu fern, den Passagieren moderner Verkehrsflugzeuge die gleiche Überlebenschance einzuräumen. Allerdings nicht dadurch, daß man sie etwa auf Schleudersitze plaziert, sondern indem man sie gemeinsam in eine als Ganzes ablösbare Innenkabine setzt. Die nämlich soll dann in entsprechender Gefahrensituation abgesprengt an Fallschirmen sachte zu Boden oder Wasser schweben, während das leere Flugzeug allein abstürzt und zerschellt. Ob damit allerdings das sprichwörtliche *Ei des Kolumbus* unserer Luftfahrt entdeckt wurde, bleibe dahingestellt. Immerhin galt auch die schon auf ihrer Jungfernfahrt von Europa nach Nordamerika gesunkene Titanic einmal als das sicherste, gar das erste *unsinkbare* Schiff! Zudem ist ja auch leider nichts aus des Amerikaners Plänen geworden. Einmal, weil ihre Ausführung viel zu teuer würde, zum anderen aber, weil sie ein technisch zumindest vorerst unlösbares Problem enthalten: Die Insassen-Schleuderkabine wäre schlicht und einfach viel zu schwer, selbst für einen Düsenjet!

Überraschenderweise ist diese vermeintliche *Erfindung* eines besonders intelligenten und einfallsreichen Ingenieurs, wie so manche andere auch, durchaus nicht originell. Auch in diesem besonderen Fall hat angeblich *nichts als der Zufall* in der lebendigen Natur seit urdenklichen Zeiten längst verwirklicht, wovon unsere studierten Spezialisten nach wie vor lediglich träumen können. Tatsächlich gibt es diese geschlossene Insassen-Schleuderkabine längst schon – sogar mit eigenem *Notausgang* versehen, dessen *Tür* denn auch just zur rechten Zeit abgesprengt wird. Und das alles ausgerechnet auch noch bei einem Schädling, einem kaum bekannten Schmarotzer auf den Blättern, genauer an den Blattunterseiten unserer Lindenbäume.

Gallen waren, so hat es Joachim Illies ei nmal treffend formuliert, den gläubigen Darwinianern schon immer ein *gallenbitteres Ärgernis.* Daß nämlich ein Organismus – hier der *Wirtsorganismus* Lindenbaum – Schmarotzern in Gestalt komplizierter Blattzellen-Wucherungen nicht allein schützende Behausungen zur Verfügung stellt, sondern sie obendrein auch noch durch die Bildung besonderer Gewebe geradezu fürsorglich ernährt, das paßt als sogenannte *fremddienliche Zweckmäßigkeit* ganz und gar nicht in das evolutionistische Denkschema. Treibende Kraft der Höherentwicklung, so lautet nun einmal sein Dogma, ist doch angeblich allein die egoistische Selbstbehauptung, das Durchstehvermögen im Konkurrenzkampf des Lebens im Dienste der Arterhaltung. Wie also sollte sich auf diesem Wege so etwas wie Altruismus, wie Fürsorge seinen eigenen Schädlingen gegenüber entwickeln können, ein Verhalten, das doch gerade gegen die Erhaltung der Art gerichtet scheint?[1] Sollten die Blattgewebe, die diese absonderlichen Gallgebilde hervorbringen, vielleicht die erforderlichen Informationen für die Erzeugung schützend imprägnierter Außenwände und nährstoffreicher *Innentapeten,* von rechtzeitig den Weg in die Freiheit gewährenden Öffnungen etc. gar nicht aus der Erbsubstanz ihres eigenen Zellkernes erhalten, sondern – wenigstens in einigen speziellen Fällen – von außen? Tatsächlich konnte verschiedentlich festgestellt werden, daß in der Nähe einer sich entwickelnden Gallen-Larve gelegene Blattzellen-Kerne auffallend vergrößert waren. Wurden sie möglicherweise mit neuer, zusätzlicher Information gewissermaßen *geimpft* – durch spezifische Ribonukleinsäuremoleküle, abgesondert von den Schmarotzern?

Aber selbst wenn dem wirklich so wäre und die Kernvergrößerung nicht auf einer erhöhten Eigenaktivität dieser Nachbarzellen beruhte: Wird das ganze Geschehen nicht noch mysteriöser, wenn man annehmen soll, ein Gallinsekt beherrsche *zufällig* Wege und Möglichkeiten der Gen-Manipulation, die sämtliche bislang erreichten entsprechenden Ergebnisse unserer Wissenschaft mit all ihren großen Laboratorien und teuren Apparaturen weit, ja unvorstellbar weit übertreffen? Wo wäre es den Molekularbiologen und Genetikern denn je gelungen, selbst durch massivste Eingriffe in das Erbgefüge einer lebenden Zelle mit Hilfe von Strahlen und Chemikalien eine ganz bestimmte, beabsichtigte neue Form zu erzielen?

Insbesondere Kapselgallen, die, jener unausführbaren amerikanischen Erfindung vergleichbar, absprengbare Innenkapseln mit dem Schmarotzer, dem sich entwickelnden Gallinsekt darin bilden, sollten uns ein wenig Bescheidenheit lehren. Zielstrebig beginnen sofort nach der Ablage des Schmarotzereies die Blattzellen in dessen unmittelbarer Umgebung sich erneut immer wieder zu teilen. Als folgten sie unter der strengen Kontrolle eines erfahrenen Architekten dessen detailliert entworfenem, maßstabgetreuen Plan, schnüren sie ihre *Tochterzellen* nach allen drei Richtungen des Raumes so exakt bemessen ab, daß nach nicht minder streng eingehaltenem, ebenso von Anfang an festgelegtem Zeitablauf eine glatte, halbkugelige *Galle* um den jetzt bereits zur gefräßigen Larve gewordenen Schmarotzer entstanden ist – und nicht etwa ein planlos-ungeordneter, unregelmäßiger Zellhaufen. Mitten in dieser Galle mit ihren unterschiedlichen, für den Schmarotzer so zweckmäßig angeordneten Zellschichten wie beispielsweise einer gerbsäurehaltigen oder verholzenden weit außen, entsteht durch solche geordnete Zellteilungen mit sofort anschließender Zell-Differenzierung oder Spezialisierung jene sonderbare *Innengalle*, in der die junge Larve, nun doppelt geborgen, heranwächst. Die Wand dieser zapfenförmigen Innengalle ist wellblechartig gerieft. Jeder vorspringende Längswulst paßt genau in eine entsprechende Rinne der angrenzenden Innenwand der Außengalle und umgekehrt, so daß beide regelrecht miteinander verzapft sind, wie ein Schreiner zwei Bretter miteinander verzapft, um ihre Verbindung zu festigen. Nur daß eben hier, man ist versucht zu sagen *raffinierterweise*, die dadurch er-

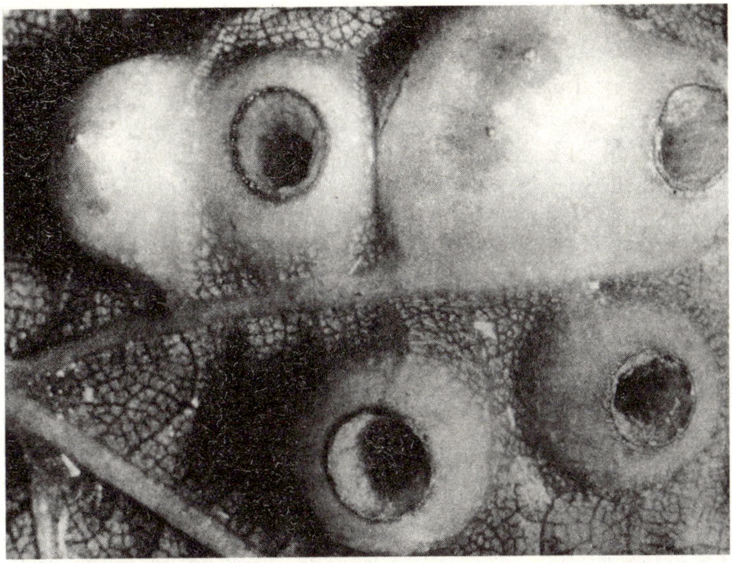

Die Außengallen der Gallmücke Didymomia reaumuriana haben ihre Innengallen schon fast alle ausgestoßen.

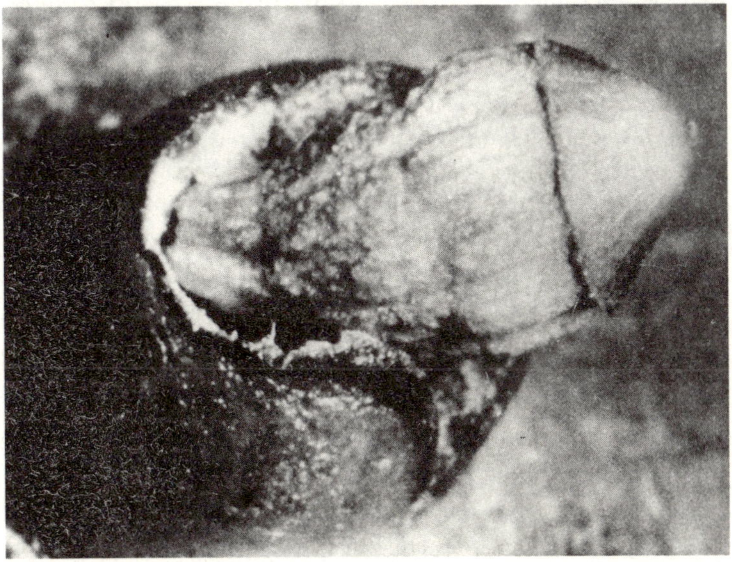

Die einer «Schleuderkabine» entsprechende Innengalle hat sich gerade von ihrer Außengalle gelöst.

zielte Festigkeit des Zusammenhalts die spätere Trennung gerade nicht hindert, sondern sogar erleichtert. Denn es werden an dieser späteren Trennlinie Zellschichten besonderer Art *eingeplant!* Da gibt es bei manchen Gallen reißverschlußähnliche Verzahnungen, deren *Zähne* auseinanderweichen, sobald der Insasse der Galle zum Ausschlüpfen bereit ist, oder aber diese dünne Trennschicht verschleimt, so daß Außen- und Innengalle nicht nur voneinander getrennt werden, sondern zugleich auch ein Gleitmittel bereitgestellt wird, das die endgültige Ablösung erleichtert. Wenn sich nämlich die alternde Außengalle schrumpfend zusammenzieht, wird der allseitige Druck auf die Innengalle immer stärker, bis sie schließlich, durch das *Gleitmittel* noch begünstigt, aus ihrer bergenden Hülle herausgeschleudert wird wie ein *glitschiger* Kirschkern, den man durch Druck zwischen Daumen und Zeigefinger davonschnippt. Die *Schleuderkabine* fällt also hinab auf die Erde. Dort löst sich dann zur rechten Zeit auch ihr entsprechend vorbereiteter Deckel ab und öffnet dem Insekt seinen Weg in die Freiheit.

Es würde auch hier dicke Bücher füllen, könnte man die in solchen Kapselgallen verwirklichte Information, das Programm, nach dem sie gebildet wurden, in unserer Sprache drucken. Dabei wollen wir auch hier die Frage nach der Herkunft dieses Programmes einmal ausklammern. Immerhin ist sein Träger ja erst dann überlebensfähig und kann es somit an die nächste Generation weitervererben, wenn es bis ins letzte Detail *fertig* ist. Un- oder erst halbfertige Evolutions-Vorstufen müßten ja der Selektion rasch zum Opfer fallen, womit jede weitere Entwicklung vorzeitig abgebrochen wäre. Tatsächlich aber muß in diesem Programm für eine jede der Millionen Zellen als Information die – direkte oder auch indirekte – genaue Anweisung codiert enthalten sein, wie oft sie sich nach welchen wechselnden Raumrichtungen teilen soll und was aus den jeweiligen Tochterzellen zu werden hat: ein Teil des Deckelchens, der Kapselwand oder Außengalle, und welche Stoffe sie, je nach ihrer Lage und Zugehörigkeit zu einem bestimmten Gewebe, zu synthetisieren hat. Auch der *Schlußbefehl*, der alle weitere Entwicklung genau dann stoppt, wenn die angestrebte *Endgestalt* erreicht ist, muß ja in diesem Programm gespeichert sein – exakt an der richtigen Stelle!

Damit sind nun allerdings lediglich einige Voraussetzungen aufgezählt. Sie alle zu berücksichtigen, würde jegliche Möglichkeit, das Gesamtgeschehen auch nur einigermaßen zu überschauen, ob seiner unerhörten Komplexität zunichte machen.

1 *Kuhn, W.* , Stolpersteine des Darwinismus, Bd. 1, Berneck 1984/S. 44

Kapitel 8

Das Mathematik-Programm des Trichterwicklers

Sozusagen persönlich trifft man ihn so gut wie nie an. Es ist wie verhext: Stets erinnert erst sein seltsames, längst vollbrachtes Werk an den Birken-Trichterwickler, und er selbst hat sich inzwischen, wer weiß wo, längst – buchstäblich – zur Ruhe gesetzt!

Er ist aber auch gar zu winzig, der schwarzblaue, wie frisch polierte, metallisch glänzende Käfer mit den eigenartig gepolsterten Fußsohlen. Sie haften unverrückbar selbst auf der glatten Oberhaut eines frischgrünen Birkenblattes, so daß er sich sicher nach jeder Richtung hin bewegen kann, sogar auf der abschüssigen Steilwand eines senkrecht hängenden. Seinem Namen als Rüsselkäfer macht er alle Ehre. Unglaublich lang – zumindest im Verhältnis zur Körpergröße – ist der schmale Kopf zum Rüssel ausgezogen, mit zwei scharfen, wie die Klingen einer Miniaturschere gegeneinander beweglichen, schneidenden Kiefer-Zangenbacken am Ende. Und die versteht er denn auch meisterhaft zu gebrauchen! Wie geschaffen zum flinken, glattrandigen Durchschneiden von Blättern benutzt er sie just zu diesem einen Zweck. Nicht etwa beliebig zerstörerisch, so wie ein ungezogenes Kind mit der Schere eine Zeitung wahllos mutwillig zerschnipselt. Nein: Exakt nach Plan geht er dabei vor. Das beweist allein schon die auffallende Tatsache, daß alle Trichterwickler-Rüsselkäfer genau die gleichen Schnittkurven bei ihrer Arbeit verfolgen. Das, so wird selbst der ansonsten zufallsgläubige Evolutionist zugestehen, kann ja nun wirklich kein Zufall sein! Niemand würde es auch nur zehn, geschweige denn vielen hunderttausend Schneiderinnen, die über unsere ganze Erde verstreut zur gleichen Zeit bis auf den letzten Knopf genau das gleiche Modellkleid zugeschnitten und genäht hätten, glauben, das alles sei purer Zufall, und es läge dem tatsächlich keinerlei gemeinsames Schnittmuster zugrunde!

Und dieses Schnittmuster unseres Käferchens, gleich millionenfach dasselbe, hat es nun wirklich in sich! Bezeichnenderweise waren es Mathematiker, die sein erstaunlichstes Geheimnis entdeckten, nicht Biologen. Es gehören nämlich schon einige recht gediegene Kenntnisse der Höheren Mathematik dazu, um diese Zusammenhänge auch nur feststellen zu können. Das Werk des nicht einmal fünf Millimeter langen Winzlings gar nachzuvollziehen, das allerdings erfordert dann freilich noch ein wenig mehr an Geist und fingerfertigem Basteltalent!

Die Aufgabe scheint von vornherein unlösbar, denn das Rüsselkäferchen ist ja nicht einmal in der Lage, sein Arbeitsfeld, das für seine Größenverhältnisse immerhin recht überdimensionale Birkenblatt, auch nur zu überschauen – ebenso, wie eine Schneiderin ihren Schnittmusterbogen. Es ähnelt also mehr einem Traumwandler, der mit seiner längst sprichwörtlichen Sicherheit genau den Weg findet, der als einziger zum angestrebten Ziel führt. Der große Biologe und Begründer der Bedeutungslehre, Jacob v. Uexküll, hat in ähnlichen Fällen von einem geradezu *magischen Weg* gesprochen, den das Tier beschreitet, ganz so, als würde es von einer geheimnisvollen, ja zauberischen Macht dazu gezwungen. In der nüchtern-sachlichen Sprache naturwissenschaftlicher Beschreibung ist allerdings nur die Rede von einer Erbkoordination, einer ererbten, keines Hinzulernens bedürfenden koordinierten, also streng geordneten Bewegungsabfolge. Aber auch das ist ja schließlich nur ein Wort, das nichts erklärt und bringt daher im Grunde etwas nicht minder unbegreiflich-Magisches zum Ausdruck.

Der kleine Rüsselkäfer beginnt sein Werk am linken oberen Blattrand, indem er Biß für Biß innerhalb nur einer einzigen Minute eine S-förmig geschwungene Kurve bis hin zur Mittelrippe schneidet. Diese starke Mittelrippe, die Hauptwasserleitung des Blattes, ritzt er allerdings nur an, um danach seine Schnittkurve, jetzt sichtlich flacher verlaufend, bis zum gegenüberliegenden Blattrand weiterzuführen. Dann beginnt er damit, die abgetrennten, jedoch an der nicht völlig durchgebissenen Mittelrippe noch am Blattgrund hängenden Hälften zu einem Trichter zusammenzurollen, und zwar zunächst vom Anfang der steileren S-Kurve an in der Regel so, daß die Blattunterseite dabei nach in-

Sicher haften die breiten Füße des Käferchens an der glatten Blattoberfläche. Sein Kopf ist zu einem langen Rüssel ausgezogen. Im Vergleich mit der Blattrippe wird seine Winzigkeit deutlich: Er ist wenig länger als 4 Millimeter!

Gerade schlägt der Käfer die rechte Blatthälfte um den Wickel, den er bereits aus der linken gedreht hat (von der Blattunterseite her gesehen).

nen zu liegen kommt. Um die dabei entstandene Tüte schlägt er dann die andere Blatthälfte wie einen schützenden Mantel herum – und fertig ist der *Trichter* als bergender Kokon für seine Nachkommen! Seine Wände bestehen ja aus mehreren Lagen grüner Blattsubstanz, die als geeignetes Futter für die schon bald aus den abgelegten Eiern schlüpfenden Larven dient. Da die Wasserzufuhr unterbrochen ist – alle Blattadern wurden ja durchgetrennt und die Mittelrippe bis zur Hälfte – welkt der Trichter nach kurzer Zeit, fällt schließlich ab und ermöglicht es dadurch den Larven, in den Erdboden zu kriechen und sich dort zu verpuppen. Wenn die jungen Käfer im nächsten Frühjahr, sobald sich die Birken wieder belauben, die schützende Erde verlassen, sind ihre Eltern längst nicht mehr am Leben. Obwohl sie also nie Gelegenheit hatten, von ihnen zu lernen, wie ihr artspezifischer Trichter verfertigt wird, beherrschen sie diese Kunst doch nicht weniger vollkommen.

Kunst – das ist eher eine Untertreibung als etwa eine Übertreibung. In Wirklichkeit befolgen nämlich die beiden Kurven, nach denen das Käferchen seine Schnitte durch das Blatt führt, eine mathematisch-technische Gesetzlichkeit, die verblüffenderweise die zweckmäßigste aller Lösungen der keineswegs leichten Aufgabe darstellt, eine haltbare, stabile Aufrollung zu ermöglichen. Stets sind sie nämlich im Verhältnis zum Blattrand so geführt, daß sich die beiden Teilstücke der fast abgetrennten ehemaligen Blattspitze bequem einrollen lassen und sich der dabei entstehende Wickel nicht gleich infolge seiner Elastizität wieder aufrollt. Das kann sogar noch durch eine besondere *Erfindung* des Käferchens zusätzlich wirksam verhindert werden. Es sticht mit seinem Rüssel kleine Eindellungen in die Außenwand des Trichters und *vernietet* die übereinanderliegenden Blattschichten dadurch nach Art eines ganz modernen Papierblatt-Hefters ohne Metallklammern! Natürlich kann man es auch streng wissenschaftlich-mathematisch formulieren, was das Tier da leistet: Der innere Trichter, also der zuerst aufgerollte Teil des Blattwickels, stellt eine konisch abwickelbare Fläche dar, für die der größere Bogen des S die Evolute zu einer Evolvente liefert. Immerhin haben die Mathematiker recht lange gebraucht, um – ohne noch etwas zu ahnen von der Existenz des Birkentrichterwicklers – die wissen-

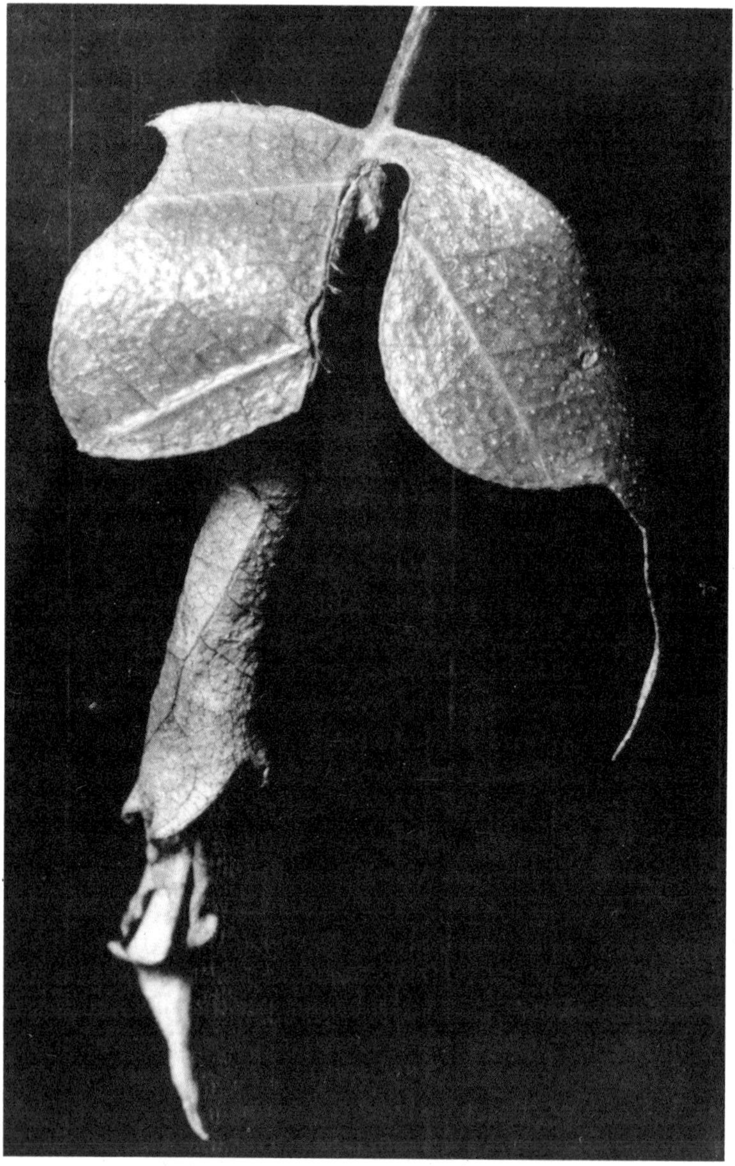

Mathematiker, nicht Biologen entdeckten, daß die seltsamen Kurven, die der Trichterwickler in ein Birkenblatt schneidet, streng einem Gesetz folgen, das von Huygens († 1695) als Theorie der konisch abwickelbaren Flächen formuliert worden war!

schaftlichen Grundlagen für eine *Theorie der konisch abwickelbaren Flächen* zu erarbeiten. Es war der geniale niederländische Mathematiker, Physiker und Astronom Huygens († 1695), der die Evolutenlehre begründete – nach eifrigem Studium all dessen, was die Mathematiker sämtlicher Jahrhunderte vor ihm gedacht und entdeckt hatten und aufgrund seiner eigenen, schöpferisch-geistigen Fähigkeiten. Undenkbar also, daß ein knapp vier Millimeter großer Käfer mit einem Gehirn, das auf der Spitze einer Stecknadel noch bequem Platz fände, von sich aus die Evolutentheorie der Kurven entdeckt haben sollte! Außerdem müßte dies ja beileibe nicht etwa nur einmal, sondern in jedem Frühling immer und immer wieder aufs neue gleichzeitig bei Millionen von Rüsselkäfern geschehen!

Nein, dieses gesamte, so hochkomplexe Verhaltensprogramm mit all seiner den meisten Menschen unverständlichen Mathematik ist dem Trichterwickler angeboren, er erbt es sozusagen fix und fertig von seinen Eltern. Daß die gesamte, schier unglaubliche Information, die es beinhaltet, rein zufällig gerade so und nicht um ein Haar anders zustandegekommen sei, das widerspricht nicht nur allen Erkenntnissen und Gesetzen moderner Informatik, sondern bestätigt auch, nun freilich auf einem neuen, noch viel überzeugenderen Gebiet, was F. Mauriac sagte, als er Monods Bestseller *Zufall und Notwendigkeit* gelesen hatte: «Dergleichen tatsächlich für möglich zu halten, erfordert weit mehr frommen Glauben als das, was wir armen Christen glauben!»

Doch da kommt immerhin noch so einiges hinzu. Schließlich müßten ja die ausführenden Organe – und zwar von den Kieferchen bis zu den Haftfüßen – erst einmal vorhanden sein, die ganze *Hardware* dieses lebenden Computers, damit das Instinktprogramm, seine *Software,* überhaupt in die Tat umgesetzt werden könnte. Und dieser Computer, der gesamte Käfer-Organismus mitsamt seinem kaum sichtbar kleinwinzigen Rechenzentrum Oberschlundganglion oder Gehirn baut sich ja selbst auf, aus einer einzigen befruchteten Eizelle. In deren Kern muß demnach alle Information codiert sein. Sämtliche erforderlichen Programme, nach deren strenger Anweisung die Ausbildung aller Teile des Körpers so zielstrebig abläuft, daß am Ende der Larvenentwicklung nach der Verpuppung ein unverwechselbarer Käfer dieser bestimmten Art Birkentrichterwickler entstanden ist, sind hier auf unvorstellbar kleinem Raum in einer nicht minder unvorstellbar geringen Menge chemischer Substanz, der Erbsubstanz DNS verschlüsselt enthalten.

Fragen über Fragen stürmen hier auf jeden ein, der nicht nur gedankenlos die Rätsel des Lebendigen einfach hinnimmt und sich mit der naiven Erklärung zufriedengibt, die man so oft nachplappern hört: Das hat die Evolution halt in vielen Jahrmillionen ganz allmählich zustandegebracht. Wie absurd! Es sei noch einmal ausdrücklich betont: Noch nie entstand Information irgendwo in dieser Welt anders als durch Geist, denn sie ist nun einmal ihrem Wesen nach nichts Materielles! Kein Programm, auch nicht das simpelste irgendeiner Alltags-Haushaltsmaschine, entstand je durch Zufall, geschweige denn wurde es auch noch durch irgendwelche ziellosen chemischen oder physikalischen Prozesse codiert. Daran führt nun einmal kein Weg vorbei. Wenn Friedrich Engels zu Lebzeiten Darwins noch frohlockte, die Evolutionstheorie habe die Teleologie *kaputtgemacht*, also jene unleugbare Zweckmäßigkeit des Lebendigen, so müssen wir heute, im Zeitalter der Computertechnik und Informatik genau das Gegenteil feststellen. Die zu Darwins Zeiten noch völlig unvorstellbare Planmäßigkeit in der Entwicklung und den Leistungen lebender Organismen, deren Erforschung uns heute fast täglich mit neuen, unfaßbaren Tatsachen konfrontiert, macht den primitiven Glauben an eine materialistische Zufallsentwicklung *kaputt*. Wissen wir doch, seit wir selbst Computer konstruieren, auch wenn sie unvergleichlich viel einfacher sind als die lebenden, und seit wir Programme entwickeln, nach denen sie ihre Arbeit leisten, auch wenn diese im Vergleich mit den Verhaltensprogrammen oder Instinkten der Tiere äußerst kümmerlich erscheinen, daß niemals der *Zufall und nichts als der Zufall* allein alledem zugrunde liegen kann, sondern: Geist – nichts, als Geist! Allerdings ein allem Menschengeist um Dimensionen überlegener!

Kapitel 9

Herrn v. Münchhausens Zopf – oder: Der mißbrauchte Computer

Wären die Folgen nicht von solcher Tragweite, dürfte man die unermüdlichen Anstrengungen vieler Biologen, ständig mit einem Phantom zu ringen, durchaus als kurios bezeichnen. Investieren sie doch unerhört viel Geist in allerlei raffinierte Spielregeln, sinnen und planen sie unentwegt, nur um am Ende, dem Ziel all ihrer Mühen, nachweisen zu können, daß es ja in Wirklichkeit weder Geist noch Sinn, Plan oder gar Ziel in der lebendigen Natur gäbe. Schon der große englische Mathematiker und Philosoph A.N. Whitehead (†1947) nannte einmal Forscher, die ihr Leben dem Ziele widmen, nachzuweisen, daß dieses Leben überhaupt keine Ziele habe, einen *interessanten Forschungsgegenstand.* Als Arthur Schopenhauer gute hundertfünfzig Jahre früher bereits über den entscheidenden Denkfehler jener in der Tat kuriosen *Philosophie* spottete, wußte noch kein Mensch etwas von Computern und Informationstheorie: Wer dergleichen seltsamen Gedanken nachhängt, der vergißt leider, dabei auch an sich selbst zu denken. Das besagt nichts anderes als daß alle, die da glauben, ihren wie auch immer gearteten Materialismus durch Leugnung des Geistes beweisen zu müssen, peinlicherweise völlig vergessen, daß sie dazu doch just diesen Geist benötigen. Max Thürkauf nannte denn auch diesen merkwürdigen Verhaltens-Komplex durchaus treffend das *Münchhausen-Syndrom,* denn auch der bekannte Lügenbaron bemerkte ja nicht, daß er sich mit seinem eigenen Arm doch keinesfalls selbst aus dem Sumpf herausziehen konnte!

Die vorläufig letzten Versuche dieser Art bedienen sich – ausgerechnet – der Computer. Modernste Datenverarbeitungsmaschinen sollten, entsprechend konstruiert und programmiert, *be-*

weisen, daß der Zufall, das absolute Fehlen von Plan und Ziel, etwas Planvolles zustande bringen könne. Wenn dies also möglich ist, so lautet der meist verschwiegene, aber in den Konsequenzen deutlich erkennbare treibende Hintergedanke, so muß Vergleichbares auch in der Natur möglich sein. Doch dabei wird gleich zweierlei geflissentlich ignoriert. Einmal ist ja diese *Logik* keineswegs zwingend. Zum anderen, und das zählt nun allerdings weit schwerer, vergißt man schon wieder, daß hier doch der beteiligte Computer ebenso wie auch sein Programm einfach als gegeben vorausgesetzt werden, und ausgerechnet eine vom Geist erdachte, sinnvoll geplante Maschine mit einem streng zielorientierten Programm als *Software* ausgestattet beweisen soll, daß es Plan, Sinn und Ziel gar nicht gibt, ganz zu schweigen von einem schöpferisch tätigen Geist! Der alte Schopenhauer, gewiß alles andere als ein Sanguiniker, hätte sich angesichts solcher als ernsthafte Wissenschaft ausgegebenen Bemühungen wohl nur schwerlich eines mitleidig-verächtlichen Lächelns erwehren können.

Aber was soll's? Der Zufall, das haben inzwischen selbst die meisten treugläubigen Darwinianer allmählich selbst einsehen müssen, mag schon zu ihres Meisters Zeiten kein sehr überzeugender Alleskönner gewesen sein, doch heute hat er als **die** schöpferische Kraft einer Höherentwicklung mit Sicherheit vollends ausgespielt! Wir haben inzwischen zuviel gelernt über den Fein- und Feinstaufbau des lebenden Organismus und seine so vielfältig untereinander vernetzten Funktionen, als daß man ihn auch heute noch für eine im Daseinskampf erhaltengebliebene Ansammlung zufälliger Mutationsschritte halten könnte. Ja, R. Riedl bekennt sogar mit wahrhaft entwaffnender Aufrichtigkeit, daß man selbst im Lager der überzeugten Darwinisten jenen nebulösen Schöpfer-Ersatz *Zufall* noch nicht einmal zu definieren vermag! Wir wüßten tatsächlich nicht, was der Zufall ist, so klagt er, «ja nicht einmal, ob es ihn real überhaupt gibt. Aber wir rechnen mit ihm, wo immer uns Voraussicht fehlt»[1]. Man möchte bei solcher Lektüre seinen eigenen Augen nicht trauen!

Da wird eine ganze, vehement verteidigte Theorie mit höchstem Anspruch auf Wissenschaftlichkeit auf einem angeblich schöpferischen Kausalfaktor begründet, von dem ihre Verfech-

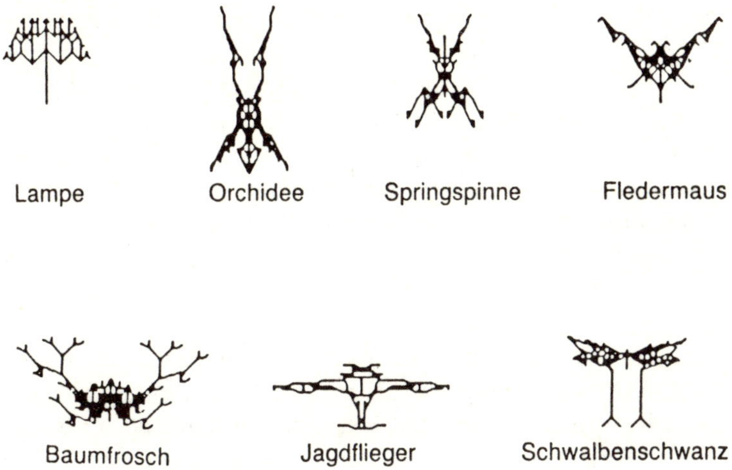

Sogenannte «Biomorphe» – Computerzeichnungen aus R. Dawkins Buch «Der blinde Uhrmacher».

Richard Dawkins hätte sich den aufwendigen, recht umständlichen und auch kostspieligen Weg ersparen können, derartige vage, an Lebewesen erinnernde «Gestalten» durch entsprechend konstruierte (Hardware) und programmierte (Software) Computer zeichnen zu lassen. Luftfeuchtigkeit und Aufwinde, durch die sich Wolken bilden, hätten ihm bei gleichem Phantasie-Aufwand mindestens ebenso brauchbare Beispiele geliefert. Nur: Diese Wolkenformationen, in die man Shakespeares Wiesel, springende Löwen, Menschenköpfe, Drachen und was auch immer «hineinsehen» kann, wären wenigstens echte «Zufallsprodukte» gewesen! Zudem sind sie sogar dreidimensional und dadurch immerhin echten Lebewesen weit ähnlicher als die Computer-Kritzeleien. Allerdings: Mit Organismen haben sie so wenig zu tun wie diese, und ebenso kommt ihnen auch nicht die geringste Bedeutung zu für eine gesuchte «Erklärung» dafür, wie angeblich durch «blinde» physikalische Kräfte Lebewesen entstehen könnten!

Mit der gleichen kindlichen «Logik» könnte jemand beim Anblick eines Farbenkastens behaupten, der liefere eine erschöpfende Erklärung für die zufällige Entstehung beispielsweise des berühmten «Abendmahles» von Leonardo da Vinci!

ter nicht einmal wissen, ob er überhaupt existiert! Muß doch der *große Unbekannte* ständig als willfähriger Lückenbüßer herhalten, wenn man nicht mehr weiter weiß! Auch hierin muß man Max Thürkauf ohne jede Einschränkung beipflichten: Dies ist in Wirklichkeit ein Glaube, sogar ein unerhört «frommer» profaner Glaube – aber eben deshalb absolut keine Wissenschaft mehr, schon gar nicht eine Naturwissenschaft, in der doch seit den Tagen Galileis angeblich nur das zählt, was *meßbar ist.* Da es aber zum planlosen Zufall als Ursprung der gesamten unerhörten Fülle des Lebendigen nur eine einzige denkbare Alternative gibt, nämlich planvolle Schöpfung, die jedoch um keinen Preis akzeptiert werden darf (Keith), muß also ständig neu verzweifelt versucht werden, diesen vergotteten Zufall doch noch irgendwie *glaubwürdig* – welch verräterischer Doppelsinn! – erscheinen zu lassen. Dann konstruiert man beispielsweise einen von Naturgesetzen *gesteuerten Zufall,* der gewissen *Spielregeln* und vorgegebenen Strategien unterworfen, von ihnen eingeengt ist – und merkt peinlicherweise nicht, daß ein *gelenkter Zufall* doch gar kein Zufall mehr ist (M. Eigen). Aber es kann nun einmal in unseren Tagen kein ernstzunehmender Biologe jene naiven Gedankenspielchen, wie sie die rege Phantasie eines J. Huxley vor nunmehr dreißig Jahren oder J. Monod gar erst vor achtzehn Jahren konstruierten, auch weiterhin als überzeugende *Beweise* für eine *schöpferische Funktion* des blinden Zufalls gelten lassen. Ob ein gelehrter Zoologe wie Huxley tatsächlich selbst an seine kühne Hypothese glaubte, bleibe dahingestellt: Gäbe es unsterbliche Affen, die jahrmillionenlang an einem unverändert breiten Sandstrand mit Buchstaben aus einem unvergänglichen Material wahl- und ziellos um sich werfen, dann käme irgendwann einmal der Tag, an dem zufällig die gesamte englische Nationalliteratur dort Buchstabe für Buchstabe zu lesen wäre! Müßig, sich vorzustellen, was wohl sein berühmter Landsmann William Shakespeare von solch kindlichem Vertrauen in die Potenzen des Zufalls gehalten hätte. Wer sich auch nur ein wenig auf Wahrscheinlichkeitsrechnung versteht, der kann schließlich recht genau ausrechnen, wie groß oder besser wie unendlich klein die Aussichten sind, auf solch zeitraubend-umständliche Art Literatur zu schaffen. So rechnete der bekannte Physiker

Walter Heitler einmal aus, wie vieler Versuche es bedürfte, um auch nur die erste Zeile des Faust-Monologes *Habe nun ach Philosophie...* allein durch Zufall entstehen zu lassen, indem lediglich die erforderlichen 21 Buchstaben etwa in einem Würfelbecher durcheinandergeschüttelt und dann, Huxleys buchstabenwerfenden Affen entsprechend, auf die Erde gekippt würden: «Wir müßten es mehr als 10^{16}mal, d.h. mehr als zehntausend billionenmal probieren, bevor wir eine (!Verf.) Chance hätten, die richtige Anordnung zu finden.»[2] Nur nebenbei: Eine Billion ist eine Million Millionen! Nein, niemand könnte danach noch ausrechnen, wie vieler Experimente dieser Art und welch unermeßlichen Zeitraumes es bedürfte, um den ganzen *Faust* – buchstäblich *buchstäblich* – am Ende vor sich auf dem Boden liegen zu haben, von der gesamten englischen Literatur ganz zu schweigen! Zudem würden ja die blind schaffenden Affen immer wieder zerstören, was sie zufällig gerade einmal *richtig* zustandegebracht hätten – und es müßte die zweite, passende Zeile jeweils auf die erste folgen, die dritte exakt auf die zweite und so fort. Nein, so geht es allzu offensichtlich wirklich nicht!

Der englische Evolutionsbiologe R. Dawkins hat die gleichen Überlegungen anhand eines Satzes aus Shakespeares Hamlet angestellt – des einen Satzes, den der Titelheld zu Polonius beim Betrachten einer seltsamen Wolkenbildung äußert: «Me thinks it is like a weasel» – mich dünkt, sie sieht aus wie ein Wiesel. Wie oft müßte einer jener unsterblichen Huxleyschen Affen auf einer Schreibmaschine herumtippen, bis irgendwann einmal gerade dieser fehlerfrei auf dem geduldigen Papier stünde? Dawkins erleichtert ihm seine schwere Aufgabe sogar noch, indem er ihn eine Maschine benutzen läßt, die nur 26 Großbuchstaben und eine Leertaste besitzt und außerdem dadurch, daß der Unermüdliche jeweils nach genau 28 Anschlägen, deren der Satz mit allen Zwischenräumen bedarf, wieder von vorn beginnen darf. Dawkins errechnete die Chance des Affen, auf Anhieb den gesuchten Satz zu tippen auf $1:10^{40}$. Das würde bedeuten: Das bedauernswerte Tier müßte so oft wieder und wieder neu probieren, um nur ein einziges Mal einen *Treffer* zu erzielen, daß es bei dieser Sisyphusarbeit mehr als das Trillionenfache jener Zeit benötigte, die unser gesamtes Universum bis jetzt angeblich besteht!

Nein, so geht es in der Tat nicht! Man sollte eigentlich erwarten, nach einem derart niederschmetternden exakt-mathematischen Todesurteil über den *blinden Zufall* als Schöpfer-Ersatz könne nun endlich dieses beschämende Kapitel der Biologie-Geschichte ein für allemal als abgeschlossen und überstanden gelten. Doch wann wären aller bisherigen Erfahrung nach überzeugte Evolutionisten jemals um eine Zusatz-Hypothese verlegen gewesen, die – als reine Gedankenkonstruktion anstelle nachprüfbarer Fakten, versteht sich! – den *allmächtigen* Zufall dennoch wieder zu rehabilitieren scheint? Flugs wird *der Spieß umgedreht:* Der entscheidende Denkfehler liegt stets bei den andern, die partout nicht an das naive (P.P. Grassé) alles erklärende Schema von Zufallsmutation und Selektion glauben wollen. Das wahrscheinlichkeits-mathematische Argument, so beschwichtigt Dawkins, gilt ja lediglich für die Annahme einer *Ein-Schritt-Selektion*, bei der jeder Versuch, jeder *Wurf* wieder völlig neu ist und das Experiment abermals ganz von vorn beginnt. Oder, wie es A.K. Dewdney formuliert: Der *Fallstrick* liegt in der Annahme, die Zufallsereignisse, die zu dem geordneten Ganzen – also einem sinnvollen Satz, der hier im Experiment einem Organ oder gar Organismus entsprechen soll – müßten gleichzeitig eintreten[3]. Sozusagen *mit einem Wurf* soll dabei das Ganze, der fix und fertige Text oder das ihm entsprechende Lebewesen auf dem Plan erscheinen! *Das*, so wird bereitwillig eingeräumt (und was bliebe denn auch nach den zitierten Berechnungen anderes übrig?) ist freilich nicht möglich – aber es steht ja auch gar nicht zur Diskussion! Nein: Der *blinde Uhrmacher* Zufall bedient sich doch der *kumulativen* Veränderung, bei der, so Dawkins «jede Verbesserung, so klein sie auch sein mag, für den weiteren Aufbau benutzt wird»[4]. Das bedeutet, um beim relativ einfachen Beispiel des Hamlet-Satzes zu bleiben: Wenn zufällig auch nur der einfachste Schritt in Richtung auf eine *stimmige* Buchstabenfolge passiert ist, und wären es auch nur zwei Buchstaben, die *richtig* nebeneinanderstehen, so werden sie konserviert, gespeichert, für den nächsten Versuch ausgelesen, selektiert! Der beginnt also nun tatsächlich nicht erneut ganz von vorn! Bringt er keine entsprechende weitere Verbesserung, etwa die richtige Erweiterung um den nächsten erforderlichen Buchstaben in dem betreffenden Wort, so schadet das absolut nichts. Irgendwann wird dieses Ereignis mit Sicherheit eintreten, und dann geht die *Kumulation* des Erreichten weiter und weiter – zwar mühsam, aber schrittweise doch dem ersehnten Endergebnis näher und näher kommend.

Es ist klar, daß diese erwarteten Zufallstreffer in der Evolution die Mutationen sind, aber gerade hier kommt nun Dawkins nicht umhin zuzugeben, daß die Wahrscheinlichkeit für ein mutierendes Gen häufig kleiner als eins zu einer Million ist. Die *Mutationsrate* ist demnach so gering, daß eine *kumulative Selektion* ungeheuer lange Zeitabläufe benötigte, bis schließlich etwas Sinnvolles dabei herauskäme.

Aber das läßt sich – zumindest im Computerexperiment! – ja rasch ändern. Ein Computer wird also derart programmiert(!), daß er einen willkürlich auf seiner Schreibmaschinentastatur herumtippenden Affen simuliert. Er verwirft jedoch nicht, wie in den anfangs geschilderten Gedankenexperimenten, die Unsinn-Buchstabenfolgen, sondern kopiert sie immer und immer wieder, und zwar mit einem gewissen Spielraum für zufällige(!) Kopierfehler, die den Mutationen bei der Entwicklung der Lebewesen entsprechen. Und dann geschieht das Neue, Entscheidende: «Der Computer examiniert (!Verf.) die durch Mutation entstandenen unsinnigen Sätze ... und sucht denjenigen heraus, der, und sei es auch noch so geringfügig, dem Zielsatz **Me thinks it is like a weasel** am meisten ähnelt.»[5] Erwartungsgemäß kam dieser Zielsatz – welch verräterisches Wort er da so unbedacht gebraucht, scheint Dawkins in der Tat nicht bemerkt zu haben! – dann auch zu guter Letzt als Endergebnis heraus: Nach 43 *Generationen*, wie Dawkins die Computer-Durchgänge nennt.

Darwin sei Dank – der Zufall ist gerettet! Der Computer beweist, daß er Ordnung aus Unordnung, Plan aus Planlosigkeit *erschafft* – die Evolution braucht kein Ziel, keinen Sinn und damit natürlich auch keinen Sinn-Geber, keinen Schöpfer. Dies also ist jenes *neue Plädoyer für den Darwinismus*, wie es in Dawkins Buch-Untertitel heißt. Aber neu ist eigentlich ja nur die Methode des Computerzeitalters, die Aussage selbst scheint lediglich zu bestätigen, was doch seit eh und je behauptet wurde!

Es bedarf in der Tat schon einer unerschütterlichen Voreingenommenheit, einer unglaublich stark *eingefärbten* ideologischen Brille, um wirklich nicht zu bemerken, daß Richard Dawkins' Computerspielereien just das genaue Gegenteil dessen beweisen, was er doch nun endlich und endgültig zu beweisen trachtete. Es ist schwer zu fassen, wie ahnungslos er da in seine selbst aufgestellte Falle hineintappt. Ausgerechnet der Computer, die moderne Nachrichtenverarbeitungsmaschine, dieser Triumph erfinderischen, genialen Menschengeistes wird zum Bumerang und beweist, diesmal allerdings einsichtig und zwingend, daß eben **nur** durch Geist, nur mit Plan und einem definierten Ziel in der Zukunft etwas Sinnvolles und, wenn es dabei um Organismen geht, Lebensfähiges entstehen kann!

Dawkins selbst muß es ja eingestehen: Der Computer *examiniert* und sucht die jeweils richtige Buchstabenkombination aus – und das kann er doch nur, wenn ihm eben diese *richtige* Folge von vornherein als Programm eingegeben wurde, als jenes oft genannte *Ziel (!!)*, das er anzustreben hat. Wenn Dawkins also nicht umhin kann zuzugeben, daß die vom Computer ausgedruckten Satz-*Nachkommen* nach ihrer Ähnlichkeit «mit einem entfernten Idealziel beurteilt werden» (S. 69), dann ist doch die ganze umständliche Satzbastelei nichts anderes als ein nachträglich ausgelöster Bluff. Der *richtige* Satz, eben dieses *entfernte Idealziel*, steckt, längst bevor die Maschine auch nur ihren ersten Buchstaben ausdruckt, schon in ihr drin, und es kann überhaupt keine Rede davon sein, daß er etwa als Ergebnis eines reinen Zufallsspieles ohne Plan, Sinn und Ziel von ihr hervorgebracht würde! Computer, so gibt Dawkins unumwunden zu, sind «Maschinen, die genau das tun, was man ihnen sagt[6]». Nun, und eben diesen Satz **Me thinks it is like a weasel** hat er, Richard Dawkins, sein planender, zielsetzender Verstand der Maschine *gesagt*, nämlich einprogrammiert. Und dann wundert er sich darüber, daß haargenau dieser und kein anderer Satz wieder herauskommt. Mit einer *Echowand* irgendwo in den Bergen wäre das alles viel einfacher und vor allem billiger und schneller zu erreichen gewesen!

Das nämliche *Münchhausen-Syndrom*, das nicht-einsehen-Wollen, daß man just Plan, Ziel, kurz *Geist* benötigt, um Geist, Plan und Ziel leugnen zu können, kennzeichnet denn erwartungsgemäß auch die anderen Computerexperimente Dawkins. Es handelt sich dabei um Zeichnungen, Skizzen, die Desmond Morris einmal *Biomorphe* genannt hat, weil sie – zumindest für Betrachter mit kühner Phantasie – an Pflanzen oder Tiere erinnern, ähnlich darin manchen Wolkenformationen vor dem Himmelsblau, in die man Gesichter, Drachen, Gebäude usw. hineinsehen kann. Dawkins hat ein Programm geschrieben, eine, wie er es nennt, *einfache Instruktion zum Bildzeichnen, die der Computer leicht befolgen kann,* und nach der er die Entwicklung und Verzweigung eines Baumes simuliert. Keine Rede also von *Planlosigkeit*: Das entsprechende, vom Menschengeist erdachte Programm muß vorgegeben werden! Die Maschine beginnt ihre Zeichnerei mit einem senkrechten Strich, der sich, getreu dem eingespeicherten Programm, am Ende in zwei *Äste* aufspaltet. Nach kurzem *Wachstum* spaltet sich jedes Astende wiederum in zwei auf und so fort. Natürlich kann dem zeichnenden Computer auch einprogrammiert werden, wie viele *Unter-Unter-Unterzweige* wachsen dürfen, bis er schließlich jede weitere Tätigkeit einstellt (Nebenbei bemerkt: Walter Heitler hätte an diesem Beispiel seine helle Freude gehabt! Bestätigt ihm hier doch gar ein Evolutionist, was er bereits in den sechziger Jahren schrieb: Dieser *endliche Haltepunkt des Wachstums* bei Erreichen einer bestimmten Endform kann nur durch zielbewußt-planenden Geist bestimmt werden, denn Naturgesetze, die *nicht in die Ferne wirken* und differentiell sind, reichen allein dazu niemals aus!). Komplizierter wird das Ganze, wenn dieses Computerprogramm auch *Gene* simuliert, also Faktoren, die das einfache Verzweigungsmuster verändern, indem sie *mutieren.* So läßt sich beispielsweise der Winkel der Verzweigung verändern, die Länge bestimmter *Äste* oder auch die Anzahl dieser Verzweigungen. Dann zeichnet der Computer, je nach den *Genen,* die der Experimentator(!) wirksam werden läßt, viele verschiedene Variationen des Ur-Baum-Bildes, und wer genügend Phantasie besitzt, der erblickt dann hier eine *Eiche,* dort eine *Buche* oder *Fichte* etc., und so es sich um Tierzeichnungen handelt, gar eine Fledermaus oder einen Laubfrosch.

Machen wir es kurz und ersparen wir uns die Wiederholung all jener Argumente, die bereits das Satz-Beispiel ad absurdum führten. Auch hier wird ja die vom Menschengeist entsprechend geplante und konstruierte Maschine ebenso stillschweigend vorausgesetzt, wie das gleichermaßen vom Menschen entworfene Programm, das dem gesamten Geschehen sein Ziel setzt und seine Wege vorschreibt – auch wenn sie hier und da Raum für kleine Zufälligkeiten gewähren mögen. Es wäre immerhin interessant, einem der Spielregelerfinder die von ihm sicher als *tückisch* betrachtete Frage zu stellen, wer oder was denn nun während der Evolution, die hier simuliert wird, die Rolle dieses komplizierten Computers und seines noch komplizierteren Programmes spiele bzw. woher dieses geistvolle Programm denn stamme! Trotz dieser kleinen *Freiheiten* ist es letzten Endes doch stets der Geist des Menschen, der bei all diesen Spielchen schöpferisch tätig wird und keineswegs *der Zufall und nichts als der Zufall* (Monod). Es geht nicht einmal bei Dawkins' Baum-Kritzeleien ohne Geist, Plan und Ziel, geschweige denn bei der Entwicklung eines lebenden, wachsenden und sich ausdifferenzierenden Baumes aus einem winzigen Samenkorn! Stets ist es doch der Experimentator, der seinem Computer *sagt,* welche Variation er weiterzeichnen, also zur *Fortpflanzung* aussuchen soll (S. 77), der also plant und ein Ziel anstrebt, das in seinem Geist bereits fertig als Vorstellung existiert – und nicht ein nebulöser *Zufall.* Zu Recht fragt Dewdney, wo eigentlich bei diesem *faulen Zauber* der Witz liege, wenn doch die *überlebenden* Varianten künstlich von einem Menschen, eben dem Experimentator, bestimmt würden! Man möchte deshalb ja auch endlich einmal Programme entwerfen, die statt durch den Menschen von Umwelteinflüssen gesteuert würden, damit neue Gestaltmerkmale aus einem Wettstreit von *Arten* erwachsen. Doch unentrinnbares Schicksal des Evolutionisten, der seinen geliebten Zufall retten möchte: Auch hierzu bedarf es ja eines geplanten Programmes, das diesen *Wettstreit* schon einbezieht und eben dadurch erst ermöglicht.

Dawkins macht ehrlicherweise gar keinen Hehl daraus, wie schwierig es wäre, ein entsprechendes Programm zu konzipieren: «Wenn sich irgendwo ein professioneller Programmierer herausgefordert fühlt mitzuarbeiten, so würde ich gern von ihm oder von ihr hören.»[7] Aber selbst wenn sich eines Tages dieses Programmierer-Genie finden sollte: Es geht nun einmal partout nicht ohne den Geist dieses Genies, nach dessen Programm und keineswegs nur nach irgendeinem Zufallsgeschehen da neue Formen entstehen sollen! Es ist stets das gleiche Dilemma, aus dem das vertrackte evolutionistische Zirkeldenken nun einmal nicht ausbrechen kann. Bis jetzt jedenfalls haben alle *professionellen* Programmierer zusammen noch kein Programm erstellen können, wie es – angeblich – im Verlaufe der Erdgeschichte völlig zufällig verwirklicht wurde (selbst wenn wir einmal großzügig davon absehen, daß es bei unseren Professionellen ja nur um Zeichnungen geht – bei den *Werken des Zufalls* jedoch um Lebewesen!).

Doch da kommen noch einige wesentliche Argumente hinzu, durch die sich – wenn es dessen überhaupt noch bedurfte – das Ganze als noch weit fehlerträchtiger erweisen soll. Zunächst einmal müßten doch die zu verändernden Ur-Gestalten überhaupt vorhanden sein, bevor sie vom Computer oder *Zufall* verändert werden könnten! Dawkins jedoch setzt sie – wieder einmal! – einfach und fraglos als gegeben voraus. Zum anderen: Hier handelt es sich genau besehen um nichts anderes als sinnlose Krikel-Krakel-Zeichnungen, in die der Betrachter, vergleichbar der Deutung von Wolkenformationen, irgendeine organische Form hineinphantasiert. Außerdem sind diese Gebilde lediglich zweidimensional, stehen also, wenn beides berücksichtigt wird, noch nicht einmal im gleichen Verhältnis zu der Pflanze oder dem Tier, dem sie angeblich ähneln, wie das unbeholfene Strichmännchen eines Dreijährigen zu einem wirklichen, lebenden Menschen, denn diese Kinderzeichnung wurde ja immerhin nach dessen Vorbild entworfen!

Die Kritzeleien des Computers stellen auch mitnichten *Systeme im Fließgleichgewicht* dar (L.V. Bertalanffy) wie die Organismen, die sich immerfort aus der aufgenommenen, entsprechend umgebildeten Nahrung erneuern, während gleichzeitig alte Körpersubstanz und alte Körperform abgebaut wird – und dennoch bleibt, zumindest äußerlich betrachtet, alles *im Gleichgewicht* und scheint sich nichts zu verändern! Vor allem aber: Sie leben nicht, entfalten sich nicht als *Raum-Zeit-Gestalten* dank innerem Vermögen (Schubert-Soldern). Glasperlen, Mosaiksteine oder die Teile eines Puzzle-Spieles kann man gut beliebig oft immer wieder neu und anders ordnen oder durch einen Computer zusammensetzen lassen, bis schließlich etwas *Richtiges* dabei herauskommt, eben das als entsprechendes Ziel vorgegebene Bild. Doch genau dieser Weg, der bei Manfred Eigens oder Rupert Riedls *Glasperlenspielen* und Richard Dawkins' satzbauenden bzw. Krakelzeichnungen liefernden Computern eingeschlagen wird, ist für lebende Organismen, und wären sie wenigstens am Anfang auch noch so *primitiv*, gerade *nicht* gangbar. Einen Organismus kann man eben nicht immer wieder *auseinandernehmen*, ja nicht einmal nur in einem einzigen Experiment in seine Teile, die Zellen zerreißen und dann anschließend probeweise anders, neu *zusammensetzen* wie die Steine eines Mosaiks oder Teile eines Puzzles! Genau dies wäre der unmöglichste Weg einer Evolution! Das Kernproblem, das die emsigen Puzzle-Spiel-Erfinder offenbar gar nicht sehen (oder aber nicht zur Kenntnis nehmen wollen, da es immerhin grundsätzlich unlösbar ist!) besteht ja darin, daß diese zu zerlegenden und neu zu *komponierenden* Organismen in jedem Augenblick während dieser zerstörerischen Prozedur weiterleben müßten! Es ist ja schließlich nicht möglich, daß sich ein derart im Wandel begriffener Organismus ein Schild umhängt mit der Aufschrift: Wegen Umbau vorübergehend geschlossen! (Osche).

Lassen wir's damit genug sein. Die sinnleeren Kritzeleien des zeichnenden Dawkins-Computers haben in Wirklichkeit nichts, aber auch nicht das geringste mit irgendwelchen lebenden Wesen gemeinsam, an die sie angeblich vage erinnern und sind allein schon aus diesem Grund für einen *Beweis* angeblicher evolutiver Prozesse in der Natur ohne jede Bedeutung. So ist denn auch der *moderne* Versuch, den evolutionistischen *deus ex machina Zufall* mit Hilfe des Computers für die Theorie zu retten, nicht nur kläglich und auf eine geradezu lächerliche Weise mißlungen. Nein, er hat ganz im Gegenteil wieder einmal bestätigt, daß die unübersehbare Mannigfaltigkeit der lebenden Schöpfung ohne Geist und Sinn, ohne Plan und Ziel nicht einmal denkbar, geschweige denn erklärbar wäre.

Dawkins hat seinen unbeirrbaren Glauben an die *schöpferischen* Fähigkeiten des *blinden Uhrmachers* im gleichnamigen

Buch ohne Umschweife bekannt: «Die natürliche Zuchtwahl, der blinde, unbewußte automatische Vorgang, den Darwin entdeckte und von dem wir heute wissen, daß er die Erklärung für die Existenz und scheinbar zweckmäßige Gestalt allen Lebens ist, zielt auf keinen Zweck.»[8] Dem sei, nach unserer kritischen Analyse seiner grundlegenden Irrtümer, das bekannte Wort des großen Biologen Jacob von Uexküll entgegengestellt: «Solche Spekulationen sind einfach kindisch, und man sollte mit der albernen Zufallstheorie endlich Schluß machen.»

1 *Riedl, R.*, Die Strategie der Genesis, S. 52
2 *Heitler, W.*, Der Mensch und die naturwissenschaftliche Erkenntnis, Braunschweig 1962
3 *Dewdney, A.K.*, Auf den Spuren des Großen Uhrmachers, Wie ein Programm mit einfachsten Mitteln die Grundmechanismen der biologischen Evolution simuliert. (In: Spektrum der Wissenschaft 5/1988, S. 8)
4 *Dawkins, R.*, Der blinde Uhrmacher, München 1987, S. 68
5 *ebd.*, S. 67
6 *ebd.*, S. 70
7 *ebd.*, S. 83
8 *ebd.*, S. 18

Kapitel 10

Integral-Rechner Bienengehirn

Seidenspinner und Honigbiene sind die einzigen Insekten unter unseren Haustieren. Während jedoch die Seidenraupe erst seit dem Jahre 555 n. Chr. in Europa heimisch wurde, reicht die Zucht der Biene hierzulande schon viel weiter in die Vergangenheit zurück, als der Mensch den begehrten Honig wilder Bienen sammelte. Felszeichnungen aus Spanien haben uns diese frühe Form der Wildbeuterei getreulich überliefert. Später holten die Sammler Bienenvölker in ihre Siedlungen und stellten ihnen geeignete Behausungen zur Verfügung. Aus Darstellungen in ägyptischen Tempeln und Pharaonengräbern wissen wir, daß dort schon diese planmäßige Zucht der Bienen als Haustiere begann.

Verständlich also, daß nach derart langer Zeit intensiver Pflege und Beobachtung über die Entwicklung, Lebensweise und die

Bienenkönigin bei der Eiablage. An einem Tag legt sie so viele Eier, wie sie selbst wiegt – bis zu 1500 Stück! Das entspräche bei einem Huhn einer Legeleistung von mindestens 50 Eiern!

vielen erstaunlichen Leistungen dieser unscheinbaren Insekten weit mehr bekannt ist als über die irgendeiner anderen Art. Von Anfang an fiel auf, daß im Leben dieser sprichwörtlich fleißigen Tiere alles nach strengen Regeln und Gesetzen abläuft. Ihre Entwicklung vom Ei bis hin zur fertigen Biene, ob nun Königin, Drohne oder Arbeiterin, ist einer Ordnung unterworfen, die keine Ausnahmen kennt, und auch die recht unterschiedlichen Tätigkeiten, die eine Arbeiterbiene im Laufe ihres überraschend kurzen Lebens ausführt, folgen ganz offensichtlich einer über Tausende von Generationen hinweg gültigen, unverändert beibehaltenen Regel. Aber erst seit unsere Techniker Rückkopplungssysteme konstruieren, Computer bauen und programmieren, beginnen wir allmählich zu ahnen – verstehen wäre bei weitem zuviel behauptet! – welche unglaublich komplizierten Programme samt ihren mikroskopisch winzigen Speichern und schließlich den ausführenden Computern eine plan- und ziellose Evolution da angeblich rein zufällig zustandegebracht haben soll. Wahrhaft ein *göttlicher Zufall* müßte das gewesen sein, all unserer stolzen Wissenschaft, unserer Erfindungsgabe und menschlichen Intelligenz unvorstellbar überlegen. Verstehen wir immerhin doch noch nicht einmal teilweise die Zusammenhänge, geschweige denn wären wir in der Lage, auch nur annähernd Vergleichbares zustandezubringen!

Das ist in der Tat alles andere als Übertreibung! Man braucht sich ja schließlich nur einmal vorzustellen, Computerfachleute sollten eine künstliche, eine mechanische Biene konstruieren und die verschiedenen Programme codieren, die ihre Verrichtungen steuern – zum richtigen Zeitpunkt am rechten Ort für exakt die ausreichende Dauer! Nie und nimmer bekämen diese Bedauernswerten auch nur annähernd zuwege, was da angeblich der blinde Zufall *und nichts als der Zufall* so ganz und gar problemlos meisterte. Nur allzu verständlich, warum Jacob v. Uexküll von einem *kindischen Zufallsglauben* sprach!

Der Informationsspeicher, jener Megabit-Chip, der sämtliche Instinkt-Programme codiert, also verschlüsselt enthält, ist jenes Gehirn oder Cerebralganglion, das uns nun bereits von den Ameisen her als Oberschlundganglion bekannt ist. Rund hunderttausend Nervenzellen bilden diesen Nervenknoten. Auf den ersten Blick scheint das eine beachtliche Zahl von Schaltelementen zu sein. Doch verglichen mit dem Gehirn des Menschen, das deren immerhin 15 Milliarden (wenn nicht gar das Zehnfache!) besitzt, scheint diese Datenspeicher- und Verrechnungsmaschine von allenfalls Stecknadelkopfgröße recht unscheinbar. Erwartungsgemäß ist auch die Vernetzung der Nervenzellen im Bienengehirn untereinander durch die oft mit Kabeln verglichenen Nervenfasern wesentlich einfacher. Man hat nur zehn bis höchstens einhundert Synapsen, also Verbindungsstellen zu anderen Schaltelementen pro Nervenzelle gezählt. Das wären dann insgesamt nur eine bis maximal zehn Millionen. Im Vergleich dazu steht jede Gehirn-Nervenzelle des Menschen mit bis zu zehntausend anderen in Verbindung, und die Gesamtzahl der Synapsen mag gar fünfhundert Billionen erreichen![1]

Und doch: Was dieser Mini-Computer Bienengehirn leistet, was er an Daten und fertigen Programmen gespeichert schon beim Schlüpfen des fertigentwickelten Tieres enthält, ist geradezu unfaßbar!

Entwicklung vom Ei zur Biene:

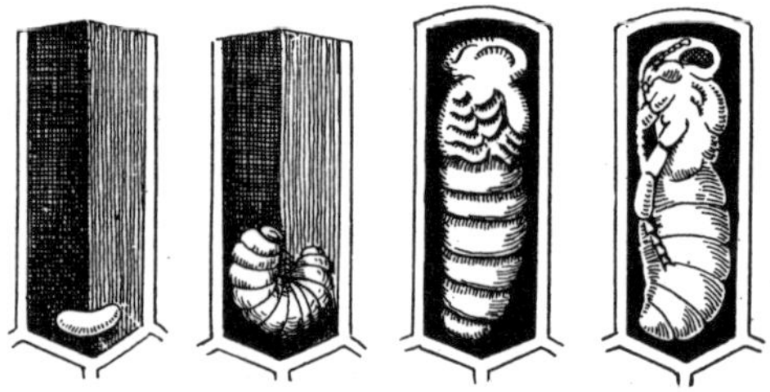

1. Tag	3. Tag	3.–9. Tag	9. Tag	9.–21. Tag	21. Tag
Eiablage	Made schlüpft aus	„offene Brut", Fütterung, Gewichtszunahme um das 500fache	Verschließen der Zelle durch einen Deckel	„gedeckelte Brut" Verpuppung der Made	Schlüpfen

Das Programm, das nach dem Ende der Verpuppungszeit, genau drei Wochen nach der Eiablage durch die Königin, zunächst abgerufen wird, reguliert die Tätigkeit während der ersten zehn anschließenden Tage. Die junge, gerade erst aus ihrer Zelle geschlüpfte Biene kriecht, als hätte sie es gelernt und lange geübt, mit ihrem Kopf voran in die leeren Zellen hinein, die durch das Schlüpfen anderer freigeworden sind und reinigt sie gewissenhaft. Dabei werden auch die Innenwände mit den Kiefern bearbeitet. Eine andere wichtige Aufgabe, die von solchen gerade erst geschlüpften Jungbienen wahrgenommen wird, besteht darin, sich längere Zeit auf den noch gedeckelten Brutzellen aufzuhalten und ihren kostbaren Inhalt, ihre sich noch entwickelnden Geschwister, durch Isolation mittels des eigenen, dicht bepelzten Körpers vor schädlicher Abkühlung zu bewahren. Das zweite Programm, das dieses erste genau zum richtigen Zeitpunkt ablöst, kündigt sich durch die mächtige Entfaltung einer besonderen Drüse im Kopf der Jungbiene an. Sie bildet jenen legendären, für die jungen Bienenlarven in ihren noch ungedeckelten Zellen bestimmten eiweißreichen Futtersaft, den man nach seiner Aufgabe durchaus mit der Milch der Säugetiere vergleichen kann. Das erforderliche Eiweiß gewinnen die nun zu *Ammen* herangereiften Jungbienen aus den reichlich vorhandenen Blütenstaubvorräten im Stock, die sie verzehren. Die älteren Larven werden von den gleichen Ammenbienen direkt mit dem eiweißhaltigen Pollen und Honig gefüttert. Welchen enormen Arbeitsaufwand dieser Ammendienst erfordert, das erhellt allein schon die Feststellung, daß jede Bienenlarve in ihrer noch offenen Brutzelle insgesamt bis zu dreitausendmal von Pflegerinnen besucht werden muß! Kein Wunder also, wenn eine Ammenbiene in der kurzen Epoche, während der sie dieses Programm absolviert, nur zwei, höchstens aber drei Larven großziehen kann[2]. Etwa zehn Tage dauert diese Zeit als Hausbiene, dann verläßt das Tier erstmals den heimatlichen Stock zu kurzen Erkundungsflügen. Dabei lernt es die Lage und Umgebung seiner Wohnung kennen und prägt sie sich gut ein. Die Futtersaftdrüsen bilden sich währenddessen mehr und mehr zurück. Dafür reifen nun wachserzeugende Drüsen an der Bauchseite des Hinterleibes, und mit diesem Reifungsprozeß wird das dritte Instinkt-Programm akti-

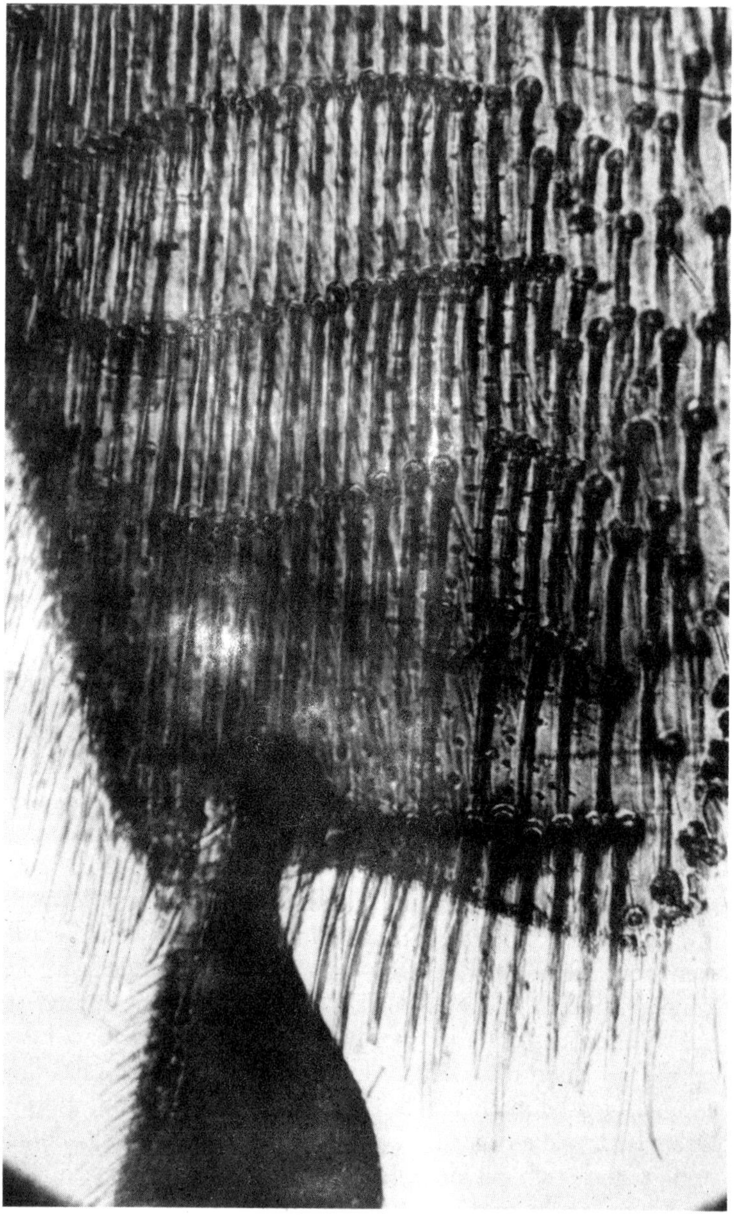

Die Pollenbürste der Honigbiene auf der Innenseite des ersten Fußgliedes (Ferse) ihres Hinterbeins.

Das erste der fünf Fußglieder am Hinterbein einer Honigbiene (Arbeiterin) ist auffallend größer als die anderen. Als Pollenbürste dient es dazu, den am behaarten Bienenkörper haftenden Blütenstaub abzubürsten und mit Hilfe eines Pollenkammes, den sein oberes Ende mit dem unteren des Unterschenkels bildet, ins sogenannte «Körbchen» zu befördern. Es liegt auf der Außenseite des Unterschenkels (Tibia) als haargesäumte Vertiefung. Sind die beiden Körbchen prall mit Blütenstaubkörnern gefüllt, sieht es ganz so aus, als trage die Biene Pluderhosen. Der Imker nennt diese auffallenden Pollenballen denn auch die Höschen der Biene.

Erst unter dem Mikroskop zeigt sich, daß die verhältnismäßig langen und starren Borsten dieser winzigen Pollenbürste ganz regelmäßig angeordnet sind: In sauberen Reihen untereinander – wie bei einer vom Bürstenbinder angefertigten Kleiderbürste. Selbstverständlich (!) stehen diese Borstenreihen lediglich auf der dem Körper zugewandten Innenseite des Fersengliedes, wie man das erste Fußglied auch nennt. Nur dort können sie ja ihre Aufgabe erfüllen!

Eine rein zufällige, statistische Verteilung von Borsten könnte niemals zu einer solchen Regelmäßigkeit der Anordnung führen. In diesem Falle wären die Borsten gleichmäßig über die gesamte breite Fläche des Fersengliedes verteilt – und zwar auf beiden Seiten. Hier jedoch haben wir es mit einer echten Muster-Bildung zu tun, mit einer Ordnung, die darüberhinaus eine wichtige Lebensfunktion erfüllt. Dabei spielt es nun keine Rolle, ob jede einzelne an der Haarbildung beteiligte Zelle ihre entsprechende Information direkt aus dem in ihrem Zellkern codiert gespeicherten «Programm» erhält, oder aber auf einem Umweg indirekt durch eine Nachbarwirkung, also Einflüsse, die von ihrer unmittelbaren Umgebung ausgehen. Denn letzten Endes müssen ja, soll diese spezifische Anordnung entstehen, dann auch solche Nachbarwirkungen vorprogrammiert sein. In jedem Fall also ist die gesamte Information bereits im befruchteten Ei der Bienenkönigin enthalten.

Damit nicht genug, muß ja auch die richtige, die sachgemäße Anwendung dieses Werkzeuges (= Organ) sozusagen als «angeborene Gebrauchsanweisung» irgendwie codiert in dieser Erbsubstanz vorhanden sein – und zwar exakt auf jenes Beinpaar, das letzte nämlich, begrenzt und hingeordnet. Das vorderste Beinpaar der Biene trägt an der gleichen Stelle ein Putzorgan für die Reinigung der Fühler, dem eine gänzlich andere «Gebrauchsanweisung» zugeordnet ist!

viert: Die Biene wird nun zur *Baubiene*, deren vordringlichste Aufgabe jetzt darin besteht, wiederum für eine festgelegte Zeitspanne jene geometrisch exakten Wachszellen zu verfertigen, die als Brutzellen sowie als Honig- und Pollenvorratsgefäße dienen. Daneben aber nehmen diese Baubienen den heimkehrenden Sammelbienen ihren mitgebrachten Nektar ab, verarbeiten ihn und füllen ihn zuletzt in die dafür bestimmten Vorratszellen. Außerdem stampfen sie eifrig mit ihren Kiefern, ja dem ganzen breiten Kopf den Blütenstaub in ebenfalls eigens dafür bereitgestellte Vorratszellen, der als ganze Pollenhöschen von den Pollensammlerinnen abgestreift wurde. Auch sozusagen als Müllabfuhr werden sie in dieser so vielseitigen Periode ihres kurzen Lebens tätig: Sie halten den Stock peinlichst sauber und schaffen unter anderem auch die gestorbenen Stockgenossinnen ins Freie. Nur dadurch kann der Bienenstock vor Seuchen einigermaßen frei bleiben.

Wenn sich dieser Lebensabschnitt seinem Ende zuneigt, schreibt das ablaufende Programm der Biene eine weitere Tätigkeit vor: Sie übernimmt nun für einige Tage den Wächterdienst und schützt das Flugloch des Bienenstocks, wenn nötig unter Einsatz ihres Giftstachels. Danach wird endlich das letzte bereitliegende Programm abgerufen – keinen Tag zu früh, keine Stunde zu spät: Vom zwanzigsten Tag ihres Lebens bis zu dessen Ende etwa vier bis fünf Wochen nach dem Schlüpfen sammelt sie Nektar und Blütenstaub.

Welches Ausmaß an Präzision und Leistung bei der Verwirklichung solcher Instinkt-Programme erreicht wird, zeigt sich wohl am überzeugendsten da, wo ein buchstäblich greifbares und sichtbares, ja gar ein meßbares Produkt als Ergebnis dieser angeborenen Gebrauchsanweisung für die verschiedenen Organe untersucht werden kann: die aus Wachs gefertigte Wabenzelle. Mit einer selbst in unserem Zeitalter perfektionierter Technik noch beneidenswerten Präzision arbeiten dabei Sinnesorgane, Nervensystem, Drüsen und die verschiedensten ausführenden Organe zielorientiert in strengster Koordination zusammen.

Müßig, darauf hinzuweisen, daß diese Wabenzellen als sechsseitige Prismen den Raum in vollkommenster Weise ausnutzen. Nirgendwo bleiben, wie das bei runden Zellen der Fall wäre, tote

Räume übrig, die nicht allein einen unnützen Wachsverbrauch verursachten, sondern auch zahlreichen Schädlingen Unterschlupf böten. So jedoch ist eine Form gefunden, die sich der idealen Rundform – denn die Larven, die in diesen Zellen heranreifen, sind ja rund – von allen anderen geometrischen am meisten nähert. Dadurch wird zugleich auch das in unserer Technik so geschätzte Minimum-Maximum-Prinzip verwirklicht: mit einem Minimum an Baustoff ein Maximum an Raum wie auch an Belastungsfähigkeit zu erzielen. Tatsächlich wäre eine rationellere, sparsamere und dennoch leistungsfähigere Konstruktion für diese besonderen Aufgaben einer Bienenzelle gar nicht denkbar. Wer das für eine Übertreibung hält, der soll doch nur einmal versuchen, aus ca. 40 Gramm Wachs – das entspricht etwa drei Weihnachtsbaumkerzen – ein Gefäß zu formen, das – mindestens! – zwei Kilogramm Honig faßt, ohne sich dabei zu verformen oder gar von seinem gewichtigen, zähflüssigen Inhalt auseinandergepreßt zu werden. Eine Bienenwabe aus vielen Zellen aber, deren Gewicht ebenso groß ist, löst diese Aufgabe mühelos, ohne dabei ihre Gestalt auch nur geringfügig zu verändern.

Die Verfertigung einer solchen Zelle erfolgt stets nach dem gleichen Schema. Die Baubiene geht an ihr schwieriges Werk, als verfügte sie bereits über einschlägige Erfahrung in der Bearbeitung dieser am eigenen Körper ausgeschwitzten dünnen Wachsplättchen. Mehr noch: als besäße sie in ihrem Kopf einen fix und fertigen Plan, an den sie sich in allen Einzelheiten streng und unbeirrbar hält. Und doch geschieht dies alles unbewußt, ohne mühsames vorangegangenes Lernen, ohne jegliche Erfahrung! Das Tier kann gar nicht anders handeln als ihm sein angeborenes, ererbtes Programm befiehlt – in der Tat wie ein Computer, der entsprechend vorprogrammiert ist. Nur: Einen Computer zu konstruieren, zumal von solcher Winzigkeit, der alle Leistungen einer Baubiene vom Wachserzeugen bis hin zur fertigen Wabenzelle ebenso exakt vollbringen könnte und ihn entsprechend zu programmieren, auf einem Mikrochip von Bienengehirngröße, das übersteigt bei weitem die Fähigkeiten selbst des intelligentesten Fachmannes auf diesem Gebiet.

Die Unermüdliche beginnt ihr Werk mit der Verfertigung einer geometrisch exakten Rhombenfläche, einer jener drei in bestimmtem Winkel gegeneinander geneigten und dadurch einen zeltdachähnlichen Abschluß bildenden Bodenplatten der zukünftigen Zelle. Danach zieht sie die beiden ersten Seitenwände des am Ende sechsseitigen Prismas Wabenzelle hoch. Mit besonders langen, spießartigen Borsten am ersten Fußglied ihres Hinterbeines befördert sie die Wachsplättchen aus ihrer Hauttasche, in der sie gebildet werden, reicht sie nacheinander den Vorderbeinen und schließlich Kiefern weiter, vermischt sie, sobald sie vor ihrem Mund angelangt sind, mit dem Sekret einer Speicheldrüse und knetet sie zwischen ihren Kieferzangen zu Wachsklümpchen, aus denen dann die Zellwände zusammengeklebt werden. Nach sorgfältigem Glätten sind diese zahllosen winzigen Einzel-Bausteine allerdings nicht mehr als solche zu erkennen. Anschließend an die beiden ersten Wände des Prismas, die einen maßgenauen Winkel von 120 Grad einschließen, wird erst der zweite Bodenrhombus eingefügt, und die Biene beginnt nun, die beiden nächsten Wände hochzuziehen. Zuletzt folgt dann der dritte Rhombus mit den beiden das so zweckmäßige und vielseitig verwendbare Wachsgefäß – als Brutzelle, Honig- oder Pollenvorratsbehälter – vollendenden abschließenden Seitenwänden.

Überraschenderweise ist es jedoch keineswegs so, daß etwa eine Zelle nach der anderen begonnen und vollendet wird! Gleichzeitig mit dem Hochwachsen der Seitenwände einer Zelle werden nach unten anschließend bereits weitere angelegt, und es ist auch nicht ein und dieselbe Biene, die da ihre Zelle baut. Vielmehr sind stets mehrere nacheinander an der Arbeit, und oft erfolgt ihre Ablösung bereits nach einer halben Minute. Zudem beginnen die Bienen nicht nur an einer, sondern gleich an zwei oder drei getrennten Stellen der zukünftigen Wabe mit ihrem Zellenbau. Dennoch wird beim allmählichen Zusammenwachsen alles derart harmonisch aneinander- und ineinandergefügt, daß nach der Fertigstellung diese Entstehung der Wabe aus mehreren, ursprünglich getrennten Ansätzen nicht mehr feststellbar ist. Gelernte Maurer benötigten für ein vergleichbares Vorhaben einen recht genau ausgeführten Plan – und sie müßten sich nicht nur ständig wieder orientieren, ob das, was sie inzwischen fertiggestellt haben, mit diesem Plan übereinstimmt, sondern auch unentwegt bei jedem neuen Arbeitsschritt nachmessen, ob alle Winkel und Längen stimmen. Wir wissen nicht, wo dieser Gesamtplan der Bienen codiert ist und wie sie sich darüber informieren, wie weit beispielsweise ihre Mitarbeiter das Gemeinschaftswerk schon vorangetrieben haben. Jedenfalls verhalten sie sich so, als bildeten sie alle gemeinsam nur einen einzigen Organismus!

Das erwähnte Ineinanderfügen darf durchaus wörtlich verstanden werden. Jede Wabe besteht nämlich aus zwei Zellen-Schichten. Die Öffnungen dieser Zellen sind jeweils nach außen gerichtet, so daß sie alle nur eine einzige gemeinsame Bodenfläche benötigen. Das bedeutet, daß jede der drei zeltdachartig vorspringenden Bodenrhomben einer Zelle der einen Wabenseite zugleich auch eine der drei Bodenplatten einer Zelle der gegenüberliegenden darstellt. Rationeller ließe sich in der Tat nicht bauen: Jede Biene hat insgesamt neun Nachbarn – und ist doch von ihnen nur jeweils durch eine einzige Wand getrennt! Nur: Wegen dieses dachartigen Vorspringens ihrer Böden müssen die Zellen beider Wabenseiten so gegeneinander versetzt angelegt werden, daß sich diese Zeltdächer lückenlos ineinanderfügen können. Kein Mensch weiß, wie dieser Trick im Informationsspeicher Bienengehirn codiert ist, geschweige denn kann er erklären, woher die Information von solch mathematischer Exaktheit stammt. Aber da kommt als eine weitere zu bewältigende technische Schwierigkeit ja noch hinzu, daß die Öffnungen der Zellen stets etwas höher liegen müssen als ihre Böden, die Zellen-Längsachse also ansteigt, und zwar um genau 13 Grad, was gerade ausreicht, um den zähflüssigen Honig in den Vorratszellen nicht herausfließen zu lassen.

Doch auch dies ist noch nicht das letzte aller Geheimnisse dieser zweckmäßigen Gestalt (v. Frisch) der Bienenwabenzelle! Ihre Wand ist, soweit es sich um die Brutzelle einer Arbeiterin handelt, stets dünner als ein Zehntelmillimeter. Ganz genau gemessen, beträgt die Wandstärke mit erstaunlicher Präzision nur 73 Tausendstel eines Millimeters, wobei die Abweichungen vom Idealmaß niemals höhere Werte als ganze zwei Tausendstel Millimeter erreichen. Wie die Bienen es fertigbringen, dieses Idealmaß zu bestimmen und während des Bauens trotz aller ständi-

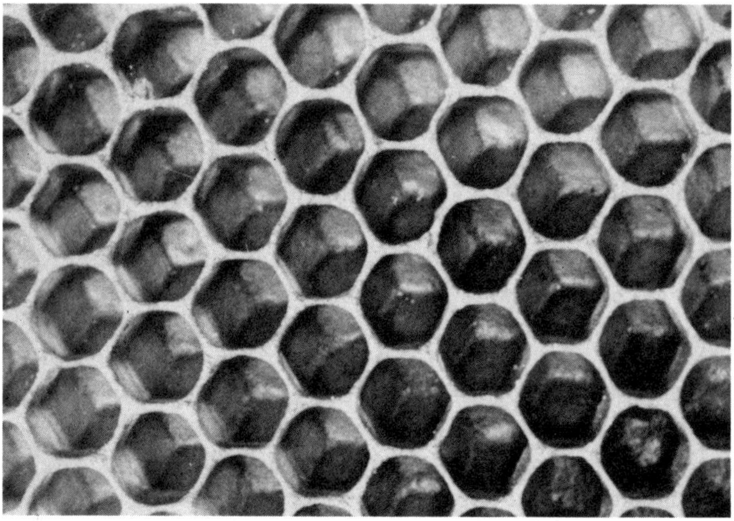

Die Zellen einer Bienenwabe sind sechsseitige Prismen mit einem Boden aus drei Rhomben – so regelmäßig wie Kristalle. Ihre Wände sind nur 73 Tausendstel Millimeter dick!

Nach Entfernen des Wachsdeckelchens werden die Köpfe der Drohnen (= männliche Bienen) sichtbar. Die Größe der Zellen entspricht exakt jener des ausgereiften Tieres. Ihre Wände sind, den größeren und schwereren Drohnenlarven gemäß, etwas dicker: 94 Tausendstel Millimeter.

gen Ablösung einzuhalten, daß zählt wohl zu den rätselhaftesten Leistungen ihres ganzen so rätselreichen Lebens!

Die Baubienen verhalten sich bei ihren entsprechenden Messungen ganz so, «als hätten sie eine gründliche physikalische Ausbildung erhalten»[3]. Während sie nämlich durch eine Art Hobelbewegung mit ihren Kiefern das Wachs der Zellwand zu einer dünnen Lamelle auswalzen, kontrollieren sie unablässig deren Dicke und schaben nötigenfalls überschüssiges Baumaterial wieder ab. Diese Kontrolle der exakten Wanddicke geschieht, vereinfacht dargestellt, auf folgende raffinierte Art und Weise: Die Biene dellt die elastisch nachgebende Wachswand durch leichten Druck ihrer Kiefer etwas ein und läßt sie nach deren Abheben wieder zurückschwingen, während sie die betreffende Wandstelle mit den Fühlerspitzen abtastet. Dort hat nämlich ein Spezial-Sinnesorgan seinen Sitz, Tastzellen mit spitzen Sinnesborsten, die auf die Wachswand gesetzt und Spießborsten, die tief in sie eingestochen werden. Sie registrieren den Schwingungsvorgang ganz exakt, und da er zur Stärke der Wand in einem ganz bestimmten Verhältnis steht, vermag das Bienengehirn daraus das einzuhaltende Soll zu errechnen. Notfalls wird zur Korrektur – eben um dieses festgelegte *Soll* zu garantieren – noch mehr Wachs abgeschabt oder aber auf die Wand zusätzlich aufgetragen, bis die Schwingung schließlich den richtigen Wert anzeigt. Bei den größeren Drohnenzellen bedarf es auch dickerer Wände. Hier wird ebenso exakt der Wert von 94 Tausendstel Millimeter eingehalten. Angesichts dieses Hochleistungs-Meßgerätes und seiner sinnreichen Verwendung durch das Tier erscheint jenes andere, mit dessen Hilfe die Biene ebenso unablässig die richtige Orientierung der Zellwände im Raum bestimmt und kontrolliert, weit weniger kompliziert, jedoch was den Erfindergeist anbetrifft, nicht minder genial. Die Baubiene nutzt – nun einem anderen Programm folgend – ihren eigenen schweren Kopf als Pendel! Er ruht auf zwei halsartig vorspringenden Zapfen des Brustpanzers, und zwar mit seinem Schwerpunkt unterhalb der Gelenkstelle. Je nach Körperhaltung des Tieres drückt nun dieses Pendel-Lot Kopf auf andere Sinnesborsten an der Spitze der Zapfen. Auf diese Weise vermag die Biene ihre jeweilige Körperstellung genau zu bestimmen und mit ihr die Lage ihrer Wabe, die stets in der Richtung senkrecht nach unten weitergebaut wird.

Schon dieser geringe Ausschnitt aus der Verhaltensvielfalt unserer Honigbiene zeigt, wie außerordentlich kompliziert ihre ererbten Programme sind – vor allem auch dadurch, daß sie ja keineswegs in allen Teilen völlig festgelegt sind. Bei manchen Reaktionen gewähren sie eine gewisse Freiheit, so daß Anpassungen an die jeweiligen besonderen Umweltverhältnisse möglich sind. Das ist beispielsweise gerade bei der Gemeinschaftsarbeit des Wabenbaus, ja sogar schon des Zellenbaus von besonderer Bedeutung. Daß diese Zellen trotz des dauernden Schichtwechsels dennoch «von vornherein in ihrer zweckmäßigen Gestalt angelegt» sein müssen, wie Karl v. Frisch sagt, deutet unmißverständlich auch hier auf ein allen Einzelprogrammen übergeordnetes *Superprogramm* hin. Auch daß diese vielen verschiedenen Programme im Leben der Biene einander in der einzig richtigen, sinnvollen Reihenfolge ablösen – und das stets zum richtigen Zeitpunkt! – erfordert ja eine entsprechende Koordination durch die höhere Instanz. Wie außerordentlich minutiös all diese Programme und ihre Teil-Computer, jene Organe nämlich, die ihre Ausführung ja erst möglich machen, aufeinander abgestimmt sind, zeigt im Falle des Zellenbaues die gegenseitige Zuordnung von Wachsdrüsen, Hinterbeinen, Vorderbeinen und Kiefern, Sinnesborsten am Hals und vor allem jener Spezialsinnesorgane in den Fühlerspitzen zur Kontrolle der Wandstärke sowie des Gehirns, dem Nervenbahnen alle Meßdaten zur Verrechnung melden. Was das Bienengehirn da tatsächlich leistet, ist allerdings ganz und gar unglaublich. Am gründlichsten bekannt ist seine Zusammenarbeit als Daten-Verarbeitungsmaschine mit dem Auge des Tieres. Bienen besitzen bekanntlich zusammengesetzte Augen. Ein solches *Facettenauge* besteht aus ca. 5000 Einzelaugen (Ommatidien), die dicht gepackt nebeneinanderliegen. Die durchsichtige Hornhaut eines jeden dieser vielen Einzelaugen ist sechseckig, so daß die von allen gemeinsam gebildete gewölbte Augen-Oberfläche lückenlos geschlossen ist und durch ihre Felderung an die ebenfalls sechseckigen Zellen einer Wabe erinnert. Jedes Einzelauge bildet nur einen Punkt der Umgebung ab, so daß sich das auf der Netzhaut entstehende Bild, einem Zeitungsbild vergleichbar, als

Rasterbild mosaikartig aus lauter Einzelpunkten zusammensetzt. Während des Fliegens werden nun bestimmte Hell- und Dunkelpunkte des Bodens, über den sich das Tier hinwegbewegt, je nach der von ihm eingehaltenen Geschwindigkeit mehr oder weniger rasch von hintereinandergelegenen Einzelaugen abgebildet. Aus dem geringen Zeitunterschied zwischen den Wahrnehmungen eines bestimmten Punktes durch viele Ommatidien errechnet das Bienengehirn mit wahrer Windeseile die Fluggeschwindigkeit!

Schwierig wird es freilich, wenn das Tier sein Ziel, beispielsweise eine bestimmte Futterpflanze, nicht in gerader Linie ansteuern kann, weil es, um dorthin zu gelangen, etwa einen hohen Berg umfliegen muß. Die Biene kann in diesem Falle nicht, wie beim Geradeausflug, einen von Anfang an festgelegten und ständig eingehaltenen Kurswinkel zur Einfallsrichtung der Sonnenstrahlen beibehalten (tatsächlich ist die Sache dadurch noch komplizierter, daß das Bienenauge polarisiertes Licht wahrnimmt, was wir hier einmal bewußt vernachlässigen wollen!). Beim erwähnten Umweg-Flug ändert sich der Kurswinkel zwangsläufig fortwährend, da das Tier ja gezwungen ist, einen weiten Bogen zu schlagen. Wie also findet die Biene auf dem gleichen Weg in den heimatlichen Stock zurück? Nun, es mag zwar unfaßlich erscheinen, ist aber nichtsdestoweniger inzwischen erwiesen: Das winzige Bienengehirn bringt es tatsächlich fertig, die vom Auge registrierten unendlich vielen Einzelwinkel zu integrieren, einen Mittelwert zu bilden und dabei auch noch die verflossene Zeit zu berücksichtigen. Immerhin ist ja die Sonne inzwischen weitergewandert, so daß das Einhalten der alten Winkel, der Rückflug auf der gleichen Bogenlinie keineswegs mehr an den Ausgangsort zurückführen würde. Ein Mathematiker hat die Bienen-Navigationsformel errechnet und mit dem Integralzeichen aufgestellt[4].

Unser Vorstellungsvermögen droht zu versagen, wenn es darum geht, alle Einzelleistungen im Verlaufe eines Bienenlebens in ihren mannigfaltigen gegenseitigen Zuordnungen auch nur zu überblicken. Es sind einfach zu viele Fakten, die da auch in strenger zeitlicher Abfolge einander sinnvoll im Dienste der Arterhaltung ergänzen.

All den vielen Unter- und Überprogrammen letztlich nochmals übergeordnet und ihnen zur rechten Zeit ihre Einsätze ermöglichend, ist jenes wahre *Superprogramm*, das die gesamte Entwicklung, den ganzen Lebensablauf der Honigbiene steuert, vom Ei bis hin zur Imago, dem fertigen Insekt, über dessen Dienstleistungen im Stock bis zum Ende als buchstäblich zu Tode erschöpfte Sammelbiene. Unglaublich rasch wird hierbei der Plan, das Programm der Entwicklung realisiert. Drei Tage nach der Eiablage durch die Königin schlüpft die junge Larve und vollendet in sage und schreibe ganzen sechs Tagen ihr gesamtes Wachstum! Während dieser wahrlich erstaunlich kurzen Zeit nimmt ihr Körpergewicht um mehr als das Fünfhundertfache zu! Was das bedeutet, mag ein Vergleich mit dem Menschenkind zeigen. Würde ein Neugeborenes ebenso rasch heranwachsen und an Gewicht zunehmen wie jede gewöhnliche Bienenlarve, dann müßte es innerhalb von sechs Tagen ein Gewicht von 16 Doppelzentnern erreichen!

Nach dieser stürmischen Gewichtszunahme erfolgt während einer zwölf Tage dauernden Puppenruhe in der nun vorsorglich durch ein Wachsdeckelchen verschlossenen Brutzelle (gedeckelte Brut) die Verwandlung der Made in eine fertige Biene. Knapp drei Wochen nach der Eiablage bricht sie das Wachsdeckelchen auf und verläßt als geflügeltes Insekt ihre Zelle.

In dem stiftförmigen Bienenei, deren die Königin an jedem Tag im Frühling nahezu 1500 legt, also durchschnittlich Tag und Nacht jede Minute eines, die, alle zusammen, ebensoviel wiegen wie ihre Mutter, steckt jener winzige, nur bei mikroskopischer Vergrößerung sichtbare Kern, der sämtliche Programme gespeichert enthält. Das Programm für den Aufbau dieses so sinnreichen Computers Bienenkörper mit all seinen verschiedenen Organen, darunter auch jene hochempfindlichen Meßapparaturen, die der Navigation beim Fliegen dienen oder aber beim Wabenbau unerläßlich sind ebenso wie alle *angeborenen Gebrauchsanweisungen*, eben die Instinkte, die Verhaltens-Programme, die das Tier veranlassen, seine Organe, seine Werkzeuge in der rechten Weise zur passenden Zeit zu gebrauchen.

Spätestens hier hört in der Tat jegliches Verstehen auf. Es übersteigt wiederum all unsere technische Phantasie und unser Begriffsvermögen, welche geradezu ungeheure Menge an Information hier auf wirklich längst nicht mehr vorstellbar kleinem Raum durch eine nicht minder unvorstellbar winzige Substanzmenge sinnvoll codiert gespeichert ist. Und doch ist hierbei die – mindestens! – ebenso schwerwiegende Frage, woher die Information denn nun stammt, noch nicht einmal gestellt!: All diese vielen hierarchisch geordneten Unter-, Über- und Superprogramme! Denn die Behauptung, dies alles sei ein plan- und zielloses Produkt blinden Zufallsgeschehens, ist absolut indiskutabel und verdient zu Recht Nietzsches Bezeichnung *Idiotismus*![5]

1 *Vester, F.*, Denken, Lernen, Vergessen. Stuttgart 1980/S. 24
2 *Frisch, K.v.*, Aus dem Leben der Bienen. Berlin-Göttingen-Heidelberg 1953/S. 39
3 *Frisch, K.v.*, Tiere als Baumeister. Frankfurt-Berlin-Wien 1974/S. 99–100
4 *Dröscher, V.*, Magie der Sinne im Tierreich. München 1966/S. 52
5 *Nietzsche, Fr.*, Die fröhliche Wissenschaft. Leipzig 1882

Kapitel 11

Das «Programm Mensch»

Individuelles menschliches Leben, daran kann heute kein Zweifel mehr bestehen, beginnt mit der Befruchtung einer weiblichen Eizelle durch eine männliche Samenzelle. Diese unverwechselbare Individualität wird durch die Neukombination der Gene bereits bei den Vorgängen der sogenannten Reifeteilung, vor allem aber durch die Verschmelzung des genetischen Materials beider Keimzellen ein für allemal grundgelegt[1]. Eine menschliche Eizelle ist nicht größer als gerade ein Zehntelmillimeter im Durchmesser, und die Samenzelle erreicht, mitsamt ihrem langen Schwanzfaden, der sie beweglich macht, sogar nur ca. sechzig Tausendstel Millimeter. Ihr Kopfstück, das fast nur aus dem Zellkern mit der Erbsubstanz besteht und allein in das Ei eindringt, ist lediglich fünf Tausendstel Millimeter lang[2]. Wie winzig solch eine befruchtete Eizelle ist, kann man sich unschwer veranschaulichen, wenn man mit der Spitze einer feinen Nähnadel in ein Blatt Papier sticht – nur so tief, daß es eben gerade ein Loch gibt. Gegen das Licht gehalten, zeigt das Blatt dieses Loch als hellen, glänzenden Punkt von der Größe einer menschlichen Eizelle. Ihr Gewicht wird mit 0,001 Milligramm, einem Millionstel Gramm also angegeben[3]. Die in ihrem Kern enthaltene Erbsubstanz stammt, da er ja aus einer Verschmelzung des Eizellkerns mit dem Kern der Samenzelle hervorgegangen ist (diploider Kern), jeweils zur Hälfte von der Mutter und vom Vater. Das Gewicht dieser chemisch als Desoxiribonukleinsäure definierten Erbsubstanz-Menge erreicht höchstens fünf Billionstel Gramm. In dieser längst schon nicht mehr vorstellbar geringen Substanzmenge ist nach der gängigen Vorstellung der gesamte Bauplan enthalten, der zum Aufbau eines Menschenkörpers unerläßlich ist – codiert in einem oft etwas allzu marktschreierisch als *Geheimschrift des Lebens* bezeichneten *Text* aus chemischen Buchstaben.

Dieser Genetische Code wird bei einer jeden Zellteilung getreulich kopiert, so daß sämtliche Tochterzellen genau die gleiche genetische Information in ihrer Kernsubstanz enthalten. Bis ein Mensch erwachsen ist, sind aus der einen, befruchteten Eizelle ganz am Anfang seiner Existenz sechzig Billionen geworden[4]. Dazu mußte die Erb-Information dieses Ei-Zellkernes insgesamt rund eine Billiarde Mal kopiert werden. Eine Billiarde – das sind immerhin tausend Billionen, eine Eins mit 15 Nullen!

Die Informationsspeicherung der DNS

Um auch nur annähernd ermessen zu können, was da eigentlich so ganz und gar Unglaubliches allein an technischer Präzision von der lebenden Zelle geleistet wird, ist es leider unerläßlich, wenigstens ganz kurz und stark vereinfachend auf die Art und Weise der Informationsspeicherung in dieser Erbsubstanz Desoxiribonukleinsäure DNS einzugehen. Entdeckt wurden diese Nukleinsäuren als Bestandteile des Zellkernes im Jahre 1871 von dem Basler Physiologen Fr. Miescher – im gleichen Jahrzehnt, da Gregor Mendel im Klostergarten zu Brünn die elementaren Gesetze der Vererbung erforschte. Die Bedeutung, vor allem aber die Feinstruktur der DNS, wurde allerdings erst über 80 Jahre später, 1953, klar erkannt. Nukleinsäuren sind, vergleichbar den aus Aminosäuren zu langen Ketten zusammengesetzten (polymerisierten) Proteinen (Eiweißstoffen) fadenförmige Makromoleküle aus aneinandergereihten sogenannten Nukleotiden, den einzelnen Gliedern einer Kette vergleichbar. Zwischen 10000 und einigen Millionen Nukleotiden enthält ein einziges solches Makromolekül! Seinerseits ist das Nukleotid wiederum zusammengesetzt aus einem Molekül Phosphorsäure, einem Zuckermolekül (Ribose-Molekül) und einem Molekül organischer Base. Es gibt in der DNS – im Gegensatz zu den Eiweißen, die sich aus insgesamt 20 verschiedenen Aminosäure-Bausteinen zusammensetzen können – nur drei unterschiedliche Sorten von Nukleotiden. Sie unterscheiden sich lediglich hinsichtlich ihres Basen-Moleküls, so daß man, wenn es um eine übersichtliche Darstellung ihrer Anordnung im Riesenmolekül der DNS geht, nur diese vier Basen mit den Anfangsbuchstaben ihrer Namen schreiben muß: Adenin (A), Thymin (T), Guanin (G), und Cytosin (C).

Die vier verschiedenen Nukleotide stellen nun sozusagen die *Buchstaben* dar, mit denen die in der Erbsubstanz enthaltene, gespeicherte Information, dem Morse-Alphabet mit seinen Punkten und Strichen vergleichbar, codiert, als eine Art Geheimschrift verschlüsselt ist. Immer drei dieser Buchstaben – also drei Nukleotide – bilden zusammen ein Wort (Triplett). Jedes Triplett – es gibt bei vier verschiedenen Basen in Dreiergruppen 4^3, also 64 unterschiedliche Kombinationsmöglichkeiten – ist das Codewort (Codon) für eine ganz bestimmte Aminosäure. Allerdings wird es zunächst umgeschrieben (Transkription) in ein Ribonukleinsäure-Triplett, dessen Nukleotide anstelle des Zuckers Desoxiribose ein Molekül Ribose-Zucker besitzen und anstelle der Base Thymin eine namens Uracil enthalten. Die kürzeren RNS-Stränge enthalten dann die DNS-Information aus zweiter Hand als eine Art Negativ-Kopie oder der Matrize beim Druckvorgang vergleichbar. Sie wandern aus dem Zellkern in das Zellplasma und bewirken dort mit Hilfe frei herumschwimmender Ribonukleinsäuretripletts, die ihnen Aminosäuren zuführen, deren Zusammenbau zu Proteinen gemäß ihrer eigenen Basenfolge (Translation und Proteinsynthese[6]). Das in sich wendeltreppenartig gedrehte DNS-Riesenmolekül stellt eine Doppelspirale (Doppel-Helix) dar. Es besteht also aus zwei Strängen, die strickleiterartig miteinander verbunden sind. Die Holme dieser Leiter, die beiden Längsstränge also, stellen die untereinander verbundenen Phosphor- und Zuckermoleküle dar, die Leitersprossen bilden die Basen. Es sind stets zwei, die eine solche Verbindungs-Sprosse bilden, und sie passen genau zueinander, wie ein Schlüssel zu seinem Schloß oder ein Negativ zum entsprechenden Positiv. Es paaren sich stets die Basen Adenin und Thymin (A-T), denen bei der RNS die Basen Adenin und Uracil (A-U) entsprechen, sowie Cytosin und Guanin (C-G), die jeweils einander komlementär sind. Wenn sich bei der Zellteilung der DNS-Strang verdoppelt, trennen sich beide Teilstränge wie die Hälften eines Reißverschlusses, und jede ergänzt sich wieder zu einer neuen, vollkommenen Doppelhelix, indem jeweils die entsprechenden komplementären Nukleotide aus dem Plasma der Zelle angelagert werden.

Während dieses Kopierens der Erbinformation müßte es erwartungsgemäß zu Abschreibfehlern kommen, deren Folgen dann Krankheit und Mißbildungen wären. Wenn man bedenkt, wie häufig derartige entstellende Fehler allein schon beim Setzen eines Manuskriptes, das gedruckt werden soll, passieren, also bereits bei einmaligem Kopieren! – dann ist gar nicht auszudenken, was bei einer Milliarde Kopiervorgängen nacheinander – wenn sie uns überhaupt möglich wären – am Ende herauskäme. Die ursprüngliche Information dürfte mit Sicherheit völlig entstellt, ja ganz zerstört sein. Daß es im übrigen gar nicht so einfach ist, solche Kopierfehler zu entdecken, beweist die leidige Erfahrungstatsache, daß selbst nach zweimaligem Korrekturlesen durch Redakteur und Autor immer noch Fehler unbemerkt durchgehen!

Tatsächlich müßten sich selbst bei einer angenommenen geringen Fehlerhäufigkeit von 1 : 1000000 bei jeder DNS-Verdoppelung immer noch 3000 Fehler einschleichen. In Wirklichkeit aber liegt die Fehlerquote nur bei etwa 1 : zehn Milliarden! Davon wagen Autoren, Redakteure und Schriftsetzer nicht einmal zu träumen – und doch sind sie mit wachem Geist beflissen, solche Fehler unbedingt zu vermeiden und berichtigen sie, falls sie passiert sind, sach- und sinngemäß mit Verstand!

Wir wissen heute, daß die Verdoppelung der Erbsubstanz DNS bei jeder Zellteilung gleich drei verschiedenen Qualitätskontrollen durch Enzymkomplexe unterliegt, so daß folgenschwere Basen-Fehlpaarungen, wo also andere als die einander komplementären Basen die Brücke zwischen den beiden Strängen bilden, nach Möglichkeit ausgeschlossen werden. Ohne diese Enzyme säße tatsächlich bereits jede hundertste Base an der falschen Stelle! Die erwähnten Enzymsysteme dagegen erhöhen die Genauigkeit der Kopie um einen Faktor von sage und schreibe hundert Millionen[7]. Das zuerst wirksam werdende Enzym, die sogenannte DNS-Polymerase, wandert an der Reißverschlußhälfte entlang und baut aus in der Zelle herumschwimmenden Nukleotiden den entsprechenden komplementären Strang auf. Kommt dabei ein Fehler vor – und das passiert in 100000 Fällen etwa einmal –, wird also ein falsches Nukleotid eingebaut, dann greift das zweite Enzym ein: die Korrekturlese-Exonuklease. Sie spaltet das falsche Nukleotid wieder vom Strang ab, und die Polymerase baut an seiner Stelle nun das richtige, komplementäre Nukleotid ein. All das, wofür unsere Korrektoren Aufmerksamkeit, Verständnis und Intelligenz benötigen, geschieht hier mit atemberaubender Geschwindigkeit: fünfzig Nukleotide werden in jeder Sekunde eingebaut! Danach ist höchstens nur eines von zehn Millionen Basenpaaren fehlgepaart. Um diese minimale Fehlerquote noch weiter zu senken, erfolgt eine dritte Reparatur an dem bereits fertigen neuen DNS-Strang. Wie diese allerdings bewerkstelligt wird, darüber gibt es bis heute lediglich Spekulationen.

Welch schwerwiegende Folgen auch nur ein winziger Fehler, die Verwechslung einer einzigen organischen Base und das dadurch bedingte *falsche Wort* im Informationstext zeitigen kann, dafür liefert die Blutkrankheit Sichelzellen-Anämie ein Beispiel. Sie entsteht, wenn in den vier Polypeptidketten eines Hämoglobinmoleküls (Hämoglobin, Hb, ist der rote Blutfarbstoff, der den Sauerstoff transportiert) in der einen Kette lediglich an einer Stelle die verkehrte Aminosäure sitzt: Valin statt Glutaminsäure!

Am unbegreiflichsten dürfte in diesem Zusammenhang die überhaupt nicht anzuzweifelnde Tatsache sein, daß die genetische Information auch jene ausgeklügelten Reparatursysteme von Anfang an mit enthalten muß. Drängt sich da nicht die Frage geradezu auf, ob so etwas auch nur denkbar wäre, ohne eine übergeordnete, steuernde Instanz? Wie sollte sich denn ein Programm selbst programmieren und kontrollieren können? Verständlich also, wenn eine schöpferische Intelligenz hinter der programmierten Synthese der Gene vermutet wird, wenn auch F. Schmidt darunter keine übernatürliche Kraft sehen möchte, sondern reichlich nebulöse Gesetze der Logik und Kybernetik[8]. Zumindest bliebe da ja die Frage offen, woher denn solche höchst intelligenten Gesetze stammen – und vor allem, wer sie denn zur rechten Zeit am rechten Ort in der richtigen Weise anwendet! Nein, hier an Zufall als Ursache zu denken, wäre in der Tat mehr als absurd. Müßte man doch angesichts dieser höchst komplexen, sinnvoll ineinandergreifenden, sich gegenseitig zielstrebig ergänzenden Vernetzungen von einem *Schöpfer-Zufall* sprechen – und dies wäre ja wohl ein Widerspruch in sich selbst! Hier noch an den blinden Zufall (Monod) zu glauben – das wäre, wie der große Zoologe und Philosoph Hans Driesch einmal bemerkte, wirklich ein Zeichen von *Gehirnerweichung*[9]. Man möge doch immerhin einmal versuchen, sich auch nur annähernd vorzustellen, wie unvergleichlich überlegen diese genetische Information, das *Programm Mensch* nicht allein vom Inhalt her gesehen, sondern auch durch die Technik seiner Programmierung im Zellkern als Megabit-Chip von fünf Billionstel Gramm Gewicht alles bislang von versierten Fachleuten an Computern und Programmen samt Megabit-Chips Erdachte und Konstruierte in den Schatten stellt! Nein, die Unterschiede lassen sich nicht einmal in wahrhaft astronomischen Zahlengrößen formulieren. Wer den Text dieser genetischen Information, die einzelnen Buchstaben, denen die organischen Basen Adenin, Thymin, Guanin und Cytosin entsprechen, buchstabieren wollte: A-T-G-C-G-C-A-G-T-C-T-G-A-... usw., der benötigte dazu rund hundertzwanzig Jahre, selbst wenn er Tag und Nacht ohne Pause jede Sekunde einen Buchstaben läse! Handelt es sich doch immerhin um eine Textlänge von ungefähr drei Milliarden Buchstaben – und das entspricht 408 500 Druckseiten im großen DIN A4-Format ohne irgendwelche Freiräume oder Illustrationen! Insgesamt wären das 280 Jahrgänge der bekannten Zeitschrift *Spektrum der Wissenschaft* – und das alles steckt im winzigen, mikroskopisch kleinen Zellkern und wird nahezu fehlerfrei eine Billiarde Mal kopiert, wenn ein Mensch heranwächst!

Allerdings: Das jahrzehntelange Buchstabieren würde zu nichts nütze sein. Es bliebe eine wahrhaft geisttötende, stereotype Tätigkeit, denn weder der Buchstabierende, noch irgendein Zuhörer könnten auch nur ein einziges Wort verstehen. Es ginge ihnen ganz so wie jemandem, der beispielsweise kein Französisch kann und streng der Reihenfolge nach laut und mit jeweils gleichem zeitlichen Abstand alle Buchstaben eines Lustspiels von Molière herunterplapperte!

Und selbstverständlich stellt sich bei alledem wieder die alte, ewig junge Frage nach dem Ursprung dieser genetischen Information. Es erübrigt sich, darüber zu diskutieren, ob irgendein blindes Zufallsgeschehen einen sinnvollen Text von der angegebenen Länge zustande brächte – immerhin eine ganze Bibliothek voll dickleibiger Bände, in denen nicht einmal etwas so Unbedeutendes wie ein Komma am falschen Ort sitzt. Die absolute Unmöglichkeit einer geistlosen Entstehung einer Bibliothek durch Zufall beweist allein schon die bereits geschilderte Berechnung des bekannten Physikers Walter Heitler. Um auch nur die erste Zeile des Faust-Monologes «Hab nun ach, Philosophie» durch wahlloses Aneinanderreihen der dazu erforderlichen Buchstaben zufällig zustandezubringen, müßte man zehntausend Billionen Versuche starten[10]. Eine zweite, kaum minder entscheidende Frage wird, wie bereits erwähnt, seltsamerweise in unseren Lehrbüchern nie gestellt: Wer liest denn eigentlich diese Bibliothek, wer entziffert ihre Geheimschrift oder, anders gefragt, welche Instanz setzt die codierte Information beim Aufbau und Funktionieren in die Tat um? Man sollte doch endlich Erich Blechschmidts Mahnung beherzigen, daß selbst die beste Bibliothek so lange wertlos ist, als sie nicht gelesen wird!

Nun: Wir wissen es nicht, und um so unaufrichtiger und irreführender ist es deshalb, von einem Genetischen Code zu sprechen, als wäre diese Substanz DNS wirklich der *Macher*, die letzte Ursache allen Geschehens. In Wirklichkeit kann von einem Genetischen Code überhaupt keine Rede sein, so betont Max Thürkauf. Er nennt die DNS einen Fetisch, dem «Fähigkeiten zugesprochen (werden), neben welchen die wissenschaftlich bezweifelten Wundertätigkeiten kirchlicher Heiliger geradezu Kleinigkeiten sind»[11]. Es sollte endlich einmal ganz klar und offen herausgestellt werden: Was wir bislang von dieser durch DNS codierten Information wissen, das bezieht sich ausschließlich auf die Synthese, die Herstellung von Eiweißstoffen. Hierfür, so haben wir gesehen, liefert die Basensequenz der DNS den Plan. Wie jedoch aus diesen synthetisierten Proteinen, den Bausteinen des Organismus dann eine bestimmte Gestalt wird, ein richtiger Mensch, wie daraus seine vielen einander gegenseitig ergänzenden Organe werden, deren jedes wiederum eine in sich geschlossene Ganzheit darstellt – das bleibt nach wie vor ein ungelöstes Problem. Die Erbmerkmalsträger, seit dem Jahre 1909 Gene genannten Abschnitte des DNS-Riesenmoleküls, enthalten nur die Bauanleitungen für diese Bausteine, und wir können heute noch nicht einmal sagen, wie viele Gene unsere menschliche Erbmasse enthält – nur 40000 oder gar 200000? Von den drei Milliarden Basenpaaren der DNS-Spirale jedes Zellkerns konnten bislang nur knapp ein halbes Prozent identifiziert werden. Nur rund 4000 Gene sind bis heute bekannt, und von diesen konnten lediglich zehn Prozent in ihrem chemischen Aufbau analysiert werden. Überraschenderweise ist nur in fünf Prozent aller Basenpaare genetische Information gespeichert (Exons), die dazwischenliegenden Basen (Introns) enthalten anscheinend keine entsprechenden Informationen und stellen offenbar *Unsinnsequenzen* dar, möglicherweise die zukünftigen Träger neuer Informationen? Fest steht indessen nur eines: «Die Frage, wie die Chemie der Gene mit der körperlichen Gestaltung in Beziehung steht (ist) nach wie vor ungelöst.»[12]

Dennoch muß ja in der Eizelle ein Bauplan des Menschen irgendwie codiert sein – nur haben wir in der Tat keine Ahnung, wo und wie! Die *Worte*, die man auf den Chromosomen entziffern konnte, so sagt Joachim Illies, «ergeben keinen sinnvollen Text, der wirklich zum Menschen führt. Nirgends ist die Form des kleinen Fingers, die typische Nase des Großvaters oder gar seine Art zu lächeln aufzufinden – überall sitzen nur die Befehle für bestimmte chemische Enzym-Reaktionen»[13]. Er vergleicht die Gene mit den Sicherungen eines Stromkreises. Fallen sie aus, fließt kein Strom mehr und das Licht verlöscht. Aber deshalb nun diese Sicherungen für die Ursache des Lichtes zu halten – das wäre ebenso abwegig, wie in den Genen die letzte Ursache der Gestaltbildung zu sehen. Vielmehr gilt auch für sie, was der bekannte Biochemiker und Katalyseforscher Alwin Mittasch einmal von der Rolle der Enzyme im Lebensgeschehen sagte: Sie dienen und führen Aufträge aus – aber sie herrschen nicht! Wem sie allerdings dienen, wessen Aufträge sie da ausführen, das ist nach wie vor unbekannt.

Wer also von einem *Genetischen Code* spricht, von den Chromosomen und Genen als Arbeitsanleitungen «zur Herstellung eines Lebewesens»[14], der gleicht einem kunsthistorisch unbedarften Menschen, der erfahren hat, wie Backsteine geformt und gebrannt werden und dann, angesichts eines norddeutschen Backstein-Domes im Brustton der Überzeugung erklärt, er wisse nun, wie die Backstein-Gotik entstanden und ursächlich zu erklären sei!

Wenn wir auch nicht wissen, wie der Weg vom Gen zum Phän, zum fertigen Organismus also führt, zu seiner unverwechselbaren Gestalt, so besteht doch kein Zweifel daran, daß die alte

Präformationstheorie ein Irrtum war. Diese im 18. Jahrhundert noch heiß umstrittene Lehrmeinung behauptete, im menschlichen Ei sei der zukünftige Mensch bereits fix und fertig vorgebildet, es enthalte also einen winzigen Homunkulus. Gegner dieser *Ovulisten*, die man als biogenetische Feministen bezeichnen könnte, weil sie der weiblichen Eizelle die weitaus entscheidendere Rolle bei der Erhaltung des Menschengeschlechtes zuerkannten und behaupteten, die männliche Samenzelle spiele lediglich die untergeordnete Rolle eines Anstoßgebers und löse das Wachstum nur aus, waren die *Animalkulisten*. Sie behaupteten gerade das Gegenteil: Der Homunkulus stecke im Köpfchen des Samenfadens, und das Ei diene ihm ausschließlich als Nahrung. Tatsächlich vermeinten einige übereifrige Mikroskopiker, diesen Homunkulus in der Samenzelle mit eigenen Augen gesehen zu haben und verbreiteten ihre Entdeckung auch durch phantasievolle Zeichnungen.

Nun wissen wir zwar längst, daß es keine präformierten, keine vorgebildeten, nur des Größerwerdens bedürfenden Homunkuli in den Keimzellen gibt – weder in den weiblichen, noch in den männlichen. Dennoch spukt die altehrwürdige Präformationstheorie hier und da noch immer einmal wieder in einigen Köpfen herum. Natürlich nicht in der Weise, als vermute man einen Homunkulus in Ei- oder Samenzelle, aber doch etwas ihm recht Ähnliches, entsprechend Vorgebildetes, das zum fertigen Menschen im gleichen Verhältnis steht wie eine Architekten-Blaupause zum fertigen Haus. Auf einer solchen Blaupause können ja ohne weiteres selbst tiefgreifende Veränderungen vorgenommen werden, etwa Treppen oder Wände, Türen wie Fenster versetzt werden, was dann auch ganz entsprechende Veränderungen des fertigen Gebäudes zur Folge hat, das ja nach dem abgewandelten Plan ausgeführt wird. Diese präformistische Vorstellung vom menschlichen Genom als einer Art Blaupause (blue-print), sozusagen einer zwei- oder sogar nur eindimensional festgelegten und gefügten Bauanleitung für den Organismus, die all seine späteren Eigenheiten bereits vorwegnehmend abbildet, entspricht der auf dem Ciba-Symposion in London 1962 geäußerten Hoffnung des bekannten Biologen Haldane, durch Einpflanzung von Affengenen in das menschliche Genom Menschenkinder mit einem Affen-Greifschwanz als ideale Astronauten für zukünftige Weltraumfahrten züchten zu können[15]. Doch «in den Genen liegt kein Muster der späteren Differenzierung», sagt Erich Blechschmidt. «Die Meinung von einem blue-print ist überholt. Die Gene machen nicht die Differenzierung.» Sie «agieren nicht, sie re-agieren. Sie sind eine notwendige Voraussetzung, aber keine zureichende Bedingung für den Prozeß der Differenzierung»[16].

In der Tat re-agieren, antworten diese Gene offensichtlich auf Reize von außen, vom umgebenden Zytoplasma der Zelle, das biodynamischen Gesetzmäßigkeiten folgt, die nicht auf genetischer Information beruhen. Was sich also aus einem noch nicht spezialisierten Gewebe von Zellen, die allesamt in ihrem Kern ja die gleichen Erbanlagen besitzen, herausspezialisiert, wird von den jeweiligen Voraussetzungen des entsprechenden Stoffwechselfeldes wesentlich bestimmt. So entstehen in einem *Dilationsfeld*, wo durch die Wachstumsvorgänge Bindegewebszellen durch Zugbeanspruchung sowohl in der Längs- als auch in der Querrichtung gedehnt werden, aus ihnen Muskelzellen. Dort jedoch, wo die vorgegebenen Lageverhältnisse eine Querdehnung nicht zulassen, sondern im Gegenteil sogar eine Querkompression, also ein zusammenpressender Druck herrscht, da bilden sich aus den gleichen Ursprungs-Bindegewebszellen Sehnen. Das ist immer dort der Fall, wo diesem Ursprungsgewebe zwischen einem festen Gelenkkopf und der sich darüberspannenden Haut kein Raum mehr für eine Querdehnung bleibt.

Entsprechendes findet man in unserer Technik nirgends. Maschinen – und dies gilt keineswegs etwa nur für die herkömmlichen Kraftmaschinen, sondern gleichermaßen für die modernen informationsverarbeitenden Maschinen – werden nach einem festen Plan aus vorgefertigten Teilen zusammengebaut. Was jedoch bei der Entwicklung des lebendigen Organismus geschieht, das erlaubt heute keinerlei mechanistische Vergleiche und damit materialistische Erklärungsversuche mehr. Nicht nur, weil die lebende Maschinerie sich ja selbst, aus eigener Kraft und nach immanentem Programm aufbaut, und zwar durch immer weiter voranschreitende Differenzierung und Ausspezialisierung ihrer Teile, die sie selbst hervorbringt, was allein schon jeden Maschinenvergleich unmöglich macht. Nein, der unvergleichliche, tatsächlich beispiellose Selbstaufbau dieser Maschinerie Organismus erfolgt ja darüberhinaus nicht nach einem bis ins letzte Detail einer Blaupause entsprechenden Plan, sondern verwirklicht Konstruktionsanleitungen, die vorhandene und im Verlaufe dieser Entwicklung zusätzlich auftretende, selbst verursachte Umweltverhältnisse und – Bedingungen gewissermaßen vorausblickend miteinbezieht! Durch diese Vor-Berücksichtigung (A. Gehlen) erst später herrschender und wechselnder Außenbedingungen im genetischen Grundprogramm wird der Gesamtplan zu einem dynamischen Ganzen, einer sich selbst höchst sinnvoll über- und unterordnenden Plan-Hierarchie! (vgl. Kapitel 19, «Ordnung aus dem Chaos»).

Eines der bekanntesten Beispiele für diese so erstaunliche Strategie des Lebendigen neben vielen anderen vergleichbaren Induktionsketten liefert die embryonale Entwicklung der Augen. Das schon früh angelegte Neuralrohr, aus dem das Rückenmark hervorgeht, gliedert sich an seinem Vorderende in die fünf Gehirnabschnitte Vorder-Zwischen-Mittel-Klein- und Nachhirn. Zu beiden Seiten stülpen sich aus dem Zwischenhirn Blasen hervor, die sich vorn eindellen und dadurch zu doppelschichtigen Augenbechern werden. Der immer enger werdende Stiel, der diese Augenbecher mit dem Zwischenhirn verbindet, wird beiderseits zum Sehnerv. Die spätere Netzhaut (Retina) geht aus der Innenschicht des Augenbechers hervor, während seine äußere zur Pigmentschicht wird. Durch den Druck des wachsenden Augenbechers auf die Innenseite der Oberhaut (Epidermis) wird an dieser Stelle eine höchst wichtige, sinnvolle Reaktion ausgelöst. Ein Teil der unter Druck gesetzten Epidermiszellen wölbt sich nach innen, also gerade nicht dem Druck des Augenbechers ausweichend, sondern ihm entgegen, schnürt sich von der restlichen Epidermis ab und formiert sich zu einem hohlen Zellbläschen, das schließlich in die Becherhöhle wandert. Dort verändern sich die ehemaligen Epidermiszellen, werden glasklar durchsichtig und bilden nun die Linse des Auges. Die Anwesenheit dieser Linse wiederum veranlaßt das unmittelbar über ihr liegende Epidermisgewebe, sich ebenfalls umzudifferenzieren: Es wird zur gleichermaßen durchsichtigen Hornhaut.

Welche Rolle hierbei solche sekundären indirekten Ursachen als Indikatoren spielen und inwieweit das Geschehen primär, also unmittelbar von den Genen bestimmt wird, hat erstmals der Zoologe Hans Spemann experimentell geklärt. Bei Kaulquappen des Grasfrosches zerstörte er die Augenbecher, bevor sich die zugehörigen Linsen bilden konnten und stellte fest, daß unter dieser Voraussetzung später überhaupt keine Linsen entstehen. Wird eine Augenblase mit der Öffnung nach außen unter die Bauchhaut einer anderen Kaulquappe verpflanzt, so bildet diese Bauchhaut sowohl eine Linse als auch die Hornhaut eines nun an falscher Stelle ausreifenden vollständigen Auges. Zum Sehen taugt es freilich nicht, denn es fehlt ja der Sehnerv als Verbindung zum Zwischenhirn. Es ist also tatsächlich die Augenblase, der vom Gehirn aus vorgeschobene Becher, der eine Linse induziert, die ihrerseits wiederum die Bildung der Hornhaut induziert[14]. Wie eine solche Induktion wirkt, das zeigen besonders eindrucksvoll Experimente mit den Haft-Organen von Lurchlarven. Froschlarven – bekannt als Kaulquappen – besitzen auf der Unterseite in Mundnähe zwei Haftnäpfe, Molchlarven dagegen bilden stattdessen ganz anders aussehende Haftfäden zum Festhalten an Wasserpflanzen etc., deren Algenbeläge die Tiere abweiden. Nun ist es gelungen, Froschkeimen auf die Stelle, wo sie normalerweise den einen ihrer beiden Haftnäpfe ausbilden, ein Stück aus der Bauchhaut einer Molchlarve zu transplantieren – Haut also, die beim Molch an dieser falschen Stelle niemals einen Haftfaden ausbilden würde. Doch auf dem Froschkeim tut sie es: Wo eigentlich ein Haftnapf entstehen sollte, erzeugt die eingepflanzte Molchhaut ihr arteigenes Haftorgan, einen Haftfaden! Das aber bedeutet: An dieser Stelle des Tierkörpers wird, dank ihrer besonderen Lage im Ganzen, auf die Zellen der Haut ein *formbildender Reiz* (Giersberg) ausgeübt, der die in den Zellen erblich festgelegten Entwicklungsmöglichkeiten freisetzt, während sie in allen anderen Hautzellen unterdrückt werden. Und da Molchhaut eben nur Molch-Entwicklungsmöglichkeiten enthält, entsteht aus ihr an dieser Stelle – und nur an dieser! – im Froschkeim ein Haftfaden und nicht ein Haftnapf.

Was diese verständlicherweise an Tierkeimen durchgeführten Versuche zeigten, gilt auch für den sich aus einer winzigen be-

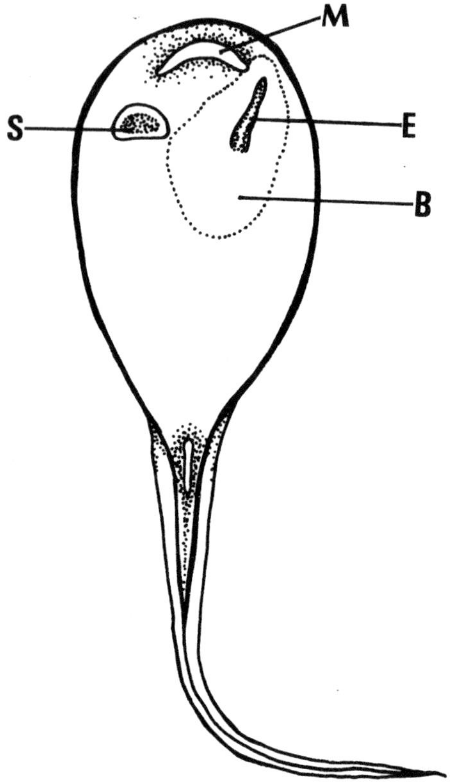

Transplantations-experiment bei Kaulquappen. B=Bauchhaut von einer Art, die Haftfäden ausbildet; E=Haftfaden, den diese transplantierte Bauchhaut an der Stelle bildet, wo normalerweise ein Saugnapf entstünde; M=Mund; S=Saugnapf.

fruchteten Eizelle entwickelnden Menschen. Das Programm dieses grandiosen Entfaltungsprozesses besteht weder in einem Homunkulus, der sich lediglich vergrößern würde, noch liegt es nach Art einer Blaupause vor, die alle Einzelheiten bis ins letzte zukünftige Detail vor-abbildet. Der sozusagen *gestaffelte* Gesamtablauf dieser Entwicklung, die Verwirklichung des hierarchisch geordneten Programmes Mensch, ist weitaus komplizierter, da viel später erst in ihrem weiteren Verlauf auftretende Bildungen, Veränderungen und Einflüsse physikalischer wie chemischer Natur als Indikatoren von entscheidender Bedeutung für Ablauf und Richtung der weiteren Differenzierung sind. Die im Genom – auch wenn wir bislang nicht wissen, wo oder gar wie – gespeicherte Entwicklungs-Information erschafft ja, wie wir gesehen haben, vielfach erst selbst die Bedingungen, die als sekundäre oder gar tertiäre (Hornhaut!) Faktoren wirksam werden. Wenn schon ein direktes Programm ohne programmierende Intelligenz nicht möglich ist, so gilt dies erst recht bei einem indirekt-hierarchisch gegliederten, das ohne Überblick, ohne Voraus-Berücksichtigung, ohne Ausrichtung auf ein unverwechselbar eindeutiges Ziel hin nicht einmal denkbar wäre (vgl. Schluß-Kapitel!). Angesichts dieser vor-berücksichtigenden Ordnungshierarchie wird der naive Zufallsglaube vollends zur Lächerlichkeit verdammt. Hier gewinnt Gotthold Ephraim Lessings Feststellung aus Emilia Galotti eine doppelte Bedeutung: Das Wort Zufall ist Gotteslästerung!

Information ist, wie heute zweifelsfrei feststeht, das genaue Gegenteil von Zufall - schon per definitionem! Beide Begriffe schließen sich gegenseitig aus. Information ist schöpferisch-geistige Aktivität, Zufall jedoch ein Geschehen ohne Sinn, Ziel und Ordnung, der Inbegriff des Anti-Geistes. Verständlich also, wenn der Physiker Schrödinger von der Ursache dieser wunderbaren Ordnung im Lebendigen, da er als exakter Naturwissenschaftler Begriffe wie Geist oder Entelechie (H. Driesch) meiden möchte, weil sie ihm allzu metaphysisch erscheinen, lieber neutral vom *Gegen-Zufall,* dem anti-hazard sprach - einem Prinzip also, das gegen den Zufall gerichtet wirkt und Ordnung schafft. Doch was anderes könnte dies denn sein als ein geistiges Prinzip?

Nirgendwo in der gesamten Weltliteratur ist wohl diese Vorbestimmung des werdenden Menschenkindes, sein Ausgerichtetsein auf ein einmalig-persönliches Ziel hin treffender und schöner ausgesagt als in jenem herrlichen Psalm des Königs David, in dem es heißt:

«Die Finsternis wird Dir nicht dunkel sein
wie der Tag wird die Nacht Dir erstrahlen
und die Finsternis ist Dir wie Licht.
Denn Du hast mein Inneres gebildet,
mich gewoben in meiner Mutter Schoß.
Ich preise Dich, daß ich so wunderbar bin gestaltet worden,
daß Deine Werke so würdig des Staunens sind!
Du kennst meine Seele bis auf den Grund;

mein Wesen war nicht verborgen vor Dir,
als ich im Dunkeln gebildet ward,
gewoben ward in der Erde Schoß.
Deine Augen haben schon damals meine Taten geschaut;
alle sind sie in Deinem Buche verzeichnet,
alle Tage bestimmt, ehe noch einer war.
Wie sind mir, o Gott, Deine Pläne so hoch,
wie ungeheuer ist ihre Menge!
Ich zähle eher noch des Meeres Sand als sie.
Und wollte ich ihr Ende gar bestimmen,
dann müßte meine Dauer Deiner gleichen!»

Psalm 139, 12–18

1 *Eibach, U.*, Gentechnik - der Griff nach dem Leben. Wuppertal 1986/S. 74
2 *Flindt, R.*, Biologie in Zahlen. Stuttgart-New York 1986/S. 85
3 *Blechschmidt, E.*, Anatomie und Ontogenese des Menschen. Heidelberg 1978/S. 26
4 *Tittel, K.*, Beschreibende und funktionelle Anatomie des Menschen, Stuttgart-New York 1978/S. 21
5 *Portmann, A.*, Probleme des Lebens. Basel 1967
6 *Rensing, L.; Hardeland, R.; Runge, M.; Galling, G.*, Allgemeine Biologie. Stuttgart 1984/S. 39
7 *Radman, M; Wagner, R.*, Die DNS-Verdoppelung - ein Präzisionsprozeß (In: Spektrum der Wissenschaft 10, 1988)
8 *Schmidt, F.*, Grundlagen der kybernetischen Evolution. Goecke u. Evers 1985
9 *Friedell, E.*, Kulturgeschichte der Neuzeit. München 1965/S. 1157
10 *Heitler, W.*, Der Mensch und die naturwissenschaftliche Erkenntnis. Braunschweig 1962/S. 49
11 *Thürkauf, M.*, Wissenschaft und moralische Verantwortung. Schaffhausen 1977/S. 136 usf.
12 *Blechschmidt, E.*, a.a.O./S. 19
13 *Illies, J.*, Das Geheimnis des grünen Planeten. Frankfurt 1982/S. 131
14 *Hellauer*, Tele-Kolleg Biologie (Begleitheft 1978/S. 48
15 *Kaufmann, R.*, Die Menschenmacher. Hamburg 1964
16 *Blechschmidt, E.*, a.a.O./S. 63
17 *Danzer, A.*, Fortpflanzung–Entwicklung–Entwicklungsphysiologie. Heidelberg 1973/S. 72 usf.

Kapitel 12

Ein Irrtum, Mr. Darwin!

Unsere Ohrmuschel – ein akustisches Präzisionsintrument!

In seinem 1871 erschienenen zweiten Werk mit dem aufschreckenden Titel «Die Abstammung des Menschen» führt Ch.R. Darwin gleich im 1. Kapitel eine ganze Reihe angeblich (E. Blechschmidt) rudimentärer, also verkümmerter, funktionslos gewordener Organe als Beweise für unsere Herkunft aus dem Tierreich an. Zu diesen vermeintlichen Rudimenten, «Spuren eines früheren Zustandes»[1], wie er schreibt, die also einst bei den Ahnen-Arten voll leistungsfähig waren und eine lebenswichtige Rolle spielten, gehören auch jene Muskeln, die das äußere Ohr bewegen. Verständlicherweise war für viele Tiere die Fähigkeit, ihre Ohren aufzurichten und nach allen Seiten lauschend zu drehen, außerordentlich wichtig, um den genauen Ort bestimmen zu können, von wo her eine Gefahr drohte. Bei einigen Affenarten und dem Menschen wird der Verlust dieser Fähigkeit infolge Nichtgebrauches der betreffenden Muskeln wieder ausgeglichen durch die große Bewegungsfreiheit des Kopfes – zumindest in der horizontalen Ebene. Aber es sind ja nicht nur die bewegenden Muskeln, die da verkümmerten, weil sie von den baumbewohnenden Affen offenbar wenig oder gar überhaupt nicht mehr benutzt wurden und infolgedessen ganz im Sinne des ansonsten von Darwin nur verspotteten J.B. Lamarck durch Nichtgebrauch zurückgebildet wurden. Nein: «Das ganze äußere Ohr kann als Rudiment betrachtet werden, mit all seinen verschiedenen Falten und Vorsprüngen, welche bei den niederen Tieren das aufgerichtete Ohr stärken und stützen...»[2] Für Darwin gab es keinen Zweifel daran, daß das tütenförmige bewegliche Ohr, wie

Darwin hielt das bewegliche Tütenohr, wie es vornehmlich Steppentiere wie hier die Giraffe kennzeichnet, für die ursprüngliche Form der Ohrmuschel als schallauffangendes Organ. Das Menschenohr sollte sein Degenerationsprodukt sein – mit dem Darwinschen Höckerchen als Rest der ehemaligen Spitze.

es beispielsweise Pferde und Rinder oder auch Hasen besitzen, den idealen Prototyp des Säugetierohres schlechthin darstellt und unser menschliches Ohr, damit verglichen, lediglich ein zusammengeschrumpfter, für das Hören mehr oder weniger bedeutungslos gewordener Schalltrichter ist. Lieferte nicht für dieses zusammengeschrumpfte ehemalige Spitzohr eine Entdeckung des Bildhauers Woolner sogar einen recht eingängigen Beweis? Jene kleine, abgestumpfte Spitze nämlich, die vom nach innen gefalteten Rand der Ohrmuschel, der sogenannten Helix, vorspringt, und die Darwin selbst dann auch bei Spinnenaffen im Londoner Zoologischen Garten beobachtete. Er deutete sie als die nach innen umgeklappte Spitze des einstigen Tüten-Ohres! Seltsamerweise allerdings wurde dieses vermeintliche Spitzen-Rudiment nicht nach seinem Entdecker Woolner benannt, sondern heißt bis heute *Darwinsches Höckerchen*!

Auch diese Fehldeutung der menschlichen Ohrmuschel ist – unter zahlreichen anderen! – ein nur ungern eingestandenes Beispiel dafür, wie sehr Darwins Evolutionstheorie durch ihren Dogmatismus den wissenschaftlichen Fortschritt hemmte – und zwar keineswegs wegen der Überbetonung des Kampfes ums Dasein nur hinsichtlich der Ökologie. Noch zu Lebzeiten Darwins schrieb im Jahre 1875 der Physiker Ernst Mach, der intensiv auf dem Gebiet der physikalischen wie physiologischen Akustik geforscht hatte, über die menschliche Ohrmuschel, ihre so rätselhaften Windungen hätten möglicherweise gar keine Aufgabe zu erfüllen, sondern seien «wahrscheinlich die zurückgebliebenen Stützen der ehemaligen größeren Tierohrmuschel», die nun lediglich eine rein mechanische Aufgabe erfüllten, nämlich das Umknicken zu verhindern[3]. Über hundert Jahre später bekräftigte A. Mayet 1978 in seiner Anatomie des Menschen diese Auffassung: «Den verschiedenen Erhebungen und Vertiefungen der Ohrmuschel und des Ohrknorpels kommt keine größere praktische Bedeutung zu.»[4] Doch dann sollte etwas recht Bemerkenswertes geschehen! Drei Forscher einer Arbeitsgruppe für Psycho-Physiologie, ein Psychiater und Neurologe, ein Ingenieur mit dem Fachgebiet Biomedizinische Technik und ein Psycho-Physiologe waren davon überzeugt, «daß eine so schöne, genetisch vorgeschriebene Struktur wie die Ohrmuschel nicht nutzlos sein könne»[5]. (Nebenbei bemerkt: Dies ist ein vortreffliches Beispiel für die bereits 1953 von Thure v. Uexküll nicht ohne Ironie getroffene Feststellung, daß es ohne die Voraussetzung von Ziel und Zweck im Lebendigen in der Tat keinerlei Unterschied gäbe zwischen Steuerung und Fehlsteuerung, Regulation und Dysregulation, Koordination und Dyskoordination, physiologisch und pathologisch, zwischen Gesundheit und Krankheit. Denn – um nur an letztere Feststellung anzuknüpfen – wenn es nicht das Ziel oder der Zweck, die Finalität also beispielsweise eines Kniegelenkes ist, die Bewegung zwischen Ober- und Unterschenkel zu ermöglichen, dann ist ein durch Arthrose steif und unbeweglich gewordenes Knie keinesfalls etwa krank, sondern muß als ebenso gesund gelten wie das bewegliche! Was v. Uexküll von der Medizin sagte, das gilt gleichermaßen für die gesamte Biologie: Sie kann ohne teleologische Begriffe, ohne die Annahme von Sinn, Ziel und Zweck im Lebendigen gar nicht arbeiten![6] Zwanzig Jahre später schrieb der bekannte französische Biologe P.P. Grassé: «Die Zufallstheorie glaubt, die Natur ihrer immanenten Finalität entkleiden zu können, sieht aber nicht, daß sie ihr implizit eine transzendente Finalität unterstellt.»[7] Genau dies aber geschieht hier. Unumwunden wird als ganz selbstverständlich vorausgesetzt oder unterstellt, daß eine morphologische Struktur – hier die Ausgestaltung der menschlichen Ohrmuschel – einen Zweck hat, daß sie nur teleologisch zu verstehen ist. Und siehe da: Nur unter dieser im darwinistischen Gedankengebäude verpönten Voraussetzung war eine Aufklärung der tatsächlichen Zusammenhänge möglich! Hätte also Darwins Theorie, wie Friedrich Engels im Jahre 1859 nach der Lektüre seiner «Entstehung der Arten» seinem Freund Karl Marx begeistert schrieb, wirklich die Teleologie kaputtgemacht, gäbe es heute überhaupt keine biologische Forschung mehr.)

Fest von der Teleologie unserer Ohrmuschel überzeugt, begannen die drei Forscher ihre Untersuchungen mit modernsten Mikro-Meßgeräten, unter anderem in den Gehörgang einzusetzenden Mikrophonen. Die Ergebnisse waren in der Tat verblüffend. Diese über ein volles Jahrhundert verkannte menschliche Ohrmuschel erwies sich keineswegs als das vermutete verkümmerte, rudimentäre und nutzlos gewordene Säugetierorgan, sondern ganz im Gegenteil als völlig neues, spezifisch menschliches Organ, streng jener Fähigkeit zugeordnet, die den Menschen als das einzige geistbegabte Lebewesen unter allen anderen auszeichnet: seinem Sprachvermögen.

Um es kurz und möglichst vereinfacht zu sagen: Die menschliche Ohrmuschel ist ein Präzisionsgerät zur Schall-Analyse, das die Informationsauswertung auf eine geradezu raffinierte Art und Weise verbessert. Sie verdoppelt nämlich den Schall, jeden Ton macht sie zweimal unmittelbar hintereinander hörbar – mit einem zeitlichen Abstand von lediglich einer Fünftausendstel Sekunde! Das aber ermöglicht eine mehr als blitzschnelle Überprüfung der ersten Wahrnehmung durch die zweite, sozusagen ihre Bestätigung und Bekräftigung. In Wirklichkeit geschieht bei dieser Doppelinformation durch *Check und Gegencheck*, wie man heute im Fachjargon sagt, allerdings etwas viel Komplizierteres: Die Meldung einer jeden akustischen Wahrnehmung über die Hörnerven an den Hirnstamm wird dort sofort verrechnet, und ob diese Rechnung stimmt, das kann dann die entsprechende Auswertung des zweiten Signals bestätigen.

Die tontechnische Lösung dieser Aufgabe durch eine äußerst zweckentsprechende Konstruktion unserer Ohrmuschel als schallaufnehmendes Organ ist, ohne jede Übertreibung, allein schon rein physikalisch betrachtet genial. Der Helix, Schnecke genannte Außenrand der Ohrmuschel verläuft vom Ohrläppchen aufwärts zunächst als ein flacher Wulst. Doch kurz unterhalb des Darwinschen Höckerchens – auch wo dieses nicht deutlich sichtbar ausgebildet ist, läßt es sich immerhin bei den meisten Menschen tasten – bildet dieser Wulst eine Krempe. Der hohle Gang, den sie überdachend halb umschließt, biegt weiter aufwärts nach vorn um, wendet sich abwärts und kreuzt den gegabelten, auslaufenden Rand des als Gegenschnecke oder Anthelix bezeichneten aufwärtsstrebenden Wulstes. Er begrenzt die Concha genannte napfförmige Aushöhlung der Ohrmuschel nach hinten. Der vom umgekrempten Ohrrand gebildete tunnelartige Gang zieht nach seinem Umbiegen abwärts bis in die Concha, überdacht von der Wurzel der Helix (Crus helicis). Dann wendet er sich gegen die Rückwand der Concha und mündet dort in einen halboffenen Gang, der vom Vorderrand der Gegenschnecke gebildet wird und halbkreisförmig unter einem als Antitragus bezeichneten Vorsprung hindurch zum Ohrdeckel oder Tragus und von dort schließlich zur äußeren Öffnung des Gehörganges zieht.

Dem die Ohrmuschel treffenden Schall öffnen sich dank dieser eigenartigen Differenzierungen zwei Wege zum Trommelfell am Ende des Gehörgangs. Der einfache, direkte Weg, der Schallweg 1, führt vom Innenrand der Gegenschnecke durch die Concha-Höhle unmittelbar in die unter dem Ohrdeckel verborgene Öffnung des Gehörganges. Der andere, umständlichere und vor allem längere Weg, der Schallweg 2 dagegen, führt durch den tunnelartigen Gang unter der Ohrmuschelrandkrempe wie durch eine Flüstergalerie ebenfalls zur Gehörgangöffnung. Während der Schallweg 1 im Durchschnitt vier Zentimeter lang ist, erreicht der Schallweg 2 über zehn Zentimeter Länge – genauer: 10,6 cm. Es besteht also eine Wegdifferenz von 6,6 Zentimetern, und das bedeutet nun nichts anderes, als daß gemäß der bekannten Schallgeschwindigkeit von rund 330 Metern pro Sekunde zwischen den beiden am Trommelfell eintreffenden Tönen ein Zeitunterschied von 0,2 Millisekunden, also exakt einer Fünftausendstel Sekunde liegen muß.

Daß es sich in der Tat so verhält, daß der eintreffende Schall also wirklich in zwei *Portionen* aufgeteilt wird, das bewiesen Experimente mit den bereits erwähnten, in den Gehörgang eingesetzten winzigen Mikrophonen unwiderlegbar. Die übrigen Flächen unserer Ohrmuschel sind mehr oder weniger Prallflächen, die den Schall vom Eintritt in den Gehörgang abhalten: das Ohrläppchen zum Beispiel, der Wulst der Schnecke, der Ohrdeckel Tragus sowie der Antitragus. Auf diese Weise wird erreicht, daß der Schall ausschließlich über die Anthelix geteilt werden kann. Da die eintreffenden Schallwellen um so mehr am akustischen *Fangapparat* der Ohrmuschel vorbeistreichen, je flacher der Winkel ist, unter dem sie einfallen, wird das Schallmuster um so undeutlicher, die Wahrnehmung um so leiser, je mehr die Schallquelle aus der Richtung der verlängerten Gehörgangachse in der Horizontalen nach vorn, also zur Nase hin oder aber zum Hinterkopf wandert. Das Gehirn vermag aus dem Vergleich mit den Werten, die es beim optimalen seitlichen Schall-Einfall festgestellt hat, den jeweiligen Winkel zu bestimmen, in dem sich die Schallquelle zum Ohr befindet. Dadurch ist grundsätzlich auch eine Schall-Richtungsortung mit nur einem einzigen Ohr möglich. Ebenso wird daraus verständlich, warum man, um besser hören zu können, den Kopf um 30–40 Grad nach vorn zum Redner wendet: Dann wird nämlich der Schall innerhalb des optimalen Sektors empfangen, also just dort, wo er am günstigsten durch Teilung analysierbar ist. Daß übrigens bei solcherart angespanntem Zuhören mitunter auch der Mund geöffnet wird, hat ebenfalls seine Bedeutung. Der Gehörgang wird nämlich durch die Bewegung des Unterkiefer-Gelenkköpfchens nach vorn, also beim Mundöffnen, etwas erweitert!

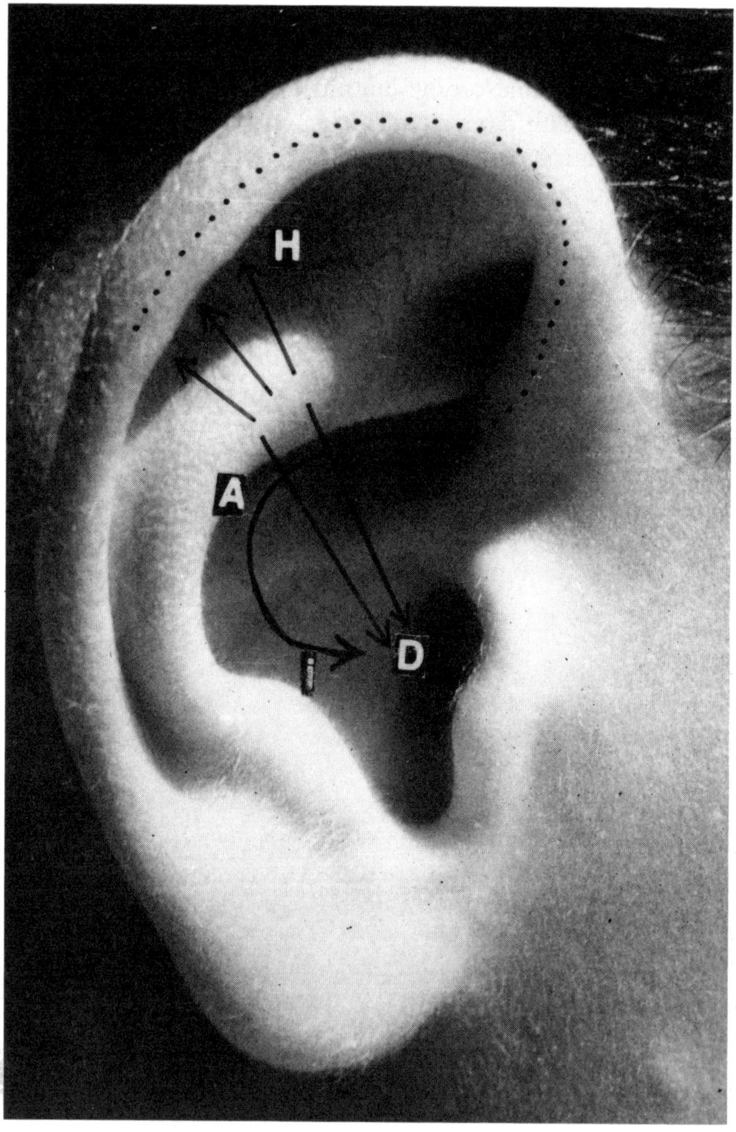

Die auf die «Anthelix» (A) treffenden Schallwellen werden einmal direkt zum Eingang des Gehörganges geleitet (D), zum anderen unter der Helix-Krempe (gepunktete Linie) auf indirektem (i), um 6,6 cm längerem Wege. So gelangt jeder Ton zweimal mit einem Zeitintervall von einer Fünftausendstel Sekunde an das Trommelfell. H= Darwinsches Höckerchen.

Doch auch das ist immer noch nicht alles. Die Ortung einer Schallquelle in der Vertikalen ist ebenfalls nur mit einem Ohr möglich, weil die Eintrittsöffnungen für Schallweg 1 und Schallweg 2 unterschiedlich hoch liegen. Kommt der Schall von weiter unten, so verlängert sich der zweite Schallweg durch die *Flüstergalerie* des Helixkrempen-Tunnels. Kommt er hingegen von weiter oben, so verkürzt er sich. Verständlich also, warum unterhalb der Verlängerungsachse des Gehörganges liegende Schallquellen eine ausgeprägtere, deutlichere zweite Welle liefern, die bei höher gelegenen Schallquellen dagegen nur noch stark abgeschwächt erscheint. Aus diesen so unterschiedlichen Daten vermag unser Gehirn die Höhenlage einer Schallquelle zu ermitteln. Begreiflich wird nun auch, weshalb bei angestrengtem Zuhören nicht nur der Mund etwas geöffnet, sondern gleichzeitig auch der Kopf schräg gehalten wird: Diese Stellung verlängert den Schallweg 2 und erleichtert dadurch die Schallanalyse!

Im Endeffekt läuft all das darauf hinaus, daß der Mensch praktisch nicht nur zwei, sondern genau gesehen gar vier Ohren hat: zwei etwas höher und zwei etwas tiefer am Kopf sitzende. Dadurch ergeben sich für die endgültige Verrechnung aller Daten im Gehirn sechs Vergleichswerte: zwei zwischen dem oberen und unteren Ohr jeder Kopfseite, zwei zwischen dem jeweils oberen und unteren Ohr gegenüberliegender Seiten und schließlich je eine zwischen den beiden unteren und den beiden oberen Ohren. Daß sechs Verrechnungsmöglichkeiten für die akustischen Daten im Gehirn existieren, mag immerhin erklären, weshalb im Hirnstamm, jener so wichtigen Station der Hörbahn, auffallend viele Nervenfasern von einer Hirnseite zur anderen hinüberkreuzen. «Veränderungen der Kopfstellung wie der Position der Schallquelle liefern regelmäßige Abweichungen, die sich hier unterhalb der Bewußtseinsschwelle blitzschnell gegenüber den konstanten Abstandswerten der Ohrmuscheln verrechnen und zu einem räumlich gegliederten Schallbild der Umgebung rekonstruieren lassen.»[8] Die speziellen Differenzierungen unseres Hirnstammes sind demnach sehr genau auf die des spezifisch menschlichen Schall-Aufnahmeapparates Ohrmuschel abgestimmt. Jede dieser Differenzierungen wäre ohne die ihr zugeordnete andere sinnlos, beide ergänzen sich vielmehr gegenseitig zu einem Instrument von höchster technischer Perfektion und Leistungsfähigkeit.

Ein Fachingenieur, der auf diese Idee einer derart optimalen Schallanalyse gekommen und dem es gelungen wäre, einen unserem Hörorgan entsprechenden Computer zu konstruieren und vergleichbar gekonnt zu programmieren, gälte zweifellos als ein Genie von einsamer Größe. Man würde seinen Namen mehr als ebenbürtig neben dem eines Thomas Alva Edison oder Johann Philipp Reis, des Erfinders des Telefons, nennen. Und doch standen die primitiven Schalltrichter dieser weltberühmten Erfinder, nach Bau und Leistung mit der menschlichen Ohrmuschel verglichen, zu dieser etwa im gleichen Verhältnis wie ein Handkarren zu einem Mercedes 380 oder Otto Lilienthals Gleitflieger zu einem modernen Düsenjet!

Nach dem offenbar durch nichts, aber auch rein gar nichts zu erschütternden Glauben überzeugter Evolutionisten hat allerdings reiner Zufall und nichts als der Zufall hier – ganz allmählich, versteht sich! – zustandegebracht, was selbst dem idealsten und genialsten Team aus versierten Computerfachleuten trotz aller Intelligenz, aller Physik-, Mathematik-, Informatik- und technischer Studien nicht einmal nachzuahmen, geschweige denn zu erfinden möglich wäre. Denn wie sollten sie einen solchen Computer konstruieren, der sich selbst und selbständig aufbaut, erhält, repariert und, als Teil eines wiederum übergeordneten größeren, auch reproduziert? Aber selbst wenn man von diesen grundsätzlich unnachahmbaren Fähigkeiten des *lebenden Computers* einmal großzügig absieht: Wie wäre es denn nach den Gesetzen der Wahrscheinlichkeitsmathematik um die Möglichkeit eines zufälligen Zusammentreffens aller räumlichen, zeitlichen und chemisch-physikalischen Voraussetzungen bestellt, die erfüllt sein müßten, um diesen lebenden Computer zustandezubringen? Selbst wenn diese Rechenaufgabe trotz ihrer vielen, vielen Unbekannten mit Hilfe moderner Computer, *elektronischer Gehirne*, tatsächlich lösbar wäre: Die Zahl für die Unwahrscheinlichkeit dieses Ereignisses wäre derart vielstellig, daß sie sich in unserer Sprache, mit den Begriffen der Mathematik, mit Gewißheit nicht mehr verständlich formulieren ließe. Mit anderen Worten, nüchterner ausgedrückt: Es gibt für den blinden,

den sinn- und ziellosen Zufall keinerlei Chance als *Schöpfer* auch nur unserer menschlichen Ohrmuschel, geschweige denn aller zugeordneter anderer Organe, vom Trommelfell über den so sinnreichen Winkelhebel der Gehörknöchelchen und das Innenohr bis zu den erwähnten verrechnenden Strukturen im Hirnstamm und den verstehenden Zentren im Gehirn!

Da braucht man eigentlich nicht immer wieder an jenes allen derart komplexen und komplizierten Organsystemen gemeinsame evolutionistische Grundproblem zu erinnern, jenen unlösbaren Widerspruch innerhalb der Darwinschen Theorie selbst. Funktioniert doch ein solcher Komplex erst, wenn er fertig ist, und alle seine zahllosen Teile richtig aufeinander abgestimmt, ihre jeweilige Teilfunktion erfüllen. Wie soll sich ein System mit derartigen Voraussetzungen auch noch ganz allmählich über lange, ja unvorstellbar lange Zeiträume hinweg entwickeln, da doch gerade der unerbittliche Kampf ums Dasein alles ausmerzt, was keinen Selektionsvorteil besitzt? Einen solchen kann ja erst das fertige System haben!

Armer alter Darwin, wie gut für ihn, daß er von alledem nichts ahnen konnte. Wie wäre es ihm, der so offen zugestand, allein schon der Anblick eines Auges mache ihn ganz krank, ja erzeuge geradezu ein Fieber, erst ergangen, hätte er gewußt, was sich beim Hören alles in seinen *sechs Menschenohren* abspielt!

1 *Darwin, Ch.R.*, Die Abstammung des Menschen. Leipzig o.J./S. 27
2 *ebd.* S. 22
3 *Buchard, J.M; Irrgang, E.; Andresen, B.*, Die Funktion der menschlichen Ohrmuschel. (In: Spektrum der Wissenschaft 6/1987/S. 68
4 *ebd.*
5 *ebd.*
6 *Uexküll, v. Th.*, Der Mensch und die Natur. München 1953/S. 87
7 *Grassé, P.P.*, Das Ich und die Logik der Natur. München 1973/S. 54
8 *Buchard, J.M.; Irrgang, E.; Andresen, B.*, a.a.O./S. 74

Kapitel 13

Schloß und Schlüssel –

Das Doppel-Programm des Nashornvogels

Es bedurfte langer Jahre emsigen Forschens, Grübelns, Rechnens und Experimentierens, bis endlich die schwierige Aufgabe gelöst schien und das gesteckte Ziel wenigstens einigermaßen zufriedenstellend erreicht war: die Konstruktion eines Computers, der auch handgeschriebene Zahlen registrieren konnte. Allein schon für die Post bedeutet solch ein außerordentlich rasch arbeitender maschineller Helfer beim Sortieren der Sendungen nach ihrer Postleitzahl eine unschätzbare Erleichterung. Das Hauptproblem war, daß die handgeschriebenen Zahlen ja nicht alle genau gleich aussehen und unvermeidbare individuelle Unterschiede, die kleinen Schnörkel und Bogen dennoch nicht zu Verwechslungen führten. Aber schließlich gibt es ja nicht allzu viele Möglichkeiten, etwa eine 8, eine 3 oder eine 0 individuell derart zu verändern, daß sie mit irgendeiner anderen Ziffer zu verwechseln wäre. Die dem lesenden Computer einprogrammierten Zahlen-Bilder, mit denen die zu registrierenden verglichen und auf diese Weise *erkannt* werden, müssen daher ebenfalls nicht bis ins schier Uferlose variieren. Dennoch setzte die Lösung dieser Aufgaben einer entsprechenden Konstruktion und Programmierung viel Fachwissen, Intelligenz und schöpferische Phantasie voraus.

Es braucht eigentlich jetzt keinen Hinweis mehr darauf, daß auch dieser zahlenlesende Computer natürlich weder im gebräuchlichen Sinne *lesen*, noch vergleichen oder gar *erkennen* kann. Ist es doch völlig abwegig, im Zusammenhang mit rein maschinellen Leistungen solche Begriffe aus der Humanpsychologie zu verwenden. Auch der komplizierteste elektronische Computer, so stellt der bekannte Philosoph und Erkenntnistheoretiker Sir Karl Popper fest, ist ja nichts anderes als «ein hochgepriesener

Bleistift»[1]. Damit will er sagen: Er ist wie ein Bleistift, mit dem man schreibt, auch lediglich ein Werkzeug, ein Instrument des menschlichen Geistes. So wenig, wie das mit einem Bleistift Niedergeschriebene dessen Werk ist, stellt die Leistung eines Computers etwas eigenes dar. In beiden Fällen, so verschieden diese Instrumente des Geistes auch immer sein mögen, ist es dieser Geist des Menschen, der sich den Bleistift wie auch den Ziffern registrierenden Computer geschaffen hat und nach seinem Willen gebraucht, der als alleinige Ursache wirksam ist.

Nein, kein Computer *erkennt* eine Zahl. Wollte man seine allein durch den Intellekt des Menschen ermöglichten Leistungen tatsächlich und in der eigentlichen Wortbedeutung so nennen, dann müßte man konsequenterweise jedem Sicherheitsschloß zugestehen, daß es seinen passenden Schlüssel *erkennt*, denn es läßt sich nun einmal mit keinem anderen öffnen! Auch in diesem Fall war es ja der Mensch, der sich überlegte, wo exakt am Schlüssel vorspringende Zacken und ihnen genau entsprechend am Schlüsselloch des Schlosses die passenden Kerben und umgekehrt anzubringen sind: Er erkannte den Zusammenhang, nicht sein Werk.

Die geistreichen Konstrukteure des zahlenlesenden Computers mußten allerdings mehr und vor allem Schwierigeres leisten als der Erfinder des Sicherheitsschlosses. Schließlich mußten sie ja variable Muster berücksichtigen, und so wäre denn unser Vergleich tatsächlich zutreffender, wenn das Sicherheitsschloß so konstruiert wäre, daß es sich auch durch leicht abgewandelte Schlüssel mit jeweils etwas mehr oder weniger weit vorspringenden Zacken und entsprechend ausgebuchteten Kerben öffnen ließe. Allerdings wäre es dann kein echtes Sicherheitsschloß mehr und würde sich durch diese Eigenschaft verschlechtern, während der lesende Computer um so besser seiner Aufgabe gerecht wird, je gravierendere Abweichungen von der Norm er noch verarbeitet.

Wenn schon dieser mühsam und langwierig errungene Erfolg der Computertechniker als Glanzleistung menschlicher Intelligenz Bewunderung verdient, wie sehr müßte uns dann eigentlich jeder lebende Computer, jeder Organismus, in fassungsloses Erstaunen versetzen, dessen Anpassungsfähigkeit die der *lesenden*

Maschine um ein Vielfaches übertrifft! Wenn wir – und dies mit gutem Recht! – solche Computer mit ihren zahlreichen Schaltelementen und ihrer komplizierten gegenseitigen Verknüpfung und Vernetzung als *Wunderwerke* modernster Technik preisen, welcher Superlativ bliebe da eigentlich noch übrig für jene lebenden Wunderwerke, die ihnen doch so unendlich überlegen sind? Jeder Vogel, der sein Nest flicht, vermag ja dieses ererbte Instinktprogramm immer wieder anderen, neuen und ungewohnten Umweltbedingungen anzupassen, und das gilt mehr oder weniger für alle bauenden Tiere. Ein Kleiber etwa, der irgendeine ausgediente Spechthöhle als seine Kinderstube herrichten will, muß das Eingangsloch so weit zu-*kleiben*, daß es sozusagen für seine Körpergröße maßgeschneidert ist. Er benutzt dazu feuchte Lehmklümpchen, die er, wie ein geschickter Maurer seine Backsteine, Stück für Stück zusammenfügt. Da aber nun keineswegs alle Eingangslöcher verlassener Spechthöhlen gleich groß und gleich gestaltet sind, und manchmal auch ein Nistkasten entsprechend verändert werden muß[2], darf die Instinktreaktion des Tieres nicht zu eng auf ganz bestimmte Auslöser angelegt sein und bedarf gewissermaßen einkalkulierter Freiheiten. Der Kleiber muß sich ja der jeweiligen Situation entsprechend verhalten können, und eben jener dazu erforderliche Spielraum ist auch ganz offensichtlich in seinem Instinkt-Programm vorberücksichtigt!

Ein besonders interessantes und aufschlußreiches Beispiel dieser Art vorprogrammierter Freiheit demonstriert der in tropischen Breiten der Alten Welt beheimatete Nashornvogel (Buceros). Er ist mit unserem Wiedehopf und dem Eisvogel verwandt und wie diese beiden anderen Rackenvögel ein Höhlenbrüter. Im Gegensatz zum Eisvogel, der seine langen Erdhöhlen selbst gräbt, ist der Nashornvogel jedoch auf geeignete Baumhöhlen angewiesen – eben weil es sein riesiger, zusätzlich noch mit einem seltsamen Hornaufsatz bewerte Schnabel ihm gar nicht erlauben würde, damit wie ein Specht selbst Höhlen in hartes Holz zu meißeln. So macht er sich denn, naht die Brutzeit heran, auf die Suche nach einem geeigneten Baumloch. Verständlich, daß er dabei auf recht unterschiedliche Größenverhältnisse stößt, und vor allem die Formen der Eingangsöffnung stark voneinander abweichen. Da gibt es ebenso glattrandige runde wie

Das Weibchen des Nashornvogels mauert sich selbst in seiner Bruthöhle ein. Es kann gerade noch seinen Schnabel durch die verengte Eingangsöffnung strecken und muß vom Männchen gefüttert werden.

unregelmäßig gestaltete kantige Zugänge, große und kleinere Öffnungen, aber allen versteht er durch seine eigene Tätigkeit zuletzt das gleiche Aussehen zu geben: Er mauert sie, ähnlich wie unser einheimischer Kleiber, entsprechend weit zu.

Dabei arbeiten beide Geschlechter – übrigens in strenger lebenslanger Einehe lebend – Hand in Hand oder, besser gesagt, Schnabel in Schnabel. Es trifft nämlich nicht zu, was mitunter in leicht romantisch gefärbten Berichten darüber zu lesen ist: Das Männchen mauert sein Weibchen keineswegs allein ein! Sie hilft ihm dabei von innen, aus der Höhle heraus, die sie bereits besetzt hat, kräftig mit. Freilich steht ihr dort in der Enge lediglich der eigene Kot zur Verfügung, doch dessen Eigenschaften passen überraschenderweise – und ganz, ganz zufällig, versteht sich! – außergewöhnlich gut zu dieser Verwendung. Während er nämlich anfangs zähflüssig ist und sich daher mit dem Riesenschnabel leicht gegen die Ränder des Einganges glättend verstreichen läßt, erhärtet er an der Luft wie unser Mörtel schon nach kurzer Zeit. Das Männchen bringt von außen mit seinem Speichel versetzten Lehm in kleinen Klumpen herbei, und so mauern sie gemeinsam die ursprünglich viel zu weite Öffnung ihrer Baumhöhle just so weit zu, daß zuletzt nur noch ein schmaler, schießschartenähnlicher Spalt offen bleibt, gerade breit genug, um das eingemauerte Weibchen seinen Schnabel hindurchstecken und sich von seinem Männchen füttern zu lassen. Drei volle Tage kann es dauern, bis das Werk vollendet ist, und für die ganzen 28 Tage seiner Brutzeit sitzt das Weibchen nun, vor Nesträubern wie Schlangen oder diebischen Affen trefflich geschützt, in seiner engen, aber sicheren Burg. Es mausert sich sogar während dieser Zeit, und nicht etwa wie ansonsten üblich nach und nach, sondern total. Das bedeutet: Alle Federn fallen nahezu gleichzeitig aus. Außerhalb der bergenden Höhle wäre das recht gefährlich, da der Vogel ja nicht fliegen und sich vor seinen Feinden in Sicherheit bringen könnte. Hier jedoch ist eine Totalmauser nur von Vorteil, weil sie rascher vonstatten geht und das neue Federkleid dadurch fertig ist, wenn das Weibchen schließlich die künstliche Sperrmauer aufbricht, um seinem inzwischen vor lauter Fürsorge um seine Familie schier bis zum Gerippe abgemagerten Männchen zu helfen, die weiterhin in der schützenden

Höhle verbleibenden, immer mehr Nahrung fordernden Jungen zu versorgen. Denen braucht übrigens keiner der Altvögel vorzumachen, wie man ein zu großes Baumloch zumauert. Sofort nachdem ihre Mutter das Nest verlassen hat, machen sie sich ans Werk und beginnen, sich selbst erneut einzumauern – bis auf die enge Öffnung, die zum Füttern unerläßlich ist. Übrigens natürlich nicht ausschließlich zum Füttern! Die Jungvögel beherrschen eine recht originelle, wirksame Methode der Beseitigung ihres Kotes, soweit sie ihn nicht zum Mauern benötigen. Dabei vollführen sie in ihrer engen Baumhöhle eine Art Kopfstand und spritzen den flüssigen Kot weit durch die schmale Eingangsöffnung ins Freie.

Es ist erstaunlich und nie und nimmer durch Zufall zu erklären, wie alle Instinkte des Nashornvogels, sämtliche angeborenen, ererbten Verhaltensprogramme aufeinander abgestimmt sind und sich gegenseitig sinnvoll ergänzen. An diese so unglaubliche Tatsache, mit der uns im Grunde genommen jedes Tier konfrontiert, haben wir uns ja gerade deshalb leider längst gewöhnt und halten sie in unserem oberflächlich gewordenen Denken und Urteilen für etwas Selbstverständliches! Möglicherweise ist diese Oberflächlichkeit aber auch eine Art Schutzmaßnahme, denn wer könnte es wohl auf die Dauer wirklich verkraften, ununterbrochen zu staunen und sich vergeblich damit abzumühen, das unserem Verstand Unfaßbare zu begreifen? Begnügen wir uns deshalb ganz bescheiden damit, nur eine einzige Verhaltensweise, ein Programm gesondert zu bedenken, allerdings dabei des Umstandes wohl bewußt, daß wir es da eben nur mit einem Steinchen im bunten Mosaik des streng geordneten Gesamt-Verhaltensmusters des Nashornvogels zu tun haben: dem gemeinsamen Zumauern des Höhleneinganges.

Wie das Verhalten der Jungvögel, nachdem ihre Mutter die Bruthöhle verlassen hat, beweist, handelt es sich bei der so kunstreichen Maurertätigkeit um ein ererbtes, also angeborenes, ein instinktives Können. Es bedarf keines Erlernens, weil es ganz offensichtlich bis in die Einzelheiten vorprogrammiert ist. Aber erst seit es zahlenlesende Computer gibt, kann man in etwa ermessen, was es bedeutet, daß dieses Mauern zugleich spezifisch und variabel ist! Spezifisch, weil in der Regel nicht der Anblick von Erdlöchern oder Felsspalten die Reaktion auslöst, sondern jener geeigneter Baumhöhlen. Diese dürfen nämlich nicht etwa nahe am Fuß des Baumes liegen, zu groß sein oder gar zu klein. Die Variabilität indes zeigt sich am überzeugendsten beim Zumauern der Öffnung, die weit oder eng sein kann, hoch oder niedrig, glattwandig oder von völlig unregelmäßigem Umriß. Alledem paßt der Nashornvogel seine Reaktionen, seinen Arbeitsgang minutiös an. Das aber bedeutet: Für jede nur erdenkliche Möglichkeit muß in seinem Zentralnervensystem eine Struktur, ein Verknüpfungsmuster der Nervenzellen sozusagen bereitgestellt sein, das all diese nahezu unendlich vielen unterschiedlichen Daten zu verrechnen ermöglicht – so exakt, daß stets das nämliche, sinnvolle Endergebnis dabei herauskommt und das Tier stets die richtigen Bewegungen in der jeweils erforderlichen Reihenfolge zur rechten Zeit für die richtige Dauer ausführt. Wenn es uns gelänge, einen Baucomputer zu konstruieren und so zu programmieren, daß er die gleiche Leistung vollbringt, müßte das eine fast unvorstellbar komplizierte, unförmig große Maschine sein! Sind doch bereits jene Maschinen, die Teile einer Fließbandarbeit in Autofabriken leisten, bewundernswert genug – und doch gestattet ihnen ihr vom Menschen eingegebenes Programm nur einige wenige Funktionen, die beispielsweise streng an einen ganz bestimmten Karosserietyp gebunden sind und daher keinerlei Variabilität ermöglichen. Es sei denn, der einsichtige, vorausplanende Techniker selbst programmiere die Maschine entsprechend um.

Aber was der Nashornvogel leistet, ist ja in Wirklichkeit noch weit komplizierter und setzt noch viel mehr sinnreiche Nervenstrukturen, Regelkreise und Relais voraus. Jeder dieser beiden Partner beim Mauern verwirklicht ja nur einen ganz bestimmten Anteil des Gesamtprogramms, und dies zudem noch unter jeweils völlig anders gearteten äußeren Umständen. So arbeitet das Weibchen nur solange es in der Höhle sitzt von innen an der Mauer und benutzt dazu seinen eigenen Kot als Mörtel, während das Männchen ausschließlich von der anderen Seite ans Werk geht, Lehm sammelt, herbeiträgt und mit seinem eigenen Speichel als Klebemittel versetzt. Dennoch sind diese beiden Programmhälften derart aufeinander abgestimmt, daß als Ergebnis des gemeinsamen Bemühens etwas *Ganzes* resultiert: eine fachmännisch ausgeführte Abschlußmauer mit einer genau zur Schnabelgröße des Nashornvogels passenden schmalen Öffnung in ihrer Mitte. An keiner Stelle fehlt auch nur ein einziges Lehmklümpchen, und nirgendwo wäre eines zuviel verklebt! Das aber bedeutet doch nichts anderes, als daß jeder der beiden Arbeitspartner jeden Arbeitsfortschritt des anderen ständig im Auge behält und seinen eigenen nächsten Schritt diesem exakt anpaßt und ihn dadurch zielgerecht ergänzt! In jeder Sekunde ist, da die Arbeit zügig voranschreitet, die Situation eine veränderte neue - und doch bringt es der Verrechnungscomputer im Gehirn beider Vögel fertig, all diese neuen, sich geradezu überstürzenden Daten ebenso unglaublich rasch zu verarbeiten und nach dem Verrechnungsergebnis die unmittelbar folgenden Reaktionen der Tiere sinnvoll koordiniert zu steuern. Dieser Schlüssel und dieses Sicherheitsschloß, um bei unserem Beispiel zu bleiben, passen sich in der Tat in jedem Augenblick wieder erneut einander an und wandeln sich genauestens gegenseitig entsprechend.

Da aber beide Partner genau das gleiche, ganze Verhaltensprogramm geerbt haben, müssen Regulationsmechanismen vorhanden sein, die den jeweils erforderlichen Teil rechtzeitig abrufen, den anderen jedoch ebenso wirksam unterdrücken und inaktivieren. Das können beispielsweise die unterschiedlichen Geschlechtshormone sein. So werden ja auch bei jeder Henne die mitgeerbten Verhaltensweisen des Hahnes durch die weiblichen Geschlechtshormone nur unterdrückt, nicht aktiviert, weil die männlichen Hormone als ihre Auslöser fehlen. Eine Henne, deren Keimdrüsen entfernt wurden, und der man männliches Geschlechtshormon einspritzt, benimmt sich tatsächlich wie ein Hahn: Sie wird aggressiv und versucht sogar zu krähen.

Innere wie äußere Faktoren, Hormone und optische sowie andere Reize aus der Umwelt wirken als Auslöser und Regulatoren zusammen. Wenn dabei aber etwas sinnvoll Geordnetes herauskommt, so beweist dies: Hier gibt es wiederum eine übergeordnete Instanz, sozusagen ein Super-Programm, das die Unter-Programme koordiniert. Abermals eine Programm-Hierarchie also, und tatsächlich sprechen Verhaltensforscher schon seit geraumer

Zeit von einer hierarchischen Stufenreihe organisierten Verhaltens, von der *Hierarchie angeborener Auslösemechanismen* und motorischer Zentren[3] oder einem hierarchischen Aufbau des Verhaltens, dem eine *zentralnervöse Hierarchie* entspricht, eine Ordnung im Zentralnervensystem[4].

Nein, auch diese Unzahl von Verknüpfungen zwischen über- und untergeordneten Zentren im Nervensystem, die Mannigfaltigkeit der Schaltungen, die Fehler verhindern und das jeweils passende, das richtige Weiterverhalten auslösen, die so vielfach verschlungenen Bahnen, auf denen die Daten der Sinnesorgane diesen Zentren zugeleitet und auf denen, nach entsprechender Verrechnung, deren Befehle an die ausführenden motorischen Organe gelangen, alles zur rechten Zeit in der richtigen, zweckvollen Abfolge – das vermag selbst der tüchtigste Computerfachmann nicht zu über- geschweige denn zu durchschauen. Es bedarf nach alledem wohl keines Hinweises mehr darauf, wie unendlich weit allein schon ein nur geringer Teil des Nervenzentrums eines Vogels all unseren Computern überlegen ist, selbst wenn man wiederum davon absieht, daß sich dieser lebende Computer selbst organisiert und erhält. Wenn bereits eine gewöhnliche Reihen-Ordnung (H. Driesch), etwa eine Sortierung von Kartoffeln nach ihrer Größe, niemals einfach von selbst und rein zufällig entsteht, sondern eines von menschlicher Intelligenz ausgeklügelten, ordnenden Systems – hier also einer Sortiermaschine – bedarf, wie absolut aussichtslos, aller Erfahrung und wahrscheinlichkeitsmathematischen Erkenntnis widersprechend wäre es, im Ernst anzunehmen, diese Zentren- und Programmhierarchie im Nervensystem des Nashornvogels sei das Ergebnis sinnfrei-zufälliger, unzusammenhängender und nicht durch irgendeinen Plan gesteuerter Evolutionsschritte!

Als Jakob von Uexküll schrieb, derartige Spekulationen seien *einfach kindisch*, und man solle doch endlich Schluß machen mit jener *albernen Zufallstheorie*, kannte man noch keine *lesenden* Computer, die uns erst die ganze ungeahnte Fülle der zu überwindenden Schwierigkeiten vor Augen führten. Was also würde der berühmte Biologe heute erst sagen?

1 *Popper, K.R. u. Eccles, J.C.*, Das Ich und sein Gehirn. München 1982/S. 256

2 *Kuhn, W.*, Stolpersteine des Darwinismus. Bd. 1. Berneck 1982 (2. Aufl.) S. 123

3 *Tinbergen, N.*, Instinktlehre. Berlin-Hamburg 1956/S. 95–96

4 *Eibl-Eibesfeldt, I.*, Grundriß der Vergleichenden Verhaltensforschung. München 1967/S. 174 usf.

Kapitel 14

«Nichts als ein Klümpchen Eiweiß...!» –

Moderne Zellforschung widerlegt die Zufallstheorie

Zu Charles Robert Darwins Lebzeiten (1809–1882) gab es noch keine Computer. Begriffe wie Hardware und Software oder Bit, in unseren Tagen längst zum Alltagswortschatz schon der Schuljugend gehörend, waren unbekannt. Wie also hätte der Begründer der modernen Evolutionstheorie voraussehen können, daß es nicht einmal hundert Jahre nach seinem Tode Maschinen geben würde, die in der Lage sind, bestimmte Leistungen von Lebewesen nachzuahmen oder zu simulieren, wie man heute sagt? Bereits um die Mitte unseres Jahrhunderts konstruierte der amerikanische Kybernetiker Norbert Wiener seine *Motte*: ein kleines, durch Elektromotoren angetriebenes Wägelchen, das durch Selenzellen, wie sie vom Belichtungsmesser des Fotoapparates her bekannt sind, als *Licht-Sinnesorganen* gelenkt, zielsicher auf eine Lichtquelle zusteuert, sobald sie eingeschaltet wird. Polt man entsprechend um, wird das Wägelchen zur *Wanze*, die ja im Gegensatz zum Schmetterling Motte das Licht flieht und stets in den Schatten strebt: Wo immer eine Lichtquelle auftaucht, setzt es sich sofort in entgegengesetzter Richtung in Bewegung[1].

Inzwischen können unsere Computer allerdings wesentlich kompliziertere Lebenserscheinungen simulieren – selbst Vorgänge, wie sie sich bei der Verarbeitung und Beantwortung von Reizen im Gehirn abspielen. Nicht von ungefähr nannte man ja diese Maschinen *Elektronen-Gehirne*, ein Bezeichnung, die fast zwangsläufig zu folgenschweren Verwechslungen führte. Wenn nämlich eine Maschine aufgrund ihrer besonderen Konstruktion und der dadurch bedingten Arbeitsweise Leistungen vollbringt, die wir bislang lediglich bei lebenden Organismen beobachteten, dann, so folgerte man, müßten also diese angeblich spezifischen Lebenserscheinungen in der Tat auch rein maschinell-materiell, also chemisch-physikalisch erklärbar sein. Selbst was bislang als rein geistige Fähigkeit galt, wurde durch die Elektronengehirne anscheinend physikalisch verständlich, ja ursächlich erklärt.

Adolf Portmann hat schon verhältnismäßig früh mahnend auf den entscheidenden Fehler solch allzu oberflächlich-vorschnellen Urteilens hingewiesen. All diese Apparaturen sind letzten Endes ja Werkzeuge und Erfindungen des Menschen, die stets das bleiben, was ihr Erfinder und Konstrukteur damit beabsichtigte: «Sie bleiben heteronom. Ihnen fehlt vollkommen die relative Autonomie auch des einfachsten Organismus.» Jede kybernetische Maschine, jeder Computer funktioniert ja nur als ein vom Menschen planmäßig geordnetes System, und die Schaffung dieses Planes, dieser Aufbau des Systems, «ist anderen Regeln unterstellt als das Funktionieren des Aufgebauten»[2].

Von allen anderen gewichtigen Argumenten einmal bewußt abgesehen, genügt dieses eine schon, um zu verstehen, weshalb eine kybernetische Maschine, ein Computer sich nicht selbst reproduzieren, also vermehren, andere, gleichartige erzeugen kann, wie dies jeder lebende Organismus vermag. So zeigen – wider alles Erwarten, alle Hoffnung materialistischer Biologen – gerade die modernen Computer, mit denen im Modell (Portmann) nicht allein die Orientierung in Raum und Zeit, sondern sogar Leistungen wie Erinnerung, Lernen und intelligentes Handeln nachgeformt werden können, daß die entsprechenden Vorbild-Leistungen des Lebendigen keinesfalls das Ergebnis irgendwelcher rein zufälliger materieller Ereignisse sein können. Jeder Computer ist ja schließlich das Endergebnis geistiger Anstrengung, der gesammelten, ja geradezu geballten Intelligenz ganzer Forscher-Generationen, da die jungen auf den Ergebnissen der älteren aufbauen, sie weiterführen und vollenden. Wie sollten rein materielle, also geistlose chemische und physikalische Prozesse zufällig weit Vollkommeneres zustandegebracht haben können, als es alle menschliche Intelligenz und Wissenschaft je vermochte oder auch in Zukunft noch vollbringen wird? Ausgerechnet diese moderne Wissenschaft von den Steuermechanismen (Wieser), Computertechnik und Informatik haben zu dem

Ergebnis geführt, daß Organisation – Computer sind nun einmal hochorganisierte Maschinen! – ein Prinzip ist, das nicht auf eine der beiden Kategorien Kraft oder Stoff, also auf Chemie oder Physik zurückgeführt werden kann[3]. Die Organisation des Computers, seine *Hardware*, von der seine Leistungen abhängig sind, kann demnach niemals aus der Materie hervorgegangen sein und mithin chemisch-physikalisch ursächlich erklärt werden. Gleiches gilt für die Programme, die *Software*, ohne die kein Computer arbeitet. Sie enthalten ja die unerläßliche Information für seine Funktionen, und Information ist, so betont C. Fr. v. Weizsäcker, «eine dritte, von Materie und Bewußtsein verschiedene Sache», «das Bringen der Form in die Materie oder die Materie in die Form» – also etwas, das Materie allein und nur von sich aus grundsätzlich niemals zu leisten vermag[4].

Von alledem konnte der redliche alte Darwin zu seiner Zeit freilich noch nichts, aber auch nicht das geringste ahnen. Für ihn allerdings ein Vorteil, denn andernfalls gäbe es heute wohl schwerlich einen Darwinismus! Zwar gehörte eingedenk der damals schon bekannten sinnvollen Organisation alles Belebten auch im Jahre 1859, als sein Hauptwerk über die *Entstehung der Arten* erschien, kein geringer Mut dazu, diese Ordnung als Ergebnis eines sinn-, plan- und ziellosen Zufallsgeschehens begreiflich machen zu wollen. Darwin hat seine eigenen, quälenden Zweifel und Bedenken auch Freunden gegenüber keineswegs etwa verhehlt. Heute indes, wo sich gerade durch die empirische Forschung ein in der Tat überwältigendes Bild von Ordnung, Planmäßigkeit, von Harmonie und Sinn im Lebendigen offenbart (W. Troll), da uns die selbst konstruierten und programmierten Computer direkt erfahren lassen, daß dergleichen eben ohne Ziel und Plan, kurz: ohne Geist nie und nimmer denkbar ist, wäre jede Theorie vom *Zufall und nichts als dem Zufall* (J. Monod) als Deus ex machina völlig unzeitgemäß-absurd!

Es wäre nun allerdings ein von Anfang an zu kläglichem Scheitern verurteilter Versuch, wollte man es unternehmen, die gesamte Harmonie eines Organismus, alle seine unzähligen gegenseitigen Zuordnungen der verschiedensten Organe wie ihrer exakt aufeinander abgestimmten Funktionen in ihrer verwirrenden Vernetzung darzustellen. Begnügen wir uns also ganz bescheiden

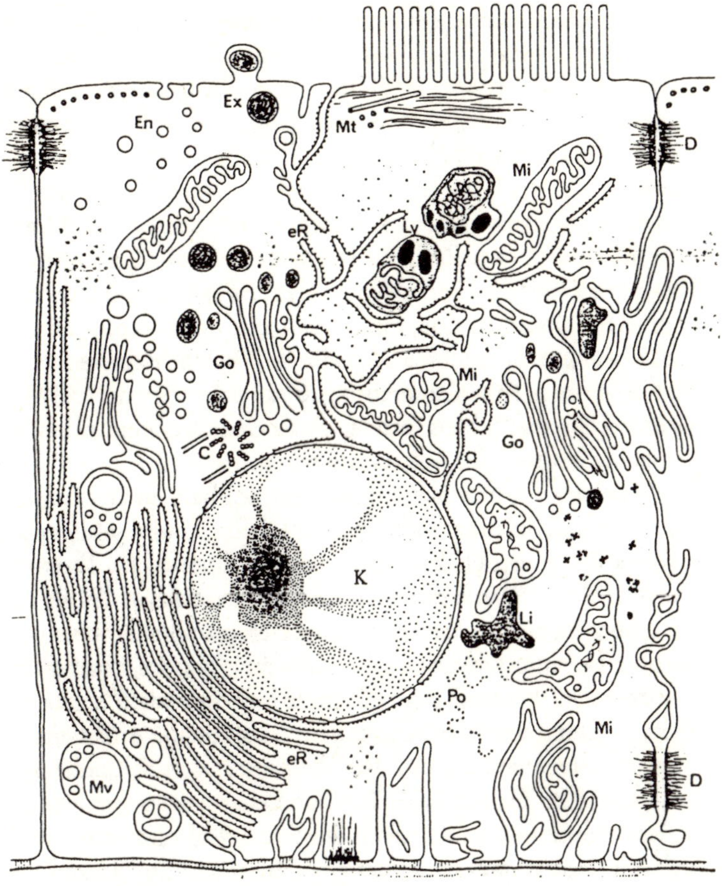

Die lebende Zelle – ein programmgesteuerter Chemie-Konzern, der sich selbst aufbaut, erhält und vervielfältigt.
C=Centriol (u.a. bei der Zellteilung beteiligt als Spindelpole); D=Desmosom (Verbindungsstellen zu Nachbarzellen) En=Endozytose (Nahrungsaufnahme in Bläschen); Ex=Exozytose (Stoffabgabe in abgeschnürten Bläschen); eR=Endoplasmatisches Reticulum (Kanalsystem: Stoffleitung, Eiweißsynthese); Go=Golgiapparat (Stoffsynthesen); Li=Lipide; Ly=Lysosom (Enzym-Synthese); Mi=Mitochondrien (Kraftwerke der Zelle, ATP-Synthese); Mt=Mikrotubuli (Röhrchen von 20–25 Nanometer Gesamtdicke); Mv=Multivesikulärer Körper (Bläschen); Po=Polysomen (Komplexe von Ribosomen); K=Zellkern (mit Kernkörperchen). (Aus: Ruthmann-Hauser. Praktikum der Zytologie, Stuttgart 1979, verändert.)

mit nur einer einzigen Zelle, jener kleinsten lebenden Einheit, dem *Elementarorganismus* des vielzelligen Lebewesens, der irrtümlich auch als *Baustein* im Rahmen der übergeordneten Struktur bezeichnet wurde. Der menschliche Körper beispielsweise besteht insgesamt aus nicht weniger als sechzig Billionen solcher Zellen!

Doch es ist Darwins Zeitgenossen wohl kaum zu verübeln, wenn sie diese lebende Zelle für ein mehr oder weniger *formloses Klümpchen Eiweiß* hielten (M. Schultze 1861). Schließlich war ja das Elektronenmikroskop, das eine sechshunderttausendfache Vergrößerung ermöglicht und dadurch Einzelheiten und Feinheiten erkennen läßt, die auch das beste und teuerste Lichtmikroskop nicht abzubilden vermag, noch lange nicht erfunden. So erschien denn dieses Eiweiß, das Protoplasma der lebenden Zelle, als nahezu leer, ohne feinere Strukturen, weshalb auch Friedrich Engels mit geradezu entwaffnender Naivität Leben schlicht als «die Daseinsweise der Eiweißkörper» definierte. Ja, Darwins *Apostel* in Deutschland, der Zoologe Ernst Haeckel († 1919), war derart überzeugt von den rein chemisch-physikalischen Ursachen aller Lebenserscheinungen, daß er durchaus im Ernst meinte, wenn wir erst einmal das richtige Eiweiß künstlich herstellen könnten, dann würde es schon ganz von alleine anfangen zu krabbeln, eben lebendig sein. Was Wunder also, wenn nach physikalisch verständlichen Modellen von Lebensvorgängen gesucht wurde, die eine rein materialistische Erklärung nahelegten oder angeblich sogar beweisen sollten? So mischte zum Beispiel der Zoologe O. Bütschli († 1920) Olivenöl mit einer Pottaschelösung und stellte voller Befriedigung fest, daß die zusammenrinnenden Tröpfchen ganz ähnlich wie eine Amöbe, ein primitives einzelliges Tier, *Scheinfüßchen* ausstreckten, sich also nach Amöbenart bewegten und sogar Algenzellen umflossen wie Nahrung aufnehmende, phagocytierende Amöben[5].

Heute allerdings ringen uns derartige naive Versuche, Lebenserscheinungen auf physikalische Prozesse zu reduzieren und sie dadurch vermeintlich zu erklären, bestenfalls noch ein mitleidiges Lächeln ab. Wie wir längst wissen, herrscht hier lediglich eine vage äußerliche Ähnlichkeit, denn die Bewegungen einer Amöbe kommen nicht einfach, wie im Öl-Pottaschelösung-Gemisch, durch Veränderungen und Angleichungen im Spannungszustand der beiderseitigen Grenzflächen zustande. Überraschenderweise erfolgt nämlich die Kontraktion der Amöben-Scheinfüßchen auf die gleiche Weise wie die unserer Muskeln! Zwei verschiedene Arten von Eiweiß bilden die kontraktilen Elemente, jene Filamente, die durch ihren besonderen Feinbau und ihre sinnvolle gegenseitige Zuordnung und Ergänzung, unterstützt durch ein außerordentlich kompliziertes Energie-Versorgungssystem, ihre Länge nach Bedarf verändern, sich also zusammenziehen und dabei verkürzen können. Von alledem ist verständlicherweise in einem Öltröpfchen, das in Pottaschelösung schwebt, auch nicht die geringste Spur zu finden!

Aber schließlich wissen wir inzwischen ja noch viel Erstaunlicheres über die lebende Zelle! Wenn man schon irgendwelche Gebäude zum Vergleich mit dem Organismus heranzieht, dann entspricht die einzelne Zelle mitnichten etwa einem Baustein, sondern eher dem Baumeister (Portmann). Daß sie sich selbständig differenziert und spezialisiert, sich teilt und dadurch mithilft, Gewebe und Organe aufzubauen, zeigt unmißverständlich, wie völlig abwegig jeder Vergleich mit einem vorgefertigten, unveränderlichen und absolut passiven Bauelement wie etwa einem Ziegelstein ist. Da war der Vergleich mit einem chemischen Laboratorium schon ein wenig angebrachter – wenn man einmal davon absieht, daß es nirgendwo auf der Welt ein Chemielabor gibt, das sich selbst aufbaut, erhält, repariert, wechselnden Anforderungen selbständig anpaßt, mit Energie und allen erforderlichen Ausgangsstoffen versorgt, seine Analysen wie Synthesen allein ausführt und schließlich sogar andere, identische Laboratorien durch Teilung hervorbringt. Doch auch in anderer Hinsicht erwies sich dieser Laborvergleich, der immerhin versuchte, das komplizierte Stoffwechselgeschehen in der lebenden Zelle vorrangig zu würdigen, schon bald als unzureichend. Konnte die moderne Zellforschung doch zeigen, daß dieses vermeintliche Klümpchen Eiweiß in Wirklichkeit *kompartimentiert* ist, also nicht *leer*, wie es unter schwächerer Vergrösserung den Anschein erweckte, sondern gerade im Gegenteil ganz und gar durchstrukturiert, aufgeteilt in Funktionsbereiche, gebunden an bestimmte Ausgestaltungen, an jeweils eigene *Funktionsräume* innerhalb des Großraums Zelle. Dadurch aber gleicht die lebende Zelle, wenn wir schon bei diesem fragwürdigen Bild bleiben wollen, nicht nur einem Chemielabor, sondern eher einer großen chemischen Fabrikanlage mit vielen Laboratorien. Ja, streng genommen noch viel mehr: einem ganzen, wohlgeordneten Chemiekonzern aus vielen einzelnen Fabriken!

Eine Übertreibung? Bestimmt nicht! Die Mitochondrien genannten Organellen in der Zelle zum Beispiel sind ihrerseits wiederum mit komplett eingerichteten Kraftwerken zu vergleichen. In ihnen werden die energiereichen Fette abgebaut, wobei die Energie freimachenden Oxidationsvorgänge über eine Reihe außerordentlich komplizierter, durch Multienzymkomplexe gesteuerter Prozesse stufenweise erfolgen. Die Mitochondrien sind, wie die ganze Zelle, zur Selbstvermehrung (Auto-Reduplikation) fähig und besitzen sogar ihre eigene Erbsubstanz (DNS). Das Endoplasmatische Retikulum genannte, den Zellkörper erfüllende umfangreiche System von Vesikeln, durch eine dünne Membran gegen das Protoplasma (Zell-Eiweiß) abgegrenzte Bläschen und Schläuche stellt die Eiweiß-Fabrik innerhalb der Zelle dar. Diese pausenlose Protein-Erzeugung erfolgt, um es bewußt einfach zu formulieren, wie eine in sämtlichen Einzelheiten streng festgelegte Fließband-Fertigung. Die synthetisierten Proteine werden von dem Schlauchsystem in den sogenannten Golgi-Apparat eingeschleust. Es handelt sich auch hier wieder in Wirklichkeit um eine ganze Fabrikanlage für Sekrete wie etwa Verdauungsenzyme oder in Pflanzenzellen völlig andersartige Baustoffe als Bestandteile der Zellwand usw. Diese seltsame Fabrikanlage Golgi-Apparat gleicht einem Satz aufeinandergestapelter flacher Zisternen, zusammengepreßter Bläschen, der allerdings keine starre, bleibende Form besitzt. Spätestens hierin also zeigt sich, wie sehr jeder Vergleich mit Laboratorien und Fabrikanlagen tatsächlich hinkt. Diese *Sekretfabrik* innerhalb der lebenden Zelle, die ihre flüssigen Produkte zugleich auch in besondere, leicht transportable Bläschen mit einer recht komplizierten Membran als Hülle verpackt, entsteht sozusagen am einen Ende, dort nämlich, wo die zu verarbeitenden Stoffe in sie einfließen, in jedem Augenblick neu – und am anderen löst sie sich selbst im gleichen Tempo wieder in ihre *Versandbläschen* auf! Ein *System im Fließgleich-*

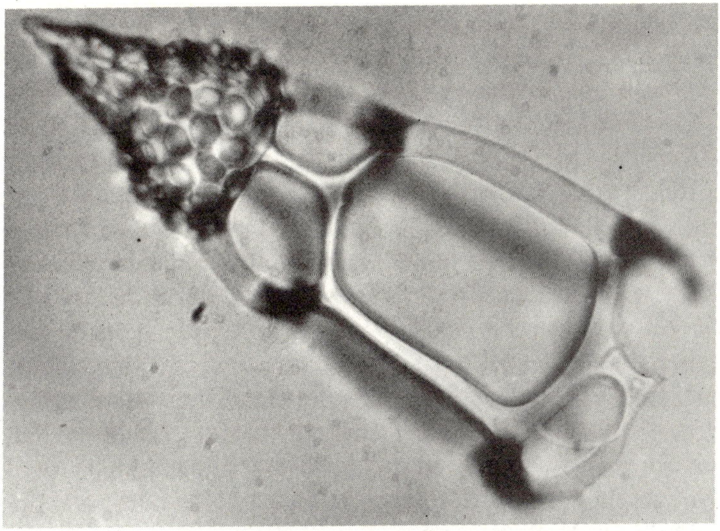

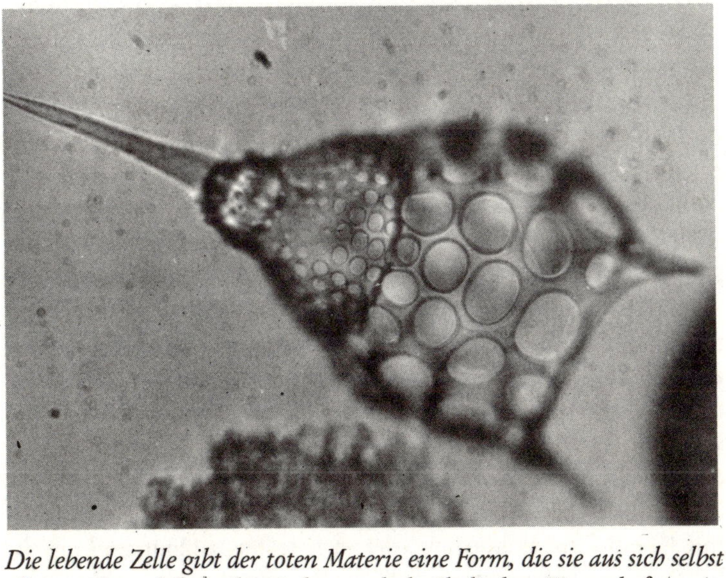

Die lebende Zelle gibt der toten Materie eine Form, die sie aus sich selbst allein aufgrund ihrer chemischen und physikalischen Eigenschaften niemals erreichen könnte. Hier «In-formierten» zwei einzellige Urtiere, Radiolarien, Kieselsäureanhydrit zwangen dem wasserunlöslichen Mineral eine Gestalt auf, die als ihre Gehäuse wahre «Kunstformen der Natur» (E. Haeckel) darstellen.

gewicht also, das keine zwei Sekundenbruchteile hintereinander genau das gleiche ist, aber dennoch von außen betrachtet als Ganzes scheinbar unverändert bleibt.

Es würde hier viel zu weit führen, all die vielen anderen Zell-Organellen, die Mini-Fabriken dieser Fabrik-Großanlage Zelle ausführlich zu beschreiben. Es mag genügen, abschließend nur noch auf jene zu verweisen, von denen letzten Endes unsere Existenz abhängt, weil sie in der Lage sind, mit Hilfe des Sonnenlichtes als Energiequelle aus anorganischen Stoffen Stärke und Zucker zu synthetisieren: die grünen Chlorophyllkörner oder Chloroplasten der Pflanzen. Sie könnten wohl noch am ehesten mit außergewöhnlich ergiebigen Sonnen-Kraftwerken verglichen werden, die zugleich wiederum chemische Laboratorien für den Aufbau komplexer organischer Verbindungen sind!

So entpuppt sich heute dieses vermeintlich formlose Klümpchen Protoplasma als ein ganzer, wohlgeordneter, sinnvoll durchorganisierter, hierarchisch aufgebauter Fabrikkonzern. Aber einer, der sich nicht nur selbst und völlig selbständig aufbaut, sondern nicht minder selbständig seine innere und äußere Ordnung stets aufrechterhält, trotz eines ständigen Wandelns im Auf- und Abbau von Stoffen wie Strukturen – eben als ein *System im Fließgleichgewicht* (L. v. Bertalanffy). Seine untergeordneten, vortrefflich koordinierten Einzelfabriken sind ihrerseits wiederum solche Systeme im Fließgleichgewicht, bilden sich in jedem Augenblick neu und bleiben, trotz dieses ununterbrochenen Stoffwandels stets die gleichen. Wie außerordentlich plump, ja primitiv muten im Vergleich hierzu selbst unsere modernsten Fabrikanlagen an, die ständiger Wartung und Reparaturen bedürfen, rasch veralten und so ganz und gar unvergleichlich weniger leistungsfähig sind als eine einzige jener sechzig Billionen Zellen des menschlichen Körpers!

Denn schließlich ist ja eine jede dieser Zellen nicht einfach nur (!) ein Chemiekonzern, der sich selbst aufbaut und erhält, sondern ein vollautomatischer, bis in seine letzten und nebensächlichsten Funktionen programmierter Konzern! Mag es uns immerhin möglich sein, irgendeinen Produktionsprozeß als Teil einer Fertigung innerhalb der Fabrik zu automatisieren, beispielsweise Autokarosserien nicht mehr von Menschen zusammenschweißen und -schrauben zu lassen, sondern durch eigens dafür entwickelte, programmgesteuerte Computer – bei einer ganzen Fabrik, und zwar von der Auftragsannahme bis zur Produktauslieferung, ist das schwerlich vorstellbar. Aber selbst wenn sich alles und jedes programmieren ließe, wäre die winzige lebende Zelle als Fabrikkonzern noch immer um eine Dimension voraus. Davon abgesehen: Die vollautomatisch arbeitende Fabrik oder gar der vollautomatisch programmgesteuerte Fabrikkonzern müßte ja immer noch von außen, durch versierte Fachleute errichtet werden, während sich die lebende Zelle nach ihrem inneren Plan selbst ausdifferenziert! Die unzähligen Computer unseres gedachten vollautomatischen Fabrikkonzerns müßten Informatiker, hochqualifizierte Spezialisten programmieren, während die lebende Zelle in der DNS ihres Zellkerns alle erforderlichen Programme schon von Anfang an besitzt.

Spätestens hier muß unser Vorstellungsvermögen, unsere kühnste Phantasie kläglich versagen. Wie all diese vielen Programme des lebenden Chemiekonzerns Zelle im Kettenmolekül der DNS codiert sein können, wie es geregelt wird, daß sie jeweils exakt zur rechten Zeit abgerufen und ebenso auch wieder gestoppt werden, das übersteigt unser Verständnis. Dabei haben wir die eigentlich entscheidende Frage, woher denn diese Programme stammen, wie sie ohne planende Intelligenz zustande kommen könnten, auch diesmal noch gar nicht gestellt.

Einen Ingenieur, der behaupten würde, eine vollautomatisierte chemische Fabrik – wohlgemerkt nur eine Fabrik, nicht ein ganzer Konzern! – sei irgendwo ganz zufällig mit allen Laboratorien, Apparaturen, Maschinen, Computern und Programmen von selbst entstanden, etwa durch einen Vulkanausbruch, der ja die unterschiedlichsten Stoffe freisetzt, würde man wohl, ohne auch nur einen Moment zu zögern, in eine Irrenanstalt stecken. Wenn Naturwissenschaftler jedoch just das gleiche von den ersten lebenden Zellen behaupten, dann druckt man solche Phantastereien ab und erwartet, daß ihre hochgepriesene Autorität genügt, wenig informierte Laien selbst von dem Unglaublichsten zu überzeugen. Nun ja: Man beruft sich dabei schließlich stets darauf, daß sich all diese unendlich vielen Zufälle doch vor unermeßlich langer Zeit ereignet hätten – und tatsächlich scheinen

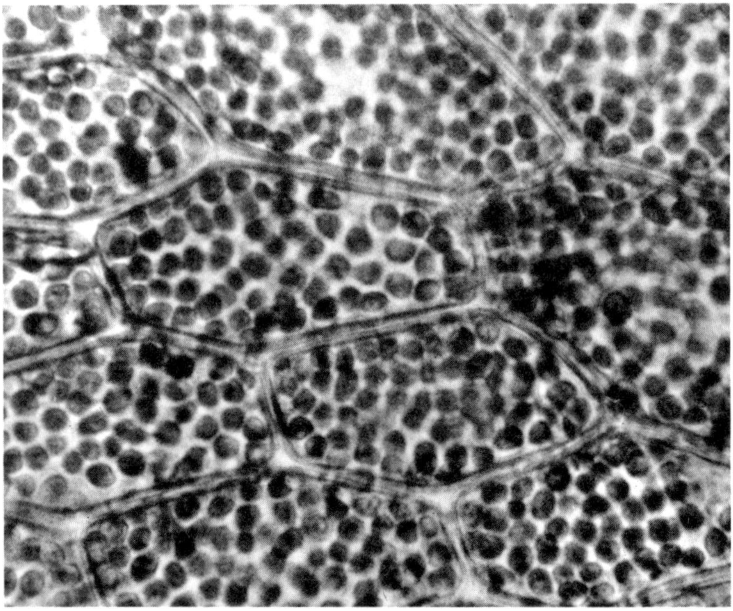

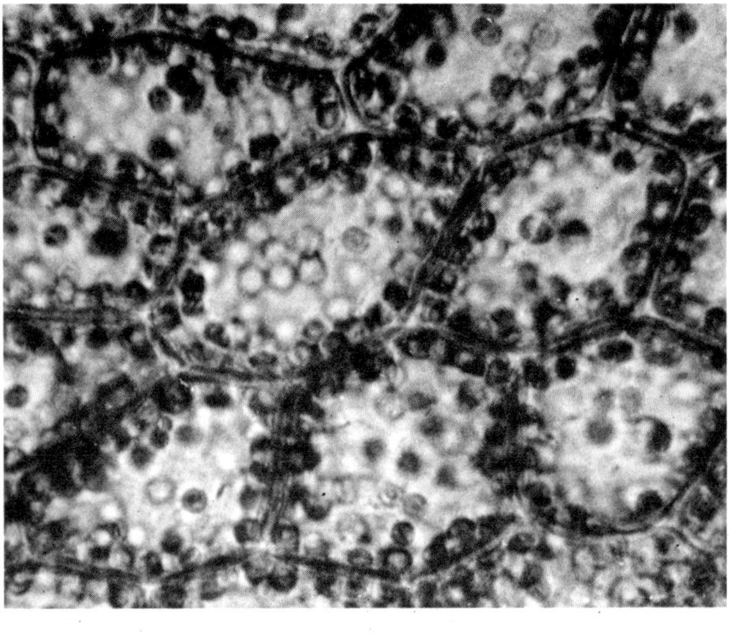

Der wegweisende Erforscher der Makromoleküle, Hermann Staudinger, hat einmal als besonderes Kennzeichen alles Lebendigen im Gegensatz zu den anorganisch-toten Gebilden hervorgehoben: «Bis zum Molekül hinunter ist alles durchstrukturiert.» In der Tat: Wenn man sich vorstellt, mit immer stärker vergrößernden, stets kleinere Teilstrukturen sichtbar werden lassenden Mikroskopen irgendeine Maschine und zum Vergleich daneben einen Organismus zu untersuchen, so würde man bei der Maschine schon recht schnell, nach nur wenigen Schritten, bei einer gleichförmigen Struktur aus Molekülen bzw. Atomen anlangen. Selbst beim modernsten Computer wären allenfalls drei solcher Schritte erforderlich bis hin zum weiter nicht mehr durchstrukturierten Metall, Glas oder Kunststoff. Vom voll funktionsfähigen Apparat führte ein 1. Schritt beispielsweise zum Teil Monitor, ein 2. zu dessen verschiedenen Bestandteilen – und bereits mit dem dritten Schritt wäre man bei der Substanz dieser Teile, etwa Metall, Kunststoff und Glas usw. angelangt – mithin also bei untereinander gleichartigen Molekülen und Atomen. Ganz anders beim Organismus! Hier würde der 1. Schritt zum Organ, der 2. zum Gewebe, der 3. zu Strukturen dieses Gewebes, der 4. zu verschiedenen Zellen, der 5. zu Organellen dieser Zellen wie Kern, Membran, Mitochondrien usw. führen, der 6. zu Teilstrukturen, aus denen sie sich aufbauen (bei den Mitochondrien beispielsweise abermals eine kompliziert strukturierte Membran), der 7. zu organischen Makromolekülen und erst der 8. zu deren Atomen! Wie unsagbar plump und primitiv mutet selbst der leistungsfähigste Computer allein schon aus dieser Sicht gegenüber einem solcherart hochgradig durchstrukturierten lebenden Organismus an! Dabei ist, wie der Physiker P. Jordan betont, dieser Feinbau des Organismus in all seinen Größenstufen von entscheidender Bedeutung für sein Verhalten.

So sind auch die grünen Chloroplasten in den Pflanzenblättern, die unter Nutzung der Lichtenergie aus Wasser und dem CO_2 der Luft Stärke synthetisieren, die Sonnenkraftwerke der Zelle, durchaus nicht etwa nur von Farbstoffen durchtränkte Plasmakörner. Allein schon ihre beiden Häute, die Membranen, die sie einhüllen, zeigen eine strenge Ordnung ihrer Moleküle. Die innere Membran stülpt sich ein und schnürt flache Säckchen ab (Thylakoide), die als Grana in ganzen Stapeln übereinanderliegen können. Die ihrerseits wieder recht komplex aufgebauten Moleküle des Farbstoffes Chlorophyll und der rötlichen Carotinoide sind in diese Membranen integriert. Ohne diese sinnreich gegliederte Ordnung wären die zahlreichen, hochkomplexen chemischen Reaktionen der Photosynthese nicht möglich. Es ist also keinesfalls eine Übertreibung, hier von Fabriken oder Kraftwerken innerhalb der Zelle, des übergeordneten Konzerns zu sprechen. Im Gegensatz zu den von Menschen gebauten Fabriken oder Kraftwerken können diese Sonnenkraftwerke der lebenden Zelle in jedem Augenblick genau die Stellung einnehmen, die eine bestmögliche Nutzung der Lichtstrahlen ermöglicht. Das obere Foto zeigt die Chloroplasten in Moosblatt-Zellen bei diffuser Beleuchtung: Sie bieten dem spärlichen Licht ihre Breitseiten und fangen es dadurch voll auf. Bei zu starker Beleuchtung (unteres Foto) verändern sie – auf immer noch unbekannte Weise – ihre Stellung so, daß nur noch ein kleiner Teil voll vom Licht getroffen wird.

die unlösbaren Probleme hinter dem dichten Nebel der angeblichen Jahrmillionen immer verwaschener zu werden, bis sie zuletzt gar nicht mehr erkennbar sind!

Mit dem Zufall als *Schöpfer* von Computer-Konzernen samt ihren diversen, hochspezialisierten Programmen, kann man heutzutage, im Zeitalter der Computertechnik und Informatik, nicht mehr rechnen. Und dennoch gibt es inzwischen noch einen zweiten, einen sogar mathematisch-exakten Beweis gegen diesen vermeintlichen Deus ex machina, auf den alle Leugner von Sinn, Plan und Ziel im Lebendigen nun einmal unausweichlich angewiesen sind. Die kleinsten bis heute bekannten Zellen erreichen nämlich erstaunlicherweise nicht einmal die Größe von Viren. Sie besitzen einen Durchmesser von nur 0,2 Tausendstel Millimeter. So läßt sich ihr Inhalt also leicht ausrechnen, und da er bekanntlich zu 80% aus Wasser besteht und wir heute wissen, welchen Anteil die Erbsubstanz, der DNS-Code beansprucht, bleibt von diesem gesamten minimalen Zellraum bestenfalls ein Drittel für sämtliche Proteine als Funktionsträger des Stoffwechsels in Gestalt von Enzymen übrig. «Eine derart kleine Zelle muß mit unstatistischen Anzahlen der einzelnen Proteinspezies arbeiten. Das setzt aber ein hochgeordnetes System voraus, in welchem die Zelle nicht auf zufälliges Aufeinandertreffen von Reaktionspartnern (wie im Reagenzglas) angewiesen ist.»[6] Das aber heißt nichts anderes als: Für ein statistisches Geschehen, das auf zufälligen Einzelereignissen beruht, gibt es hier gar nicht genug Material, reichen die Moleküle nicht aus. Anders, bildhafter ausgedrückt: Dem blinden Zufall stehen hier gar nicht genug Chancen, nicht genug Möglichkeiten für sein angeblich richtungsloses Würfeln zur Verfügung. Hier hat er endgültig als ein Ziel nur vorgaukelnder, gar ordnungstiftender Faktor ausgespielt!

Doch im materialistisch-evolutionistischen Wunschdenken kann ja bekanntlich, wie es Morgenstern schon so treffend formulierte, nicht sein, was nicht sein darf, also nicht hineinpaßt in das naiv-eindimensionale (Chargaff) Denken. Es muß unbeirrt, ohne Rücksicht auf die Tatsachen, am Zufall festhalten, selbst wenn er sich so vernichtend exakt widerlegen läßt. Denn schließlich heißt die einzig denkbare Alternative zu diesem sinn-, plan- und ziellosen Zufall ja Sinn, Plan und Ziel im Reiche des Lebendigen!

1 *Wiener, N.*, Mensch und Menschmaschine. Frankfurt 1952
2 *Portmann, A.*, Aspekte des Lebendigen. Zürich 1965/S. 175
3 *Wieser, W.*, Organismen, Strukturen, Maschinen. Frankfurt 1959/S. 13
4 *Weizsäcker, C. Fr. v.*, Die Einheit der Natur. München 1981/S. 51
5 *Oparin, A. J.*, Die Entstehung des Lebens auf der Erde. Berlin-Leipzig 1949/S. 51
6 *Ruthmann, A.; Hauser, M.*, Praktikum der Cytologie. Stuttgart 1979/S. 12

Kapitel 15

Keine Chance für den Zufall!

Libellenarten zu bestimmen, ist nicht immer eine einfache Sache. Viele sehen sich allzu ähnlich, um sie durch bloßen Augenschein mit Sicherheit voneinander unterscheiden zu können. Da müssen denn weniger leicht auffindbare, meist nur mit der stark vergrößernden Lupe auszumachende subtilere Eigenheiten als unverwechselbare Kennzeichen der Artzugehörigkeit herhalten. Dazu zählen beispielsweise spezifische Farbmuster des Rumpfes, die mitunter bizarre Form der *Anhänge* am Hinterleibsende, die besondere Gestaltung einzelner Glieder der sechs langen Beine, vor allem jedoch Gestalt und Äderung der hauchdünnen Flügel.

Hauchdünn – das ist in diesem Falle ausnahmsweise einmal keine rhetorische Übertreibung. Zumindest aber sind diese glasklaren Libellenflügel nicht dicker als die ihnen so ähnlich schillernde Haut einer Seifenblase: ganze drei Tausendstel Millimeter! Kein Wunder also, daß ihr Gewicht unsere Flugzeugkonstrukteure vor Neid geradezu erblassen ließe. Sage und schreibe kaum zwölf Gramm wöge ein Quadratmeter Flügelfläche aus diesem so märchenhaft stabilen Werkstoff Chitin, der nicht nur ebenso hitze- wie kältebeständig, sondern auch elastisch, kratzfest, säure- wie laugenunempfindlich ist. Man wagt gar nicht daran zu denken, was ein Quadratmeter Flügelfläche unserer Verkehrsflugzeue, obwohl aus *Leichtmetall* hergestellt, vergleichsweise wiegt – und wieviel Treibstoff mit Chitinflügeln eingespart werden könnte!

Dennoch: Ohne ein stützendes Gerüst aus kompliziert untereinander vernetzten Adern, die den Metallstäben eines aufgespannten Regenschirmes vergleichbar diese superdünne Haut versteifen, wären die Flügel der Libelle längst nicht derart leistungsfähig. Bringt es eine große *Teufelsnadel* (Aeschna viridis), die wie ein Hubschrauber auch flügelschwirrend ruhig in der Luft *stehen* oder einem unglaublich wendigen Fahrstuhl vergleichbar senkrecht auf- und niedersteigen kann, doch immerhin auf eine Fluggeschwindigkeit von 30–40 und sogar noch ein wenig mehr Kilometern in der Stunde.

Just dieses feine Flügeladernetz ist es nun, das Anfänger im Libellenbestimmen nicht selten mutlos werden läßt. Da kommt es, um die Artzugehörigkeit ganz sicher feststellen zu können, auf das Vorhandensein eines bestimmten kleinen Flügelfeldes an, auf die Krümmung oder auch Verzweigung einer besonderen Ader, die Länge und Breite einzelner, oft schwierig auffindbarer kleiner rechteckiger oder auch dreieckiger, durch dünnere Adern begrenzter Ausschnitte. Um sich überhaupt in dieser so verwirrenden Vielfalt noch zurechtfinden zu können, hat man den Adern und Feldern Namen gegeben, die kaum weniger Verwirrung stiften: Antenodalquerader, Radialsupplementsektor, Cubitoanalquerader oder Supratriangularraum usw. Aber wer denkt schon, während er als Student bei den ersten Versuchen einer Artbestimmung unwillkürlich ob dieser komplizierten Gliederung des Libellenflügels stöhnt und allmählich ins Schwitzen gerät, daß dieses so streng gesetzmäßige Muster unter der letzten Larvenhaut, zusammengepreßt auf engstem Raum, ohne kontrollierende Augen, ohne Lupe, ohne jegliches Vorbild und die Möglichkeit, einen etwaigen Fehler nachträglich zu korrigieren, *von selbst* entstanden ist? Was das bedeutet, das kann bestenfalls erahnen, wer den recht aussichtslosen Versuch unternimmt, dieses artgemäße Adernetz eines der vier Libellenflügel getreu abzuzeichnen – trotz lupenbewehrter Augen, Meßlineal, Zirkel, Dreieck und Radiergummi nebst Winkelmesser wird er das Unternehmen mit Sicherheit bald schon resignierend aufgeben. Dabei ist das, was der Libellenorganismus während des Aufbaus seiner Flügel leistet, ja noch etwas weitaus Schwierigeres als nur eine derartige zweidimensionale Muster-Zeichnung: ein dreidimensionales, ein räumliches Gebilde, in dem alle, aber auch ausnahmslos alle Proportionen exakt stimmen, und zwar in allen drei Richtungen des Raumes!

Daß dieses Muster der Flügeläderung als strenges Artmerkmal gelten kann, beweist: Es wird von einer Generation ohne die geringste Veränderung auf die nachfolgende weitervererbt, ist also in der DNS, der Erbsubstanz des Libellenei-Zellkerns *codiert* enthalten – als Programm, das beim Übergang vom im Wasser

p

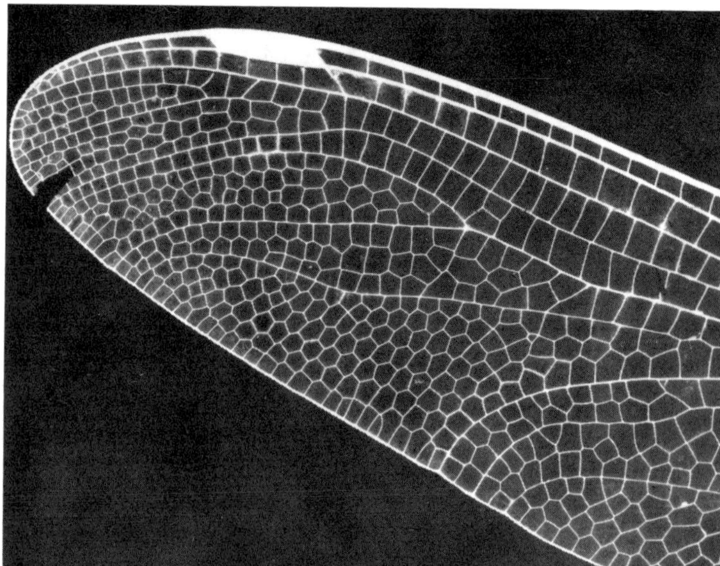

Das Foto einer Heidelibelle zeigt die «Wellblechstruktur» ihrer glasklaren, äußerst dünnhäutigen Flügel besonders eindrucksvoll. Sie verleiht den insgesamt vier Flügeln ihre auffallende Stabilität und Tragfähigkeit, wie denn ja Wellblech erfahrungsgemäß stabiler, vor allem weniger verwindungsgefährdet ist als glattes Blech von gleicher Stärke. Die Flügeladern versteifen die zarte Tragfläche wie die Metallgestänge eines aufgespannten Regenschirmes dessen Stoff. Die stärkste Ader ist jene Längsader, die dem aufprallenden Flugwind unmittelbar ausgesetzt ist und die vordere Flügelkante bildet.

Bei unserer größten einheimischen Libelle, der «Teufelsnadel» (Aeschna), wird jeder einzelne Flügel durch stärkere Längsadern und unzählige schwächere Queradern in rund eintausend kleine Felder unterteilt. Ein einziges Feld in jedem Flügel unterscheidet sich deutlich von den 999 übrigen: Es ist sozusagen «ausgefüllt», also nicht dünnhäutig wie die anderen, sondern stark mit dem hornähnlichen Chitin «inkrustiert». Man findet es stets unmittelbar hinter der Flügel-Vorderkante in der Nähe des äußeren Flügelendes. Diese «beschwerte» Stelle, das sogenannte Pterostigma (P) erfüllt erstaunlicherweise die gleiche Aufgabe wie jene kleinen Bleigewichte an den Felgen unserer Autoräder, die bei rascher Bewegung ein seitliches Ausschlagen, die «Unwucht» verhindern.

Unter jeweils ca. tausend Feldern, also unter tausend Möglichkeiten, soll «nichts als der Zufall» ausgerechnet(!) jenes getroffen haben, das genau die einzig richtige Stelle für diese Aufgabe einnimmt – jene Stelle, die beim Auto-Radwechsel durch immer wieder neues Anheften und Wiederablösen des Bleigewichtes mühsam experimentell herausgefunden werden mußte. Heute helfen Computer, in recht kurzer Zeit diese Stelle zu finden. Kein Autofahrer würde sich hierbei auf den «blinden Zufall» verlassen! Daß er nämlich spontan das rechte Feld trifft, ist so unwahrscheinlich, daß man ruhig von «unmöglich» sprechen kann, zumal dieses unwahrscheinliche Ereignis ja bei jedem der vier Reifen – entsprechend den vier Libellenflügeln – erwartet werden müßte!

Das untere Foto (ein «Fotogramm») läßt die minutiöse Aufteilung der Libellen-Flügelfläche in ein Muster(!) von Feldern erkennen. Das Pterostigma bzw. seine exakt bestimmte Lage muß genetisch vorausbestimmt sein, denn irgendeine Nachbarschaftswirkung als Zweitursache kommt wohl kaum in Frage, da die «Nachbarschaftsbedingungen» weiter links oder rechts die gleichen sind. Der Einriß kurz vor dem Flügelende zeigt, wie größere Beschädigungen durch die Äderung verhindert werden: Er endet an der dritten kleinen Querader.

lebenden, kiemenatmenden Larvenstadium zum flugfähigen, luftatmenden Vollinsekt ausgeführt wird, nicht zu früh und nicht zu spät.

Zweifellos hat es vielen Nachdenkens und Grübelns, gründlicher mathematischer Kenntnisse und einer hohen Intelligenz bedurft, um Spielregeln auszuklügeln, durch deren Befolgen beispielsweise verschiedenfarbige Kugeln aus Glas auf dem Spielfeld am Ende einfache Verteilungsmuster bilden[1]. Man wollte damit beweisen, daß eben *Muster* auch ohne Plan und Geist entstehen, um die *naive* Theorie (P. P. Grassé) zu untermauern, die alles und jedes nur auf sinn- und planloses Zufallsgeschehen gründen möchte. Peinlicherweise haben jedoch die so klugen Spielregel-Schöpfer[2] in ihrem ideologischen Eifer gar nicht gemerkt, was sie da für ein blamables Eigentor schossen. Bewiesen doch auch sie wiederum haargenau das Gegenteil dessen, was sie eigentlich nachweisen wollten: Daß es nämlich gerade *nicht* geht, und ohne Plan, ohne Ziel und mithin Geist auch nicht das einfachste geordnete Muster entsteht, von selbst also und rein zufällig. Hatten sie doch ihren eigenen Geist – in den erdachten Spielregeln investiert – dabei völlig übersehen! Was der greise Philosoph Arthur Schopenhauer bereits vor anderthalb Jahrhunderten erkannte, das könnte man ihnen heute noch ins Stammbuch schreiben: «Der Materialismus ist die Philosophie des Individuums, das dabei vergessen hat, an sich selbst zu denken!» Anders gesagt: Um den Geist prinzipiell zu leugnen, bedarf es nun einmal paradoxerweise des Geistes, der da denkt, es gäbe nichts als Materie und Zufall!

Doch da ist noch ein weiteres. Vergleicht man die durch den Geist der Spielregeln zustandegekommenen Muster mit dem Adern-Muster des Libellenflügels, dann erkennt man, daß auch hier Ordnungsunterschiede von wahrhaft astronomischen Ausmaßen dazwischenliegen. Auf der einen Seite findet man eine möglicherweise als Tapetenmuster ganz nette, aber bedeutungslose und ohne jede Beeinträchtigung von jeder beliebigen anderen zu ersetzende Verteilung von Farbflecken – auf der anderen jedoch eine dreidimensionale Architektur, die gleichzeitig sogar mehrere Funktionen auf die bestmögliche Art und Weise erfüllt. Diese Adern stützen und spannen ja nicht allein die dünne Flügelhaut, sie verhindern auch sehr wirksam ihr völliges Durchreißen bei einer Verletzung, wodurch sie fürderhin unbrauchbar würde. Zudem liegen die starken Längsadern, was man besonders deutlich hinter den dem Flugwind am stärksten ausgesetzten Vorderkanten der Flügel feststellen kann, nicht in einer Ebene. Sie bilden vielmehr abwechselnd die *Firste* von Längswellen und -tälern dazwischen, wodurch die vordere Flügelhälfte eine *Wellblechstruktur* erhält. Lange bevor irgendein Ingenieur entdeckte, daß Wellblech weit belastungsfähiger, biegfester und stabiler ist als glattes Blech, haben die Libellen – angeblich ganz zufällig! – dieses Prinzip schon in vollendeter Weise genutzt!

Eine Spielregel, ein *Programm* also, zu erfinden, durch das bei Verwendung geeigneter Mittel auch das nur zweidimensionale Flügel-Zeichnungsmuster irgendeiner Libellenart entstünde, dürfte selbst die vereinte Intelligenz aller materialistischen Naturwissenschaftler maßlos überfordern, die sich vergleichsweise primitive Spielregeln ausgedacht haben. Offenbar trauen sie dem *blinden Uhrmacher* (Dawkins) Zufall weit, weit mehr zu als ihrer Vernunft, da sie doch das Libellenflügelader-Muster für etwas rein Zufälliges halten!

Das Programm jenes artspezifischen Flügeladermusters, das im Ei-Zellkern der Libelle codiert ist und, bei all seiner Kompliziertheit, doch nur einen verschwindend geringen Anteil des Gesamt-Bauplans darstellt, enthält indes noch eine Besonderheit, die den Zufall als *Informatiker* wiederum mit mathematischer Exaktheit ausschließt. Das *Pterostigma* genannte winzige, von stärkeren Längs- und feineren Queradern abgeteilte Feld am Vorderrand, nahe dem Ende eines jeden Flügels, wurde früher nur für eine Art Verzierung gehalten, für einen im Grunde überflüssigen, spielerischen Luxus, vergleichbar irgendwelchen funktionslosen Farbtupfen auf den Flügeln eines Schmetterlings. Erst lange nachdem unsere Techniker, wie sie meinten, *erfunden* hatten, wie man durch Anbringen kleiner Bleigewichte an den Felgen die *Unwucht* eines Rades wirksam beheben kann, wurde die eigentliche Bedeutung des Pterostigma durchschaut. So wie die Bleigewichte ein *Schlattern* des Rades verhindern, beseitigt das Pterostigma die Unwucht seines Flügels und erreicht dadurch, daß die superdünne, dabei jedoch relativ große Tragfläche nicht in ein den ruhigen Flug störendes oder gar verhinderndes Flattern gerät.

Autofahrer wissen, daß das Bleigewicht genau an der richtigen Stelle der Felge sitzen muß, sonst verringert es die Unwucht nicht, sondern verstärkt sie eher noch. Um zeitraubendes Herumprobieren und immer wieder aufs neue Versetzen des Gewichtes zu vermeiden, wird diese richtige Stelle heute rasch und präzise mit Computerhilfe gefunden.

Und am Libellenflügel? Was für ein genialer *Zufall*! Hätte er doch hier, bei insgesamt rund 1000 Flügelfeldern, neunhundertneunundneunzig Fehlermöglichkeiten – und dennoch soll er ausgerechnet das einzig richtig gelegene getroffen haben, und das auch noch gleich viermal! Dabei versagt denn auch der üblicherweise als Hintertürchen immer wieder beschworene angebliche Faktor Zeit, die berühmten, angeblichen *Jahrmillionen*, in denen ja scheinbar ausreichend herumexperimentiert werden konnte, zählen in diesem Fall schon gar nicht. Denn wenn die Pterostigmen an allen vier Libellenflügeln überlebensnotwendig sind, weil infolge der sonst auftretenden Unwucht das Flugvermögen empfindlich beeinträchtigt wird, wenn nicht gar gänzlich verloren geht, dann müssen sie von Anfang an richtig plaziert sein, bereits bei der ersten, der Ur-Libelle. Wären sie indessen nicht überlebenswichtig, dann allerdings käme ihnen ja auch keinerlei *Auslesewert* und *-vorteil* zu, weshalb sie nimmermehr ein *Produkt* der Selektion sein könnten, wie es die Theorie nun einmal unerbittlich fordert. Immer wieder die gleiche nur allzu bekannte, jedoch geflissentlich totgeschwiegene Antinomie des darwinistischen Evolutionismus!

1 *Eigen, M. u. Winkler, R.*, Das Spiel. Naturgesetze steuern den Zufall. München-Zürich 1975

2 *Riedl, R.*, Die Strategie der Genesis. München-Zürich 1976

Kapitel 16

Ein «Architektur-Programm» im Spinnenhirn

Jede ganz gewöhnliche Webspinne ist ein unvergleichliches Universalgenie und das, ohne während ihres ganzen Lebens jemals irgend etwas lernen zu müssen! Sie ist zugleich planender Architekt und ausführender Weber, Seide synthetisierender Chemiker und diese geschickt verarbeitender Spinner, chemisches Laboratorium und die mit Abstand kunstvollste Spinnmaschine der Welt. Kurzum: ein verblüffend anpassungsfähiger, leistungsstarker und wohlprogrammierter lebender Computer.

Gewiß, das trifft, was die einzelnen Leistungen anbelangt, ebenso auch auf unsere Bienen zu. Aber immerhin bedeutet es ja wohl einen nicht unerheblichen Unterschied, ob beispielsweise das zum Bauen erforderliche Wachs nur ausgeschwitzt werden muß, oder aber die Seile zum Verfertigen eines Spinnennetzes einer technisch höchst raffinierten Bearbeitung des Rohmateriales Spinnseide bedürfen. Der Nobelpreisträger-Zoologe Karl v. Frisch hat die Gesamtheit aller Einrichtungen des Kreuzspinnenkörpers zur Herstellung ihrer Spinnseidenfäden einmal als *großartige Fabrik* bezeichnet – und das ist sie ganz ohne Zweifel! Keine von Menschen erdachte und gebaute Seidenfabrik würde hier einem Vergleich auch nur entfernt standhalten. Sechs Paar Drüsen sind es, die den aufgeblähten Hinterleib des Tieres nahezu ausfüllen, und eine jede von ihnen erzeugt ihre ganz besondere, eigene Seide und gibt sie, je nach Bedarf, unabhängig von den anderen an die Spinnspulen ab. Dünne Verbindungsschläuche ziehen nämlich von diesen Drüsen zu den sechs Spinnwarzen am Hinterleibsende. Sie pressen die an der Luft sofort erhärtende Seidenflüssigkeit durch ihre insgesamt über fünfhundert Öffnungen aus. Dabei handelt es sich jedoch keineswegs, wie bei der

Allein schon das Kreuz-Muster auf dem Rücken des Kreuzspinnen-Hinterleibes als Computer-Programm zu codieren, nach dem Millionen einzelner Zellen ihre genaue Orts- und Reaktionsbestimmung erhalten (und z.B. ganz verschiedene Farbstoffe bilden), wäre ein unlösbares Problem.

Vom ersten Nachtfrost überrascht, verwandelten sich die Tautropfen auf den Fäden des Spinnennetzes in Rauhreif-Eiskristalle. Sie lassen die hauchdünnen Fäden erst sichtbar werden.

Brause einer Gießkanne, um einfache Löcher, sondern um winzige, dicht nebeneinanderstehende Röhrchen, eben die Spinnspulen.

Die Herstellung des jeweils richtigen Fadens ist ganz offensichtlich recht präzise programmiert. Je nachdem, ob gerade der starke, nur wenig dehnbare, dafür jedoch besonders trag- und zerreißfeste Rahmenfaden des Netzes gespannt werden soll oder aber einer der sehr viel feineren Hilfsspiralenfäden, nimmt die Spinne mehr oder weniger dieser Drüsenöffnungen in Betrieb. Dabei wird der endgültige Faden jeweils aus nur wenigen oder aber sehr vielen hauchdünnen Einzelsträngen zusammengedreht – wie ein dickes Drahtseil aus seinen unzähligen dünnen Drähten. Genau wie bei diesem wird die Dehnbarkeit und Reißfestigkeit dadurch ganz wesentlich verstärkt. Das technische Prinzip des Drahtseiles hat demnach also keineswegs etwa der Mensch erfunden, sondern auch hier ist seiner geistigen Anstrengung angeblich nichts als der blinde Zufall längst schöpferisch zuvorgekommen!

Ein Spinnennetzfaden kann ein Hundertstel Millimeter dick, aber ebensogut auch nur knapp ein Tausendstel Millimeter dünn sein. Man müßte schon, geht man von einem Durchschnittsstärkewert aus, etwa zweihundert Netzfäden zusammendrehen, um sozusagen ein Doppel-Drahtseil von der Dicke eines Menschenhaares zu erhalten. Und dabei übertrifft dieser kaum sichtbare dünne Spinnseidenfaden an Dehnbarkeit und Belastbarkeit selbst unseren besten Stahl! Das liegt aber nicht etwa allein an der unnachahmlichen Feinstruktur des Spinnseidenfadens. Eine Kreuzspinne hat ja sechs unterschiedliche Seidensorten mit jeweils anderen physikalischen Eigenschaften aus ihren vielen Drüsen, diesem phantastischen chemischen Mikro-Konzern zur Verfügung. Genau den zukünftigen(!) Beanspruchungen des zu verwebenden Fadens entsprechend, mischt sie wie ein approbierter Apotheker ihre Spinnsubstanz aus den verschiedenen Grundsorten zusammen und erreicht damit entweder eine größere Reißfestigkeit oder aber höhere Elastizität. Niemals kommt es dabei zu einer folgenschweren Verwechslung, etwa derart, daß ein Spiralfaden die Stelle eines haltenden, wesentlich dickeren und weniger dehnbaren Rahmenfadens einnimmt oder gar ein solcher trockener Rahmenfaden die eines dünnen, klebrigen Fangfadens!

Für die Herstellung ihrer raffinierten Fangspirale verfügt die Spinne über besondere Leimdrüsen, also wiederum anders aufgebaute und arbeitende chemische Laboratorien, mit deren Sekret sie den ursprünglich trockenen Grundfaden überzieht. Das geht nun freilich nicht ohne einen ausgeklügelt erscheinenden technischen Kunstgriff. Zu Beginn ist dieser Faden nämlich rundum gleichmäßig von einer dünnen Leimschicht überzogen, die recht schnell trocknen würde und infolgedessen jede Wirksamkeit verlöre. Wenn das unermüdliche Tier aber ein neues Teilstück seiner Fangspirale zwischen zwei benachbarte Speichen des Radnetzes spannt, zupft es unmittelbar nach der Anheftung mit einem seiner acht Beine daran. Das straff gespannte Fadenstück gerät dadurch wie die Saite einer Geige, sobald sie angestrichen wird, in Schwingung. In regelmäßigen Abständen voneinander bilden sich die bekannten Wellenberge und Wellentäler oder -knoten dazwischen, in denen der Leim in Tröpfchen zusammenrinnt. Tropfen jedoch, die als kugelförmige Körper im Verhältnis zu ihrem Inhalt die kleinstmögliche, wasserverdunstende Oberfläche besitzen, bleiben demgemäß entsprechend lange frisch und – in diesem speziellen Fall geradezu impertinent-klebefähig. Selbst einer starken Heuschrecke, einer großen Hornisse oder kräftigen Hummel gelingt es kaum, sich trotz verzweifelter Anstrengungen wieder von einem solchen Klebefaden zu befreien, selbst wenn der Faden auch nur mit einem Flügel in Berührung gekommen ist. Wer die Leistung einer ganz alltäglichen Kreuzspinne beim Weben ihres Fangnetzes richtig würdigen will, der möge doch einmal den Versuch wagen, dieses Wunderwerk an Präzision aus verschieden dicken Woll- und Zwirnfäden nachzubauen! Obwohl er es ja viel leichter hat als die Spinne, da er sein Baumaterial nicht auch noch selbst herstellen muß und auch keinen komplizierten Bauplan zu entwerfen braucht, weil er schließlich ständig ein bereits fertiges Vorbild vor Augen hat, das es lediglich nachzuahmen gilt, wird er bald ins Schwitzen geraten. Sollte er es tatsächlich durchhalten und fertigbringen, so wird er dabei viel, viel Geduld aufbringen und seine ganze Fingerfertigkeit, sein

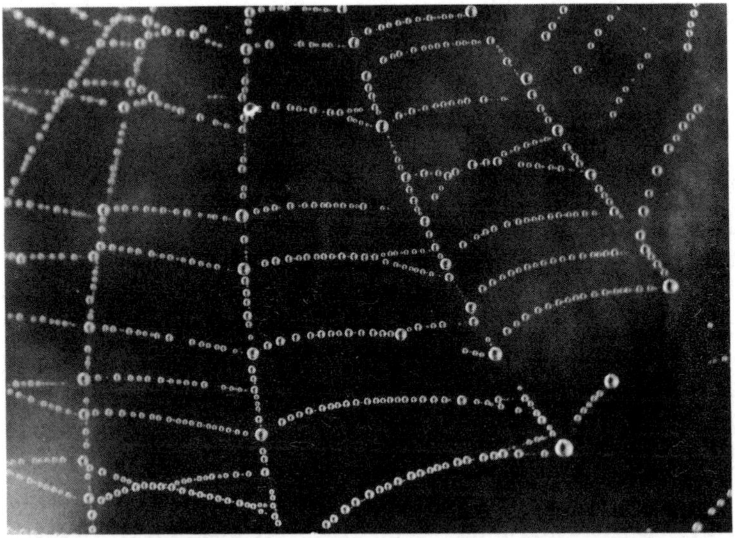

So dünn sind die Fäden eines Spinnennetzes, daß es sich erst durch die wie Perlen darauf gereihten Tautropfen verrät.

Kaum glaublich ist die enorme Klebkraft der winzigen Leimtröpfchen eines Fangfadens. Selbst ein kräftiges Insekt wie eine Hummel bringt es in der Regel nicht fertig, sich wieder zu befreien.

Vorstellungsvermögen, seinen vorausberechnenden und beurteilenden Verstand dazu einsetzen müssen.

Die Kreuzspinne arbeitet in der Tat äußerst präzise nach einem, wie sich jederzeit leicht nachprüfen läßt, bis ins letzte ausgetüftelten Plan. Schritt für Schritt geht sie beim Fangnetzbau ihren ganz zweifellos vorgeschriebenen Weg und weicht nicht davon ab, wie oft sich auch diese mühsame Tätigkeit im Laufe ihres mehrjährigen Lebens an verschiedenen Orten und unter immer wieder anderen Voraussetzungen wiederholen mag. Da ihr Netz frei hängen soll, muß die Spinne von irgendeiner Warte aus, einem Ast oder Baumstumpf etwa, eine erste Fadenbrücke zu irgendeinem geeigneten anderen Ankerpunkt ziehen. Um den zu erreichen, wendet sie eine erstaunlich intelligent anmutende Methode an. Sie reckt ihren prallen Hinterleib hoch in die Luft, spreizt dabei ihre sechs Spinnwarzen etwas auseinander und sondert durch die Spinnspulen Seidenflüssigkeit ab. Dadurch entsteht ein lockeres Fadenbüschel, das wie ein Segel schon von der geringsten Luftströmung erfaßt wird. Sofort legt das Tier jetzt seine Spinnwarzen wieder eng zusammen, dabei immer noch weitere Seidenflüssigkeit ausstoßend, so daß nun ein normaler, aus vielen Einzelsträngen zusammengedrillter Faden entsteht. Das Segel zieht ihn hinter sich her, berührt irgendwo ein Ästchen oder dergleichen als Unterlage, haftet daran fest, und nachdem die Spinne das andere Fadenende auf ihrem Sitzplatz entsprechend vertäut hat, ist die Brücke fertig. Sollte das Experiment übrigens beim ersten Versuch nicht glücken, der Faden vielleicht an einem allzu nahen Ast festhaften oder sich verwirren, so wickelt ihn die Spinne wieder auf und versucht es ein zweites Mal – auf jeden Fall aber so lange, bis alles nach Wunsch klappt.

Ist es endlich soweit, klettert das Tier aber nicht etwa einfach hinüber ans andere Ende! Nein: Es beißt den gerade eben erst straff gespannten Faden durch, hält jedoch, damit das begonnene Werk nicht sofort wieder zuschanden wird, beide Enden, das kurze wie das so viel längere, mit Vorder- und Hinterbeinen sorgsam fest. Dann läuft die Spinne los (1). Ihr Körper stellt als Schwebebrücke den verbindenden Teil zwischen den Fadenenden dar, während sie den Faden vor sich aufhaspelt und gleichzei-

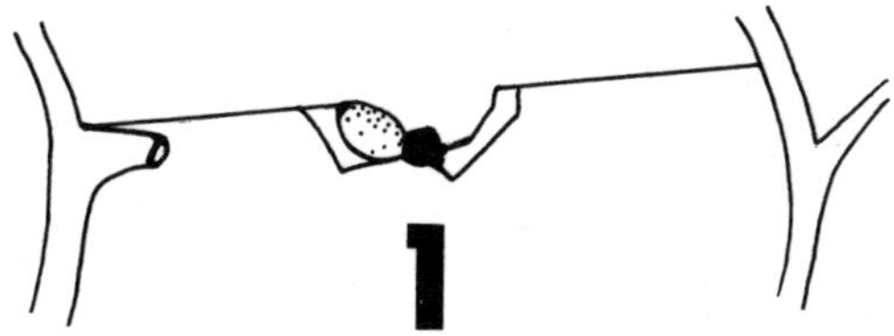
1

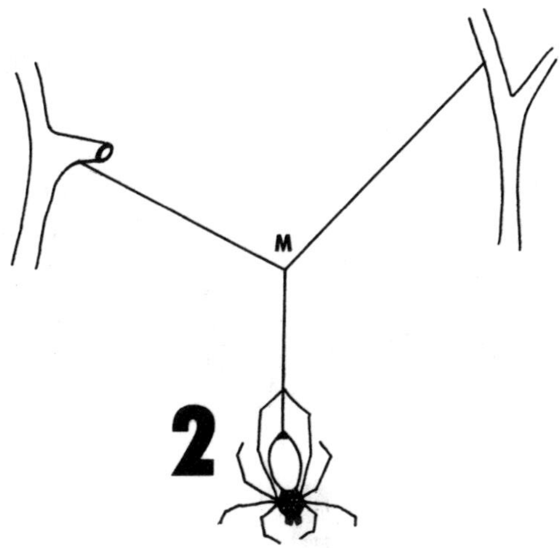
M
2

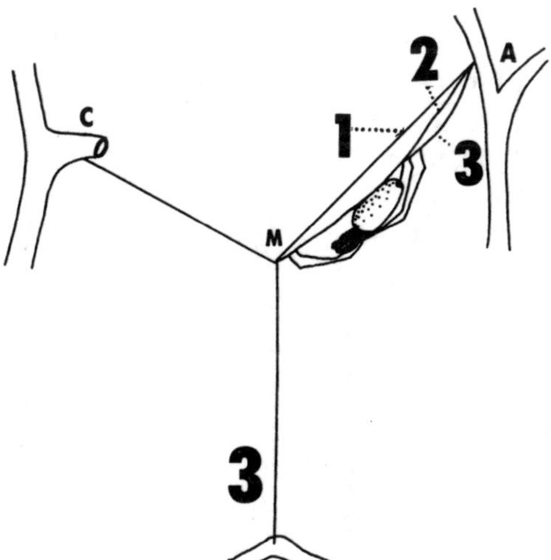
A
2
C
1
3
M
3

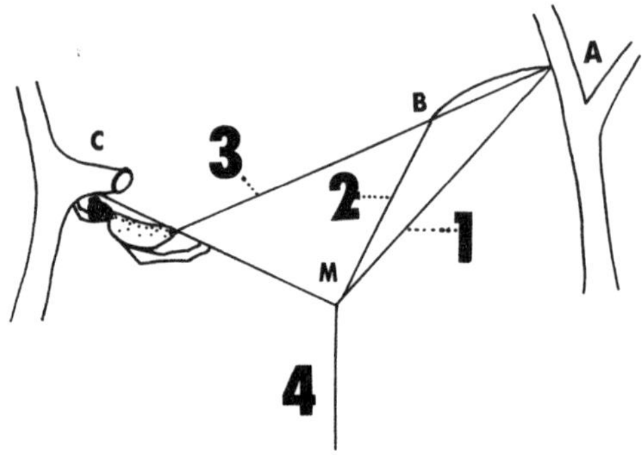

4

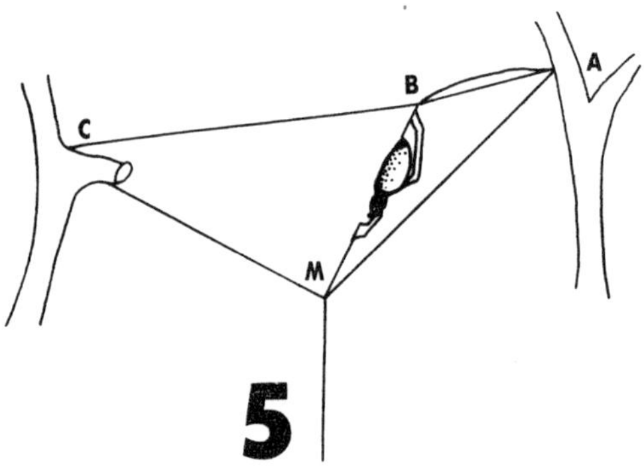

5

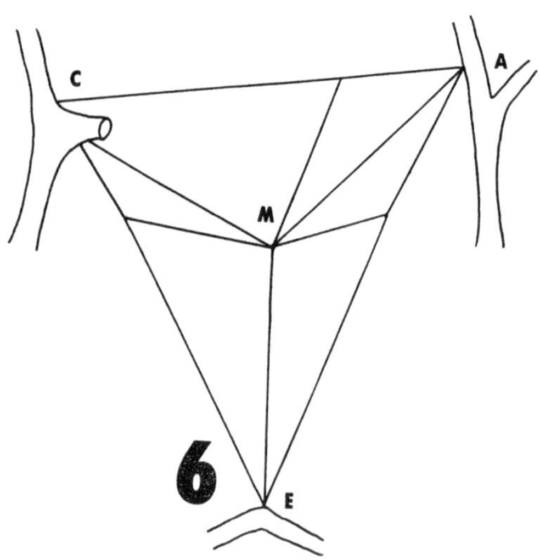

6

tig hinter sich mehr neuen Faden ausschießt, als sie vorn aufholt. Infolgedessen muß die ganze Brücke, da ja nun der neue Faden länger wird, in ihrer Mitte, wo das Tier schließlich beide Enden wieder zusammenheftet, nach unten durchsacken. Just von dieser Stelle nun seilt es sich ab bis auf den Erdboden (2), läuft dort angekommen ein kurzes Stück quer zur Fadenbrücken-Richtung und befestigt dann den Abseil-Faden entweder an einem Grashalm oder am Boden selbst. Damit hat das zukünftige Netz bereits drei Speichen, die zusammen ein Ypsilon bilden. Es wird durch den kurzen Lauf der Spinne und seine Verankerung am Boden nicht senkrecht unter seinem Mittelpunkt später, wenn es fertig ist, schräg hängen – was, wie sich bald herausstellen wird, für die Spinne außerordentlich wichtig, ja unter Umständen von lebensrettender Bedeutung ist. Vorerst aber klettert sie zur Mitte (M) ihres entstehenden Netzes zurück und von dort aus nach der Stelle, an der sich das Segel verfangen hat (A). Da sie stets einen Faden hinter sich herzieht, verdoppelt sie die Verbindungsstrecke von M nach A, und während sie nach M zurückkehrt, wird der ursprüngliche Speichenfaden gar verdreifacht (3). Aber nur die beiden letzten Fäden verklebt sie ein kleines Stück weit (von A bis B) zu einem einzigen stärkeren. Den freien Teil des dritten und letzten befestigt sie, nachdem sie über die Mitte M zu der Stelle zurückgekehrt ist (4), wo alles seinen Anfang nahm, am Ausgangspunkt der ersten Fadenbrücke (C). Während sie ihn straffzieht, wird er zu einem Rahmenfaden und gleichzeitig der zweite Faden von M nach B zur vierten Speiche angehoben. Da sie jedoch ein wenig kurz ist, bleibt der erste Rahmenfaden anfangs an der Anheftungsstelle dieser Speiche leicht nach unten eingeknickt. Doch die Spinne schafft unverzüglich Abhilfe. Sie eilt zum Mittelpunkt M zurück, beißt den Speichenfaden durch und verlängert ihn auf die nun schon genügsam bekannte Art und Weise so lange, bis sich der Rahmenfaden völlig gerade spannt (5).

Die anderen Rahmenfäden und Speichen des wachsenden Netzes entstehen nach dem gleichen Muster (6). Wo alle Speichen in der Mitte (M) zusammentreffen, werden sie durch Querfäden untereinander verbunden. Dort wird später die Warte der Spinne sein. Dann folgt, präzise nach Plan, der nächste Bauabschnitt.

Von Speiche zu Speiche kletternd, zieht die Spinne eine Hilfsspirale aus einem trockenen Faden vom Zentrum des Netzes bis zu den Rahmenfäden. Dort wendet sie sich um und zieht, jetzt von außen in einer engen Spirale wieder zum Mittelpunkt zurückkletternd, zwischen den viel weiter voneinander getrennten Fäden der Hilfsspirale ihren Klebefaden. Die nun nicht mehr benötigten Teile der Hilfsspirale beißt sie heraus und verzehrt sie – ein schlechthin vollkommenes *Recycling*, bei dem kein Quentchen Spinnsubstanz verloren geht und alles später wiederverwendet werden kann. Schließlich aber trocknet, trotz aller beschriebenen Vorsorge, der Klebefaden dennoch aus, wenn er nicht bereits vorher von sich zur Wehr setzenden Beutetieren zerrissen wurde, so daß Reparaturen erforderlich sind. Nach ein bis zwei Tagen muß das Netz normalerweise erneuert werden, und nur die Rahmenfäden, manchmal auch die Speichen, benutzt die Spinne ein zweites Mal. [1]

Beim Verfertigen ihrer Klebespirale liefe die Kreuzspinne unablässig Gefahr, sich beim geringsten Ausrutscher in ihrem eigenen Netz zu verfangen – hätte sie nicht schon ganz von Anfang an dafür gesorgt, daß es eben nicht senkrecht im Lot ausgespannt ist, sondern leicht schräg hängt. Da sie sich – vorsichtigerweise, möchte man sagen – stets nur auf der Netzunterseite bewegt, kann sie schlimmstenfalls abstürzen und ins Leere fallen. Das aber fügt ihr keinen Schaden zu, da sie immer an einem Sicherungsfaden hängt!

Ganz nebenbei sei übrigens noch vermerkt, daß solch ein durchschnittliches Radnetz über eintausend Faden-Verbindungsstellen aufweist, aus insgesamt rund zwanzig Metern Seidenfaden gewoben ist und trotz seiner außergewöhnlichen Belastungsfähigkeit nur ein Gesamtgewicht von weniger als einem halben Tausendstel Gramm erreicht!

Verständlich, daß hier jedem ernsthaften Vergleich mit den entsprechenden Leistungen unserer Technik völlig der Boden entzogen ist. Dieses angebliche Produkt einer ziel- und planlosen Zufallsevolution übertrifft das unserem Intellekt, all unserer Wissenschaft und modernen Technik Mögliche in jeder Hinsicht! Spinnen sind nicht nur die besseren Chemiker – um das zu begreifen, braucht man ja nur einen ihrer Netzfäden mit einem unserer groben Kunstseide- oder Nylonfäden zu vergleichen! – sondern auch die weit überlegenen Präzisions-Feinstmechaniker.

Immerhin könnte man dennoch einmal den Versuch wagen, sich wenigstens annähernd vorzustellen, welche Probleme auf ein Team ausgesuchter, hervorragender Physiker, Chemiker, Biologen, Mathematiker, Informatiker, Computerfachleute und Techniker zukämen, denen die Aufgabe gestellt wäre, nach dem Vorbild einer gewöhnlichen Kreuzspinne einen Computer zu konstruieren und zu programmieren, der imstande ist, ein vergleichbares Netz zu verfertigen. Diese schlechthin vollkommene Spinn- und Webmaschine müßte eine ganze Reihe hervorragend ausgestatteter Chemie-Laboratorien enthalten, in denen gleichzeitig nebeneinander viele komplizierte Syntheseprozesse ablaufen, deren Ergebnisse, unterschiedliche Seiden- und Leimsubstanzen, computergesteuert integriert werden könnten. Genau genommen dürften übrigens alle für die verschiedenen chemischen Synthesen erforderlichen Ausgangsstoffe nur von toten Insekten stammen, denn aus nichts anderem als ihrer Fliegen-, Käfer-, Mücken- oder Heuschreckennahrung stellt ja auch die lebende Spinne ihre Seiden- und Leimstoffe her!

Doch wir wollen bescheiden sein mit unserem abenteuerlichen Gedankenexperiment und den geforderten Wissenschaftlern wie Technikern nicht allzuviel auf einmal zumuten. Beschränken wir uns deshalb unter allen Tätigkeiten des Vorbildes, also des *Computers Kreuzspinne,* lediglich auf den Netzbau. Mehr braucht der künstliche, der technische Spinnen-Computer gar nicht zu leisten!

Aber auch dies allein schon wird recht bald ein unübersehbares, verwirrtes und geradezu unendlich verwirrendes Problem. Niemand weiß bei Beginn dieser wahren Sisyphusarbeit, wieviel Sensoren, also den verschiedenen Sinnesorganen unserer Kreuzspinne entsprechende, die Umweltverhältnisse und ihre Veränderungen ebenso wie die darauf abgestimmten Reaktionen des eigenen Körpers registrierende Apparaturen erforderlich sein würden, und an welchen Stellen des Computers eingebaut, sie ihre Aufgaben am zweckmäßigsten erfüllen könnten. Von der Forderung einer auch nur annähernd vergleichbaren Leistungshöhe sehen wir lieber ganz ab, weil sie schlicht unerfüllbar wäre. Immerhin registrieren die Erschütterungs-Sensoren eines unseren Spinnen nahe verwandten Skorpions noch Schwingungen des Untergrundes, deren Amplitude, also Schwingungsweite, lediglich den zehnmillionsten Teil eines Millimeters beträgt! Wie müßten zudem diese Sensoren mit der Zentrale, dem einem Spinnengehirn vergleichbaren Rechner verbunden sein, der ihre Daten koordiniert, die Eingaben ihrer jeweiligen Meldungen, seien es nun optische Reize, chemische oder Berührungsreize, Wahrnehmungen von Erschütterungen oder Energiemangel, der im technischen Abbild dem Hunger seines Vorbildes entspräche? Wie müßte er beschaffen sein, dieser Computer im Computer, damit er alle Eingaben sinnvoll miteinander und untereinander verrechnen kann, so daß die Ergebnisse seiner Integrationsprozesse als Ausgaben situationsgerechte Befehle an die verschiedenen Steuerorgane vermitteln? Wo müßten die so informierten Elektromotoren sitzen, damit exakt den Situationserfordernissen gemäße Bewegungen der künstlichen Glieder ausgelöst werden? Wie und wodurch würden ihre jeweiligen *Sollwerte* eingestellt, registriert und über Rückkoppelungssysteme geregelt, um z.B. auch nur Übersteuerungen zu vermeiden? Wie können diese unzähligen Einzelreaktionen in jedem Augenblick von der übergeordneten Zentrale so koordiniert werden, daß die Aktivität einer jeden in der einzig richtigen, also dem Gesamtgeschehen dienlichen Weise, durch die Reaktionen aller anderen beeinflußt wird? Man braucht sich doch schließlich nur einmal zu vergegenwärtigen, was alles geradezu blitzschnell an wohlgesteuerten Gegenreaktionen erforderlich wird, wenn eine Kreuzspinne beim Ziehen ihres Hilfsspiralfadens ausrutscht! Sofort muß ihr gesamtes Verhalten koordiniert umgesteuert werden, hat es sich der völlig neuen Situation gemäß grundlegend zu ändern. Beim technischen Computer müßte also auch dieser Fall – im doppelten Wortsinne! – vorausberechnet und einkalkuliert werden. Die Zahl sämtlicher erforderlicher Rückkoppelungs –, der *feed-back-Systeme*, vergleichbar den Reflexbogen unserer Kreuzspinne, ginge nahezu gegen unendlich, wollte man in der Tat alle überhaupt denkbaren (und wie viele wären das wohl?) Bewegungen des Tieres sowie seine in

Unfallsituationen unterschiedlichster Art erforderlichen Reaktionen auch dem technischen Computer ermöglichen.

Lassen wir's genug sein! Bereits dieser immer noch verhältnismäßig geringe Anteil am Gesamtereignis Kreuzspinnenleben wäre für uns, schon rein technisch betrachtet, unnachahmbar. Vollends, wenn sämtliche Voraussetzungen des Aufbaues eines den lebenden Computer Spinne simulierenden technischen berücksichtigt werden, zeigt sich das ganze Ausmaß der Ohnmacht all unserer Wissenschaft und Technik gegenüber einem angeblichen Produkt einer sinnfrei-ziellosen Zufallsevolution. Müßte sich doch, sollte dieser Vergleich auch wirklich zutreffen, dieser technische Computer auch selbständig mit der erforderlichen Betriebsenergie aus seiner Umwelt versorgen, wie es nun einmal problemlos jede Spinne durch Jagd und Nahrungsaufnahme tut. Er müßte sich verteidigen können – unter Einsatz eines selbständig synthetisierten, außerordentlich wirksamen, lähmenden Giftes und eigens dafür konstruierter Hochleistungs-Injektionsmechanismen. Schließlich – und dies dürfte unter allen Leistungen der Kreuzspinne die erstaunlichste sein – müßte sich unser technischer Computer selbst reproduzieren können. Nicht etwa dadurch, daß er aus vorgegebenen Bauteilen einen ihm bis ins letzte Detail gleichenden Computer zusammensetzt, sondern indem er Computerkeime hervorbringt, die, vergleichbar den Eiern unserer Kreuzspinne, keine einzige all der zahllosen späteren Differenzierungen erkennen lassen und sie dennoch als selbst voll funktionsfähig ausdifferenziert, in der rechten Reihenfolge und richtigen gegenseitigen Zuordnung. Eine zusätzliche, ebenso grundsätzlich unlösbare Aufgabe bestünde darin, daß dieser technische Spinnen-Computer, soll der Vergleich absolut ehrlich sein, nicht um einen Millimeter größer sein dürfte als eine gemeine Kreuzspinne.

Bei alledem ist das Entscheidendste bislang wiederum noch nicht berücksichtigt: Dieser technische Computer müßte ja auch programmiert werden! Was damit allerdings auf unser Expertenteam zukäme, ist schon so gut wie unvorstellbar, ja so undenkbar, daß es wohl kaum jemals in die Tat umzusetzen sein dürfte. Und dies, obwohl es ja gar nicht selbst original ausgeklügelt werden müßte, sondern nur im nachhinein zu erstellen wäre, dem längst im Spinnenhirn vorgegebenen und in der Netzbautätigkeit des Tieres verwirklichten Programm als getreuem Vorbild entsprechend. Da befänden sich selbst erfahrene Programmierer in einer ähnlichen Situation wie jemand, der einen durchaus bekannten, gut und deutlich lesbaren Text ins Chinesische übersetzen soll, aber leider kein einziges Wort Chinesisch versteht! Im übrigen aber kommt da ja noch eine weitere, schier unlösbare Aufgabe hinzu: Dieses Netzbau-Programm dürfte ja beileibe kein fix und fertiges sein wie beispielsweise das Programm einer vollautomatischen Waschmaschine, das jeden Schritt genau und unwiderruflich in einer unveränderlichen Reihenfolge festlegt: Vorwaschgang, Hauptwaschgang, Spülgang und Schleudergang. Nein, dieses Spinnenprogramm muß ja gerade offen sein! Niemals sind nämlich die Umweltverhältnisse, unter denen so ein Radnetz gebaut werden muß, auch nur annähernd stets die gleichen. Einmal wird es zwischen Grashalmen ausgespannt, zwei Tage später zwischen den Ästen eines Busches oder dem Gebälk eines Dachbodens. Aber selbst wenn sich eine Spinne ausschließlich auf Büsche spezialisiert hätte, käme es mit Gewißheit niemals vor, daß sie ein zweites Mal auf genau die gleiche Anordnung der Äste und all ihrer Gabelungen trifft. Die Befestigung und dementsprechend auch die Richtung der Rahmenfäden werden also bei jedem neuen Netz wieder ganz und gar anders sein. Der Stein auf dem Boden, an dem es verankert wird, mag glatt oder rauh, rund oder eckig sein, er kann sogar ganz fehlen, so daß der Haltefaden an einem Stück Holz, einem Halm, einer freiliegenden Wurzel befestigt werden muß. Kurz, der Möglichkeiten des Variierens gibt es offensichtlich unendlich viele, und unsere künstliche Spinne müßte nicht allein über recht verschiedene hochempfindliche Sensoren an ihren Beinen verfügen, die alle nur denkbaren Eigenschaften von Böden, Steinen, Wurzeln, Ästen, Halmen, Blättern usw. unterscheiden und entsprechend codiert als Meldung den Steuerorganen übermitteln könnten, sondern wie die Nashornvögel auch über ein entsprechend offenes, variables Programm!

Doch dies alles berücksichtigt noch nicht am Ende aller Eventualitäten, die beim Erstellen dieses wahren Mammutprogramms vorberücksichtigt werden müßten. Wieviel Möglichkeiten der

Beschädigung, ja Teilzerstörung eines Spinnennetzes gibt es denn wohl – vom Reißen eines kurzen Stückchens Leimfaden bis zum Zerfetzen nahezu der ganzen Spirale durch die verzweifelten Befreiungsversuche der Opfer! Es müßten, damit sie auch sämtlich von der künstlichen Spinne repariert werden könnten, alle Störfälle, die überhaupt möglich sind, einkalkuliert und die ihnen gemäßen Ausbesserungsreaktionen des Spinnencomputers in sein Programm aufgenommen werden. Aber kein noch so versierter und genialer Programmierer ist schließlich allwissend! Kein Mensch vermag sämtliche Möglichkeiten vorauszusehen und alle erforderlichen Reaktionen abzuschätzen. Doch selbst wenn dieses Menschen-Unmögliche einmal gelänge: Wie in aller Welt wären denn diese Reparatur-Reaktionen zu programmieren, so daß auch stets die passende im rechten Augenblick abgerufen und an der richtigen Stelle in die Tat umgesetzt würde? Wie müßte dieses Rückkoppelungssystem beschaffen sein, das – Erfolg oder Mißerfolg! – dieses Tuns der übergeordneten Zentrale meldet und sie veranlaßt, einen neuen Versuch in die Wege zu leiten oder aber das Werk als vollendet zu beenden? Um das Maß voll zu machen, müßte dieses Mammutprogramm, das in unserer Sprache abgefaßt und niedergeschrieben oder gedruckt, eine geradezu riesenhafte Bibliothek füllen würde, auf einem einzigen Megabit-Chip codiert werden, der so winzig ist, daß man ihn ohne Mikroskop überhaupt nicht sehen kann. Eben nicht größer als der Kern einer Kreuzspinnen-Eizelle. Von dem kaum mehr feststellbaren, minimalen Gewicht dieses Chip wollen wir lieber gar nicht erst sprechen!

Hier werden die engen Grenzen des Machbaren nur allzu deutlich. Vor solchen Aufgaben muß unsere Wissenschaft und Technik versagen, denn all unsere Intelligenz erweist sich ihnen gegenüber als in der Tat ohnmächtig. Sie reicht eben bei weitem nicht aus, um zu begreifen, geschweige denn nachzuahmen, was da der blinde, sinnlos herumexperimentierende Zufall angeblich so ganz nebenbei und mühelos hervorgebracht hat.

Nein, seit wir wissen, was Information, die *Nachricht* eines Programms in Wirklichkeit beinhaltet, nämlich etwas grundsätzlich aus der Materie und ihren physikalischen wie chemischen Eigenschaften nicht Ableitbares und mit den Methoden dieser exakten Naturwissenschaften nicht Erklärbares, seit wir selbst Computer konstruieren und Programme erstellen, haben wir auch begriffen, wieviel Geist hierfür investiert werden muß. Kein vernünftiger Mensch dürfte heute noch im Ernst vom Zufall als pseudo-allmächtigem Schöpfer alles Lebendigen und seiner so unendlich vielfältigen Leistungen reden. Schade, wirklich schade, daß unsere Sprache keinen noch treffenderen und damit zugleich auch vernichtenderen Ausdruck für das Un-sinnige, das absolut Geist-lose einer derartigen Annahme kennt, als nur das Wort *absurd!*

1 *Frisch, K.v.,* Tiere als Baumeister, a.a.O. S. 41

Kapitel 17

Das Programm der Nachtpfauenaugen-Raupe

Die absonderliche Puppenwiege schmiegt sich, nahezu unsichtbar für beutelüsterne Vogelaugen, wohlgeborgen zwischen eng anliegende Blätter des Weidenröschens. Bei nur flüchtigem Hinsehen könnte man den braunen Kokon für eine vertrocknete Frucht halten, zumal seine Größe etwa der einer allerdings ein wenig schmal geratenen Walnuß entspricht. Würden nicht ein paar untereinander verworrene Fäden auf ihrer zerfaserten Oberfläche stutzig machen, könnte man die feste *Schale* in der Tat mit der einer Nuß verwechseln. So aber verrät sie sich überraschenderweise als ein Gespinst, freilich ein erstaunlich widerstandsfähiges und ungewöhnlich dicht gewobenes!

Wer den Anfang oder das Ende dieses nur scheinbar so verworrenen Gewebes fände, der könnte mit ein wenig Geduld den Faden abwickeln, aus dem es gefertigt wurde. Ja, es handelt sich wirklich nur um einen einzigen, fast unsichtbar dünnen und schier unglaublich langen Seidenfaden, der da immer und immer wieder mit sich selbst verknüpft und dabei in vielen Lagen überkreuzend zu einer festen, aber dennoch elastischen Kokonwand verwoben wurde. Eine Spinndrüse liefert der Raupe des Nachtpfauenauges die dazu erforderliche, an der Luft sofort erhärtende Seidenflüssigkeit. Ihre Öffnung, an der als Spinndüse jener wahrhaft hauchfeine Faden gebildet wird, liegt nahe dem Mund des Tieres. Unermüdlich hin und her pendelt sein großer Kopf bei der emsigen Webarbeit, und zwar keineswegs etwa beliebig einmal nach dieser, einmal nach jener Richtung, sondern ganz offensichtlich nach einer festen Regel. Es steckt System hinter der Sache! Wie anders wäre es auch zu erklären, daß dabei nicht nur ein streng geordnetes, ein in äußerst zweckmäßiger Art und Weise seiner wichtigen Aufgabe genau entsprechendes Gebilde entsteht, sondern daß darüberhinaus die zahllosen Kokons sämtli-

Geöffneter Kokon des Nachtpfauenauges. Am Körperende der Puppe unten die zuletzt abgestreifte Raupenhaut. Unter der Öffnung oben dieg gegeneinanderstrebenden Seidenstränge der Reuse.

cher Raupen dieser einen bestimmten Schmetterlingsart einander *bis auf den Faden* gleichen – wie man in diesem besonderen Fall in Anlehnung an das Sprichwort *bis aufs Haar gleichen* sagen dürfte. Nicht allein die Größe des verfügbaren Innenraumes ist exakt auf die Proportionen der Raupe und der unter ihrer letzten Haut gebildeten Puppe abgestimmt, die einmal unter dieser Hülle ruhen soll. Auch die seidene Kokonwand ist an allen Stellen von gleicher Stärke und nicht etwa an einer Stelle dünner oder dicker.

Die unscheinbare Raupe, die das Weben weder gelernt hat, noch irgend etwas von ihrem zukünftigen Schicksal als Puppe und noch später als Schmetterling wissen kann, die also rein *instinktiv* unbewußt handelt, folgt damit also zweifellos einem ererbten, einem angeborenen *Programm!*

Was das aber bedeutet, könnte allenfalls ein studierter, erfahrener Programmierer ermessen, der in der Lage wäre, selbst ein entsprechendes Programm zu erstellen! Das würde nun allerdings voraussetzen, daß es zunächst einmal gelänge, einen Computer, eine Daten-Verarbeitungsmaschine zu konstruieren, die nicht nur wie die Kreuzspinne zugleich auch als eine chemische *Mini-Fabrik* selbst Spinnseide synthetisieren, sondern darüberhinaus über recht komplizierte Steuersysteme verfügen würde, um mit den ebenfalls vorhandenen Spinndüsen sämtliche Bewegungen der Raupe beim Verfertigen ihres Kokons nachvollziehen zu können. Das Programm dieses Computers müßte zudem die Bewegungen der Raupe beim Spinnen ihres Kokons genau in der erforderlichen und zum Erfolg führenden Reihenfolge äußerst exakt steuern, und dies nicht etwa nur wie beim Weben eines Tuches oder Teppichs lediglich in einer Ebene, also zweidimensional, sondern in allen drei Dimensionen des Raumes. Selbstverständlich müßte auch der genaue Zeitplan einprogrammiert werden, jener *endliche Haltepunkt des Wachstums* (W. Heitler), bei dessen Erreichen jede weitere Seidenproduktion und Webtätigkeit einzustellen ist, weil der Kokon andernfalls asymmetrisch, zu groß und unförmig würde. Eine ganz besonders schwierige Aufgabe stellte unserem geplagten Programmierer jedoch jener jähe Wechsel des Webvorganges, der von einer ganz bestimmten, wie mit dem Lineal gezogenen Grenzlinie an nicht mehr nur eine glatte, einheitliche Wandfläche hervorzubringen hat, sondern unmittelbar darunter deutlich gegeneinander abgegrenzte, gleich breite, starre, aus unzähligen dünnen Einzelsträngen zusammengeklebte Seidenstreifen, alle von gleicher Länge und Breite, die gegen ihr Ende zu spitz auslaufen. Diese nadelspitzen Enden neigen sich zudem zeltdachartig gegeneinander, und die glatte Kokonwand wird über diese merkwürdige Konstruktion hinaus noch ein kleines Stück nach oben weitergezogen, so daß sie eine kurze, gegen oben offene Röhre bildet. Damit endlich ist das ganze komplizierte Werk vollendet: ein Kokon, der dem darin ausgeschlüpften Schmetterling ohne Verletzungsgefahr für seine zarten Flügel das Auskriechen in die Freiheit ermöglicht, indem er diese spitz endenden Seidenstreifen von innen sanft beiseitedrückt. Der gleiche Reusenapparat verhindert jedoch das Eindringen von Störenfrieden oder gar Feinden während der Puppenruhe recht wirksam: Sie alle kommen gegen diese zahlreichen *Spieße* nicht an! Ein geradezu genialer *Trick*, die harte Kokonwand an einer Stelle für den jungen Schmetterling offen zu halten, ohne ihn dadurch auch nur im geringsten zu gefährden! Dieser Reusenapparat hätte jedem denkenden Erfinder in der Tat alle Ehre gemacht! Spätestens an dieser Stelle des Überlegens müßte man die Frage stellen: Wäre es denn überhaupt vernünftigerweise noch denkbar, daß das Bauprogramm für eine derartige technische Meisterkonstruktion durch *nichts als den Zufall* zustandegekommen sein könnte? Eine Antwort dürfte sich allerdings erübrigen!

Aber das ist ja noch lange nicht alles! Selbst wenn wir einmal der Einfachheit halber dieses hochkomplexe Programm als gegeben voraussetzen, müßte doch der Computer, also die *künstliche Raupe*, wie ihr lebendes Vorbild über eine geradezu unerhörte Fülle an hochempfindlichen Kontrollinstrumenten verfügen, die unter anderem in jedem Augenblick dieses Webens peinlichst genau messen, ob die Wanddicke auch *stimmt*, die zwischen den Reusenstreifen die Abstände festlegen und registrieren usf. und einer übergeordneten Rechenzentrale ihre jeweiligen Meßdaten nach einem ausgeklügelten Codesystem verschlüsselt übermitteln. In dieser Rechenzentrale, die dem Zentralnervensystem der Raupe entspräche, ihrem *Oberschlund-*

ganglion, müßten die *Ist-Werte* mit den zu erreichenden *Soll-Werten* verglichen, gegeneinander verrechnet und die ermittelten Korrekturwerte wieder zurück an die ausführenden *Organe* geleitet werden. Ein vollkommenes *feedback-* oder Rückkoppelungssystem, das an Winzigkeit sowohl seiner Sensoren, also der Registrierorgane, als auch des *Rechners* und der Korrekturwerkzeuge des Computers alle unsere technischen Möglichkeiten weit unterbietet!

Alles in allem: Diese organische, lebende Raupen-Konstruktion auch nur nachzubauen, zumal in annähernd den gleichen Dimensionen, würde, selbst wenn es gelänge, nur wieder das eine beweisen – nämlich, daß es eben ohne ein immenses technisches *Know-how*, ohne wissenschaftliche Informatik, eben ohne Geist, also planlos-zufällig **nicht** möglich ist! Dabei haben wir abermals noch nicht einmal berücksichtigt, daß, soll der Vergleich auch zutreffen, diese *künstliche*, maschinelle Computer-Raupe ja nicht wie eine normale Maschine nachträglich aus vorgefertigten Teilen zusammengesetzt werden dürfte (wobei wir absichtlich die Frage, **wer** denn hier eigentlich zusammensetzt, einmal ganz aus dem Spiel lassen!). Nein, es müßte gar eine Methode, ein Programm erdacht werden, das die tote Materie, den Baustoff veranlaßt, sich selbst entsprechend umzugestalten, sich an Größe und Masse zunehmend neu, ja gänzlich anders zu formieren! Erst in diesem Falle wäre doch der Vergleich der sich aus einer Eizelle *selbständig* entwickelnden Raupe auch wirklich zutreffend! Das jedoch wäre in der Tat nur dann möglich, wenn der Mensch über schöpferische, göttliche Fähigkeiten verfügte! Und gerade die versucht er ja durch derartige Gedankenexperimente zu leugnen!

Aber gemach: Immer noch nicht sind wir am Ende dessen, was sich hierbei an Problemen stellt. Was sich nämlich in diesem technisch so meisterhaft gebauten Kokon unter der derben Puppenhülle an schöpferischem Wandel vollzieht, übersteigt alles Menschenmögliche schier grenzenlos! Man braucht sich ja nur einmal an die wunderbare Ordnung des Flügelschuppen-Mosaiks zu erinnern! Daß dieses ganze unvorstellbare Ausmaß an Ordnung, vom Aufbau sämtlicher Organe und ihrer instinktiven *angeborenen Gebrauchsanweisungen*, als ererbte Programme samt dem hier betrachteten bescheidenen Ausschnitt des Kokonverfertigens bereits als codierte Information im Ei, ja nur im mikroskopisch winzigen Zellkern dieses Schmetterlingseies enthalten sein muß, das übersteigt erneut jegliches Vorstellungsvermögen!

Wollte man – vorausgesetzt unsere Einsicht, Zeit und Geduld reicht dazu aus, und es übersteigt unsere Intelligenz nicht geradezu maßlos – alle Voraussetzungen berücksichtigen, die das Nacherstellen dieses im Grunde doch unübersehbar komplexen *Programmes Nachtpfauenauge* und der Nachbau eines ausführenden Computers zu erfüllen hätten, müßte der Mensch seine uralte, verderbliche Hybris verwirklichen können und *sein wie Gott!* Und dies alles, was ihm trotz all seiner Vernunft und stolzen Wissenschaft versagt bleibt, soll nichts anderes sein als das Produkt eines sinn-, ziel- und planlosen Zufallsgeschehens, das Ergebnis ungelenkter chemischer und physikalischer Prozesse?

Kapitel 18

Ein Generationen-Programm:

Das seltsame Leben des Ameisenlöwen

Man möchte meinen, da habe irgend jemand aus purer Langeweile mit der Spitze seines Spazierstocks kleine runde Löcher in den hellen Sand des Heideweges gebohrt. Wie anders sollte sich auch ein Uneingeweihter jene merkwürdigen, nur wenige Zentimeter tiefen und etwa ebenso breiten Trichter erklären? Aber wer, nun doch neugierig geworden, die Sache einmal aus der Nähe in Augenschein nimmt, wobei er sich tunlichst neben die rätselhaften Mini-Krater kniet, der erlebt eine Überraschung!

Er braucht nämlich den Trichterrand nur ganz sachte mit seinem Finger zu berühren, so daß ein paar lockere Sandkörnchen in die Tiefe rieseln – und sofort regt sich dort unten etwas! Eine kleine Sandfontäne spritzt auf, und dann ist ebenso plötzlich alles wieder ruhig wie zuvor. Beim genaueren Hinsehen jedoch entdeckt man an der tiefsten Stelle des Sandtrichters zwei eigenartige, gezähnelte Zangen. Weit auseinandergespreizt scheinen sie jeden Augenblick bereit, zuzupacken und sich von beiden Seiten in die Flanken irgendeines Opfers zu bohren. Den Eigentümer dieser martialischen Kiefer – denn um nichts anderes handelt es sich bei diesen überspitzen Zangenbacken – bekommt man allerdings nicht so ohne weiteres zu Gesicht. Der steckt nämlich wohlgeborgen tief im losen Sand, und man muß ihm schon recht flink etwas unterschieben, einen Dosendeckel beispielsweise, um ihn herauszuholen. Wird er nicht so jählings überrumpelt, verkrümelt er sich buchstäblich unter unzähligen Sandkörnern, die zudem genau die gleiche Färbung aufweisen wie sein so absonderlich gestalteter Körper.

Oder ist ein regelrecht spatenförmiger Körper bei einer Insektenlarve etwa nicht absonderlich? Ein Spatenblatt ganz besonde-

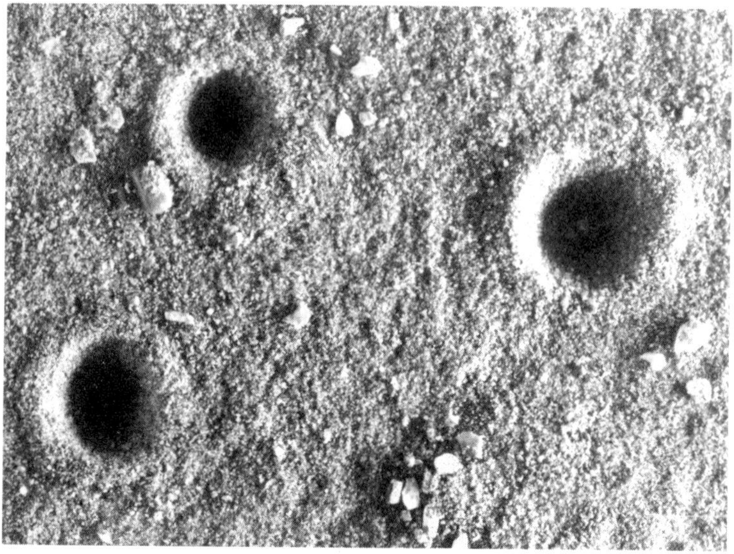

Drei Trichter von Ameisenlöwen im lockeren Sand. Die Größe des Trichters ist ein Maßstab für den Appetit des auf seinem Grunde lauernden «Wegelagerers»!

Auch auf dem lockeren Sand ist der Ameisenlöwe durch seine Farbe und optisch auflösende Zeichnung vortrefflich getarnt.

rer Art zudem, dieser sich keilförmig verschmälernde Hinterleib, denn er besitzt warzenartige Höcker mit steifen Borsten, die allesamt nach vorn gerichtet sind. Sie stellen sozusagen einen Anker dar und halten das versteckte Tier sogar im lockeren Sand fest, so daß ihn da keiner so ohne weiteres einfach herausziehen kann. Auch die Beine des merkwürdigen Tierchens sind in auffallender Weise nach vorn gerichtet, so daß es sich besonders gut damit nach hinten stemmen kann und dabei mit dem zugespitzten Spatenblatt seines Körpers blitzschnell in den schützenden Sand hineingleitet. Lediglich seine beiden übergroßen Kieferzangen und die breite, wie eine Schaufel in ihrer Mitte eingedellte Stirn streckt es noch heraus. Sobald Sandkörner auf diese Stirn fallen, schleudert sie der Ameisenlöwe, wie der Volksmund diesen meisterhaften Fallensteller so treffend nennt, durch kräftige ruckartige Bewegungen wieder hoch gegen die Trichterwand, ja sogar bis über den Rand seines winzigen Kraters hinaus. Den baut er übrigens just nach der gleichen Methode, während er langsam immer tiefer in den Sand rutscht, wobei er sich allerdings noch zusätzlich ständig im Kreis herumdreht, so daß eine ganz regelmäßige, trichterförmige Vertiefung entsteht: Seine raffinierte Todesfalle für ahnungslose Ameisen und andere kleine Insekten!

Denn nach getanem Werk hockt er nun dort unten in seinem Versteck und harrt der Dinge, die da kommen werden. Sobald eine Ameise unversehens über den Rand des Trichters tappt und auf dem nachgebenden Sand seiner steilen Wand hilf- und haltlos ins Rutschen gerät, tut die lauernde Larve des Ameisenlöwen noch das ihre dazu. Sie schleudert regelrechte Sandfontänen gegen das abrutschende Opfer, das dadurch noch schneller genau zwischen die weit aufgesperrten Kieferzangen gleitet. Was dann geschieht, macht dem vielleicht zunächst noch für leicht übertrieben gehaltenen Namen Ameisenlöwe alle Ehre. In der Tat schlägt die gefräßige Larve diese dräuenden Klauen wie die messerspitzen Eckzähne eines hungrigen Löwen in den wehrlosen Leib ihres Opfers, dessen hilfloses Zappeln schon bald erstarrt. Doch Löwenzähne sind, verglichen mit diesen Kieferklauen des Ameisenlöwen, weit weniger raffinierte Tötungswerkzeuge! Während man sie allenfalls mit Dolchen oder Krummsäbeln ver-

Auf dem Grund des Trichters ragen nur Stirn und Kiefer des Ameisenlöwen aus dem Sand.

gleichen könnte, stellen die Ameisenlöwenkiefer regelrechte Tötungsspritzen dar! Sobald sie nämlich die ritterpanzerartige Chitinhaut der Ameise durchbohrt haben, strömt durch einen aus Rinnen gebildeten Kanal in ihrer Mitte Verdauungssaft in den Körper des Opfers und löst alles Verdauliche zu einer Art spezieller Bouillon auf, die dann durch den nämlichen Kanal gierig aufgeschlürft wird. Übrig bleibt bei dieser absonderlichen Mahlzeit nur die leere Chitin-Hauthülle der Ameise, die wie herabgerieselte Sandkörner nach oben aus dem Trichter hinausgeschleudert wird. Da der Ameisenlöwe also nur bereits Verdautes zu sich nimmt und keinerlei unverdaulichen Ballaststoffe, bildet sein Darm auch keinen Kot. So nimmt es denn eigentlich auch nicht wunder, daß dieser Darm an seinem Ende geschlossen ist. Zwei volle Jahre lang kann es der Ameisenlöwe so aushalten, und die geringen Verdauungsreste, die dennoch anfallen mögen, wird er nur bei seinen Häutungen zugleich mit der alten Haut, also wohlverpackt und ohne Beschmutzung seiner Fallenwohnung, los.

Die Reifeform des Ameisenjägers, jenes libellenähnliche, mit netzartig geäderten Flügeln fliegende Insekt, nimmt während seines nur Tage währenden Lebens überhaupt keine Nahrung zu sich. Seine verkümmerten Verdauungsorgane wären dazu gar nicht geeignet, und so besteht sein einziger Daseinszweck darin, für die Erhaltung und Verbreitung der Art zu sorgen. Daß dieses selbst keinerlei Nahrung zu sich nehmende Geschöpf seine Eier wie mit Vorbedacht stets nur dort ablegt, wo es nicht allein sandigen Boden gibt, sondern wo möglichst nahe auch sogenannte Ameisenstraßen vorbeiziehen, als wüßte es nur allzugut, was die alsbald daraus hervorschlüpfenden Larven zum Leben brauchen, scheint besonders erstaunlich. Denn selbstverständlich weiß dieser kleine Netzflügler, der mit unserer bekannten Florfliege, dem *Goldauge* Chrysopa verwandt ist, nicht im mindesten, was er da eigentlich tut – und an die speziellen Bedürfnisse seiner eigenen Larvenzeit erinnern kann er sich schon gar nicht, zumal die Zeit der alles verändernden Puppenruhe dazwischenliegt. Er folgt vielmehr blind gehorchend seinem Instinkt, diesem angeborenen, ererbten Programm, das auch hier verschlüsselt oder codiert bereits im Ei vorhanden sein muß.

Es ist nun freilich schon unbegreiflich genug, wie ein derartiges sinnvoll organisiertes Verhaltensprogramm zustande kommt. Von Zufall kann dabei ja, wie wir heute, da wir selbst Computer programmieren und daraus eine ganze komplizierte Wissenschaft gemacht haben, nur zu gut wissen, ernsthaft keine Rede mehr sein! Doch nicht minder erstaunlich ist die Tatsache, daß dieses Programm genau zur rechten Zeit abgerufen wird. Eine Tatsache, die uns so alltäglich erscheint, daß sich seltsamerweise kaum noch irgend jemand darüber verwundert. Die vielfältigen, einander stets in einer streng geregelten Reihenfolge ablösenden Tätigkeiten der Jungbienen haben dieses Phänomen ja bereits auf besonders eindrucksvolle Art und Weise vor Augen geführt. Im Grunde genommen aber begegnet man ihm ja bei jedem Organismus. Unsere Frösche zum Beispiel verhalten sich als insektenfangende Fleischfresser völlig andersartig als ihre Larven, die Kaulquappen, die als Kiemenatmer nicht nur ausschließlich im Wasser leben, sondern als reine Vegetarier auch mit den winzigen, raspelartigen Hornzähnchen ihres Mundes die Algenbeläge von den Stengeln der Wasserpflanzen abweiden. Obwohl die Frosch-Programme doch bereits in jedem Ei-Zellkern codiert sind, werden sie erst zu ihrer, also der rechten Zeit abgerufen. Auch dort übrigens, wo es keine so sichtbar tiefgreifende Verwandlung zwischen Jugend- und Reifeform gibt, beobachten wir allenthalben, wie ein exakter Zeitplan im Verhalten der Tiere eingehalten wird. So setzen ja auch die Vögel ihr ererbtes Nestbau-Programm erst dann in die Tat um, wenn ihrem Alter und auch der Jahreszeit entsprechend die günstigsten Voraussetzungen zum Brüten gegeben sind. Bis dahin ruht das Programm, es kann gar nicht aktiviert werden, weil die auslösenden, die abrufenden Geschlechtshormone im Blut fehlen! Doch diese Hormone sind ihrerseits nur Mittel zum Zweck oder, wie es der Katalyseforscher Alwin Mittasch einmal formulierte: Sie dienen und führen Aufträge aus – aber sie herrschen nicht!

Die eigentliche Ursache, die sich ihrer da bedient und den Auftrag erteilt, muß ihnen demnach wiederum übergeordnet sein. Auch hier stoßen wir also auf ein hierarchisch abgestuftes System von über- und untergeordneten Programmen! Die Tatsache freilich, daß sie alle, jedes für sich allein schon ein unbegreiflich kompliziertes System, eine fehlerlose Ordnung repräsentieren, insgesamt eine noch weit komplexere Ordnung aus Teil-Ordnungen darstellen, potenziert die Aussichtslosigkeit, hier weiterhin von einem zufälligen Zustandekommen zu reden. Wenn schon kein Einzelprogramm ohne Plan und Ziel, ohne Geist möglich ist, dann doch erst recht nicht eine ganze, streng geordnete, zielorientierte hierarchische Struktur aus vielen Über- und Unterprogrammen. Und was hier hinsichtlich der Eiablage des erwachsenen Netzflüglers festgestellt werden kann, das gilt schließlich in gleichem Maße und gleichem Umfang auch für die Verhaltensprogramme seiner Larve. Über drei Generationen hinweg - Larve, Puppe und Vollinsekt - wird diese strenge Ordnung aufrechterhalten, trotz aller äußeren und inneren Wandlungen. Daß darüberhinaus auch noch sämtliche Über- und Unterprogramme für den Aufbau sowohl des Larvenkörpers als auch dessen Verwandlung über die Puppe bis zur Reifeform des fliegenden Tieres in diesem winzigen Ameisenlöwenei codiert sind, und sie alle ebenfalls zum richtigen Zeitpunkt abgerufen werden, daran sei lediglich am Rande erinnert.

Selbst wenn man wiederum großzügig davon absieht, daß alle halbfertigen Entwicklungs-Vorstadien, wie sie ein naiver Evolutionismus nun einmal unerläßlich fordern muß, als nicht funktionierend der erbarmungslosen Selektion längst hätten zum Opfer fallen müssen, und daher diese gesamte Hierarchie *zufällig* bis in ihre letzten Vollkommenheiten fertig als Ganzes hätte entstehen, also plötzlich und sprunghaft auf den Plan treten müssen: In jedem Fall bleibt auch hier wieder dem plan- und sinnlosen Zufall keine, aber auch nicht die geringste Chance!

Kapitel 19

Ordnung aus dem Chaos

Ordnung hervorzubringen und zu erhalten ist **das** Ur-Rätsel alles Lebendigen. Nur ein Lebewesen, und sei es auch die einfachste Bakterie, bringt es fertig, aus ungeordneter, chaotischer Materie eine ganz und gar unwahrscheinliche Ordnung aufzubauen, ein funktionsfähiges, sich selbst erhaltendes und vermehrendes *System*.

Diese kennzeichnende Fähigkeit des Lebendigen, einen *Strom von Ordnung auf sich zu ziehen* (E. Schrödinger), Höheres, Komplexeres und Energiereicheres aus Niedrigerem, Einfacherem und Energieärmerem zu schaffen, steht in auffälligem Gegensatz zu allen in der toten Materie überall beobachtbaren Vorgängen. Hier nämlich herrscht gerade die umgekehrte Tendenz: zum Abbau alles Komplexeren bis hin zu seinen einfachsten Bausteinen, des Energiereichen zu energieloser *Asche*, des Geordneten zum Chaotischen. Sobald ein Organismus nicht mehr lebt und nur noch tote Materie ist, beginnt eben dieser Prozeß des Abbauens, dem das Leben unausgesetzt entgegenwirkt. Rein physikalisch betrachtet und formuliert, bewirken die Veränderungen in toter Materie und toten Organismen eine Zunahme der Entropie: Ordnung, Komplexität und Energiegehalt nehmen kontinuierlich ab. Man braucht nur an einen Baum zu denken, der aus winzigem Samenkorn heranwächst und, solange er lebt, aus ungeordneten Stoffen, aus Wasser, Bodenmineralien und Kohlensäuregas der Luft seinen mächtigen Stamm, die Äste, Knospen, Blüten, Blätter, Früchte und Wurzeln aufbaut, alles sinnreich *organisiert* in Raum und Zeit! Sobald er jedoch abgestorben ist, zerfällt diese Ordnung. Während er vermodert, entsteht aus seinen Organen wieder das chaotische, ungeordnete Gemisch von Mineralien und Kohlendioxid, wobei die in ihm während vieler Jahrzehnte gespeicherte Energie als Wärme frei wird. Die Kräfte und Gesetze der Materie allein können keine echte, höhere Ordnung schaffen! Nirgendwo in unserer Welt entstand jemals eine sinnvolle, eine *funktionale Ordnung* von selbst. Auch das *primitivste* Steinwerkzeug setzt Erfahrung, einen *Ordner* – eben Geist voraus. So bezeichnet denn auch Adolf Portmann die lebendige Gestalt, dieses beredte Ergebnis verborgener ordnender, allem Zerstörerischen der Materie entgegengesetzter Kräfte als *das erste und letzte Problem der Lebensforschung.* Die Gestalt der Lebewesen nennt er «ein nicht Durchschaubares», ja ein «völlig Unverstandenes», schlicht ein «Rätsel»[1].

Selbstverständlich hat es keineswegs an Versuchen gemangelt, dieses Rätsel zu lösen – ganz ohne jede *Metaphysik,* versteht sich – nur mit den dürftigen Mitteln der exakten, messenden und rechnenden Naturwissenschaft. Am erfolgreichsten war die Theorie Darwins, jene naive Kombination von *Urdummheit und Urbrutalität* (A. Neuhäusler), die alle Höherentwicklung, jegliche Gestaltwerdung als das Ergebnis sinnloser (mithin *dummer*) Mutationen und eines erbarmungslosen (eben *brutalen*) Daseinskampfes scheinbar erklärte. Frohlockend schrieb, als er 1859 Darwins Werk über *Die Entstehung der Arten* gelesen hatte, der Materialist Friedrich Engels an seinen Freund Karl Marx, nun endlich sei die *Teleologie kaputtgemacht*, jene bislang unerklärliche Zweckmäßigkeit und Zielstrebigkeit in Aufbau und Leistungen der Lebewesen. Darwin habe einen Weg gezeigt, auf dem Ordnung ohne Ordner, Zweckmäßigkeit und Zielstrebigkeit ohne planenden, vorausblickenden Geist entstehen könnten.

Doch davon kann heute, im Zeitalter der Computertechnik und Informatik, da wir beginnen, mehr und mehr Einblick in das wahre, unvorstellbare Ausmaß dieser Ordnung des Lebendigen zu gwinnen, nun wahrhaftig keine Rede mehr sein. Dieser verfrühte Jubel verging mit einer Zeit, in der man die lebende Zelle noch für ein formloses Klümpchen Eiweiß halten konnte. Den Zufall, die gesetzlose Beliebigkeit ohne Sinn, Plan und Ziel als *deus ex machina,* können wir ein für allemal ad acta legen.

Sicher, es gibt rein physikalisch verständliche und erklärbare Vorgänge, die eine gewisse *Ordnung* zustande bringen. Wenn beispielsweise die Brandungswellen Sand, Kies und gröberes Geröll auf einen flachen Strand spülen, dann wird man dort alsbald eine *Sortierung* nach Größe und Gewicht feststellen können.

Am weitesten oben auf dem Strand bildet sich ein Streifen aus abgelagertem Sand mit den leichten Bruchteilen von Muscheln und Schneckengehäusen. Darauf folgt ein Streifen aus größeren Sandpartikeln, dann einer aus grobem Kies und zuletzt, unmittelbar an der Grenze zum Wasser, liegen schließlich die Brocken schweren Gerölles, die von den sich brechenden Wellen nicht weiter den Strand hinauftransportiert werden konnten.

Also entsteht *Ordnung* doch allein durch physikalische Kräfte? Gewiß – wenn man wieder den alten, so bewährten *Taschenspielertrick* der Materialisten anwendet und reduktionistisch *Ordnung* nennt, was doch in Wirklichkeit lediglich eine *Verteilung* darstellt! Wenn der Biologe von Ordnung spricht, dann meint er jedoch immer eine *funktionale Ordnung*. Das bedeutet: Die *Verteilung* der Elemente, die hier Teile einer echten Ganzheit sind und nicht, wie im Strandgeröll die einer funktionslosen *Summe,* dient einer ganz bestimmten Funktion oder Aufgabe. Von diesem, dem entscheidenden Moment echter *Ordnung,* kann nirgendwo im An-Organismischen die Rede sein – es sei denn bei vom Menschengeist konstruierten technischen Apparaten im weitesten Sinne. Man sollte deshalb, geht es um biologische Phänomene, den Begriff *Ordnung* ausschließlich im Sinne einer *funktionalen Ordnung* gebrauchen.

Aber so, wie es ungeachtet allen Fortschrittes in Physik und Technik selbst noch im 20. Jahrhundert immer wieder Fanatiker gibt, die an einem *Perpetuum mobile* herumbasteln und nach wie vor wider besseres Wissen die Hoffnung pflegen, daß es eines Tages doch gelingen würde, Energie aus dem Nichts zu erzeugen, gibt es tatsächlich auch immer noch Biologen, die das Zustandekommen einer echten, also einer sinnreichen Ordnung ohne Plan und Ziel, kurz: ohne Geist, allein durch blindwirkende physikalische Kräfte für möglich halten. Auch sie, denen der Wunsch zum Vater des Gedankens wurde, basteln an einer Art von Perpetuum mobile – und ernten für all ihr von vornherein aussichtsloses Unterfangen verdientermaßen zuletzt nichts als Spott.

Ein ganz besonders blamables Beispiel mag die bereits erwähnten *Spiele* zur angeblich zufälligen Muster-Erzeugung und Computer-Kritzeleien hier ergänzen. Da dachte sich ein Botanik-

Professor eine Waagen-Konstruktion aus, die, wie er nicht ohne Stolz erklärte, aus Chaos und Unordnung Ordnung schaffe, ganz ohne Plan, Ziel oder gar Geist. Der Waagebalken ist bei dieser Sonderkonstruktion mit einem Schieber verbunden, der je nach Stellung dieses Balkens, an dem die beiden Waagschalen hängen, von den Öffnungen zweier übereinander angeordneter(!) Kästen mit Kugeln jeweils die eine freigibt, während er gleichzeitig die andere schließt. Aus der freigegebenen rollt eine Kugel auf die Waagschale, die sich dadurch senkt, den Waagebalken samt Schieber auf ihrer Seite mit nach unten zieht, wodurch die Öffnung des unteren Kastens verschlossen wird und sich die des oberen öffnet. Jetzt fällt also eine Kugel aus dem oberen Kasten auf die Waagschale herab und drängt die erste in eine Rinne zwischen beiden Waagschalen. Da dort bereits eine Reihe von Kugeln liegt, wird die vorderste nun auf die andere Waagschale weitergeschoben, die an längeren Haltefäden etwas tiefer hängt. Nun senkt sich diese andere Waagschale, der Waagebalken zieht den Schieber wieder hoch, verschließt die Öffnung des oberen

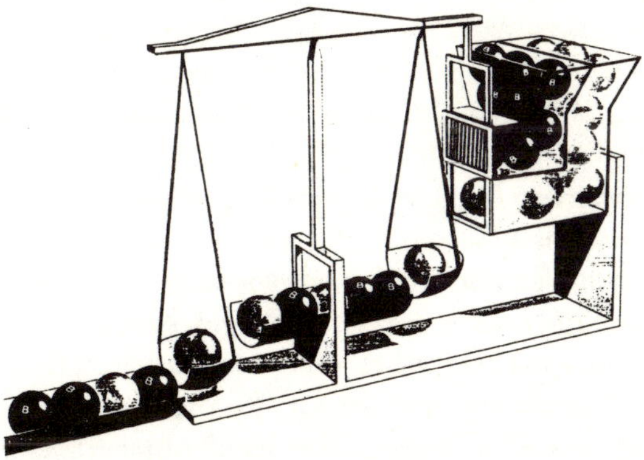

Die Waage, die angeblich aus Unordnung Ordnung schafft, wäre, wenn das tatsächlich geschähe, ein «Perpetuum mobile». Sie erreichte ja eine Entropie-Abnahme! Im übrigen wird hier ja gar nicht von irgendeiner «Unordnung» ausgegangen. Die Kugeln sind von Anfang an «geordnet», nach Gewicht und Farbe in gesonderten Kästen sortiert! Außerdem ist die Waage von ihrem Erfinder in der Absicht, die Kugeln anders zu sortieren, just so konstruiert worden, daß gar kein anderes Ergebnis dabei resultieren kann. In Wirklichkeit ist also der Geist des «Erfinders» die letzte, die eigentliche Ursache des Geschehens – nicht der «Zufall»!

Kastens und gibt dadurch die des unteren frei, aus dem die nächste Kugel rollt usw. Da in den beiden Kästen wohl-geordnet(!) jeweils nur Kugeln einer bestimmten Sorte, nämlich schwere A-Kugeln oder leichte B-Kugeln liegen, müssen(!) zu guter Letzt in der Ablauf-Rinne hinter der zweiten Waagschale A- und B-Kugeln in einer ganz bestimmten Reihenfolge *angeordnet* sein. So einfach also entsteht, wie über der Abbildung dieser Waage zu lesen, *Ordnung aus Unordnung!* Doch verblüfft fragt sich der ideologisch unvoreingenommene Betrachter dieser seltsamen Gedankenkonstruktion, wo hier denn eigentlich *Unordnung* zu finden sei. Alles ist strengstens geordnet! Die unterschiedlich schweren Kugeln fein säuberlich in getrennten Behältern, der Schieber und die verschieden hoch angebrachten Waagschalen am exakt ausbalancierten Waagebalken. Alle Einzelteile dieser Waage sind funktionsgerecht(!) zusammengesetzt, sämtliche Proportionen sorgsam diesen Funktionen entsprechend gewählt(!) usw. usf. Die Waage kann aufgrund ihres Baues, dessen Plan(!) mit einem ganz bestimmten, von Anfang an festgelegten Ziel(!) das vom Erfinder gesetzt wurde, überhaupt nicht anders funktionieren! Hier ist schlechterdings alles geplant und berechnet, gemessen und gewogen und nichts, aber auch nicht das geringste Detail irgendeinem nebulösen *Zufall* überlassen. Die *Ordnung,* die hier angeblich aus *Unordnung* entsteht, ist nichts anderes als sozusagen das Spiegelbild jener Ordnung, die der Erfinder seiner Waage eingegeben hat! Der Professor hätte sich diese Mühe ersparen können, denn was er hier *beweisen* will, das führt ihm schließlich im Prinzip schon seit geraumer Zeit jede Kartoffel-Sortiermaschine vor – nur weit weniger kompliziert!

Was er mit seiner *Erfindung* tatsächlich beweist, ist auch in diesem Falle peinlicherweise genau das Gegenteil dessen, was er doch beabsichtigte. Es geht eben nicht ohne *Know-how,* ohne Plan und Ziel, ohne Geist. Nicht einmal die simple Reihen-Anordnung unterschiedlich schwerer Kugeln ist ohne den die Ordnung schaffenden Geist möglich! Und doch liegen zwischen dieser *Verteilung* von Materie-Kugeln und jener echten, funktionalen Ordnung selbst des *einfachsten* Organes Dimensionen von astronomischer Größenordnung!

Was der *Erfinder* dieser angeblich aus Unordnung Ordnung

schaffenden Waage ebenfalls völlig übersehen hat, ist die Tatsache, daß die am Ende des geschilderten Vorganges angeblich entstandene Ordnung energieärmer ist als die nur vermeintliche Unordnung zu Beginn. Die Entropie hat zugenommen und ist gerade nicht, wie für Systeme eines höheren Ordnungsgrades kennzeichnend, geringer geworden! Die *Energie der Lage* jener so bedacht in ihren hochgelegenen Kästen sortierten Kugeln ist bei ihrem Hinabfallen auf die Waagschale in kinetische Energie umgewandelt worden, und im Moment des Aufprallens in unwiderruflich verlorene Wärmeenergie. Um die alte Ordnung (die vermeintliche *Unordnung!*) wieder herzustellen, bedarf es erneuter Energiezufuhr. In Wirklichkeit also erzeugt diese Waage, wie von Anfang an gar nicht anders zu erwarten, – denn sonst wäre sie ja in der Tat ein *Perpetuum mobile!* – auch schon rein energetisch gesehen Unordnung aus einer vorgegebenen Ordnung.

Kommen wir abschließend noch einmal auf das erwähnte Beispiel des Baumes zurück. Es mag, ganz bescheiden, nur ein einziges jener ca. 200000 Blätter, die er Jahr für Jahr neu bildet, genügen, um exemplarisch aufzuzeigen, wie geradezu unendlich weit das Ordnungsgeschehen bei seinem Aufbau all jene stümperhaften Versuche übertrumpft, auch nur die einfachste Reihen-Anordnung allein durch materielle Kräfte zu erklären. Es beginnt mit der Bildung eines winzigen Zellgewebe-Wulstes kurz hinter dem Vegetationspunkt eines jungen Seitensprosses. Die Zellen teilen sich alsbald jeweils nur noch in ganz bestimmter Richtung, so daß sich der Wulst abflacht und schließlich fast ausschließlich noch *in die Fläche wächst.* Jetzt bereits spielen sich bislang völlig unbekannte und unerklärliche Ordnungsprozesse ab. Diese vielen Tausenden von Blattzellen teilen sich ja nicht allein exakt gerichtet nach allen drei Dimensionen des Raumes – und dabei, wie gesagt, nach oben und unten weit weniger häufig – sondern auch unterschiedlich oft. Wie werden bei jeder einzelnen Zelle diese Richtungen und der Teilungsrhythmus bestimmt und so gesteuert, daß am Ende die artspezifische Blattgestalt entsteht? So müssen sich ja die Zellen eines Buchenblattes nach der Blattspitze zu weniger oft *tangential* teilen, damit sich die Blattfläche allmählich verschmälert, während jene in der Blattmitte just diese Teilungsrichtung forcieren, weil ein Buchenblatt gerade dort am breitesten ist! Noch weit komplizierter ist dies alles etwa beim Eichenblatt, dessen gebuchteter Rand je nach Lage einer Zelle am Grunde der *Bucht*, an ihrem Rand oder am äußeren Ende eine minutiös zeitlich wie räumlich festgelegte Grenze des Wachstums und Beendigung aller Zellteilungen erfordert!

Daneben aber läuft parallel noch ein zweites Ordnungsgeschehen, das zu einem höchst zweckmäßigen Stockwerksbau des Blattes führt. Nach oben abgegliederte junge Zellen differenzieren sich zu mehr oder weniger flachen, chlorophyllkornfreien Hautzellen, einem echten Abschlußgewebe mit verdicktem, wasserundurchlässigem Außenhäutchen (Cuticula). Unmittelbar unter diesem Gewebe aus nur einer Schicht Zellen, der *Epidermis*, differenziert sich ein zweites Gewebe aus hohen, palisadenartig dicht nebeneinanderstehenden Zellen mit reichlich Chlorophyllkörnern, das *Palisadenparenchym*. Hier vor allem findet die Assimilation, der Aufbau von Stärke statt, zu dem das von den Chlorophyllkörnern *eingefangene* Sonnenlicht die erforderliche Energie liefert. Unmittelbar unter diesem Palisadenparenchym haben sich die ursprünglich alle gleich aussehenden Blattzellen zu den unregelmäßig gestalteten Zellen des *Schwammparenchyms* differenziert, das seinen Namen den zahlreichen, an einen porösen Badeschwamm erinnernden Hohlräumen (Interzellularen) verdankt. Hier zirkulieren die Gase, die zur Assimilation unerläßlich sind und die bei der Zellatmung freiwerden. Die unterste Zellschicht, also die Epidermis der Blattunterseite, ähnelt wieder jener der Blattoberseite – nur daß hier sogenannte *Spaltöffnungen* die Verbindung der Interzellularräume des Schwammparenchyms mit der Außenwelt herstellen.

Diese Spaltöffnungen sind nun in der Tat *raffinierte* Konstruktionen! Sie lösen ein technisch keineswegs einfaches Problem auf geradezu geniale Art und Weise. Der Spalt zwischen zwei bohnenförmigen Schließzellen, durch den nicht allein der erwähnte Gasaustausch bei Assimilation und Atmung, sondern ebenso die Wasserabgabe der Pflanze durch Verdunstung erfolgt, muß ja ausgerechnet dann weit geöffnet sein, wenn diese Schließzellen prall mit Wasser gefüllt sind. Erst bei Wassermangel, wenn sie wieder erschlaffen, schließen sie den Spalt wieder. Wie aber müssen denn Zellen gebaut sein, damit nicht gerade das Umgekehrte

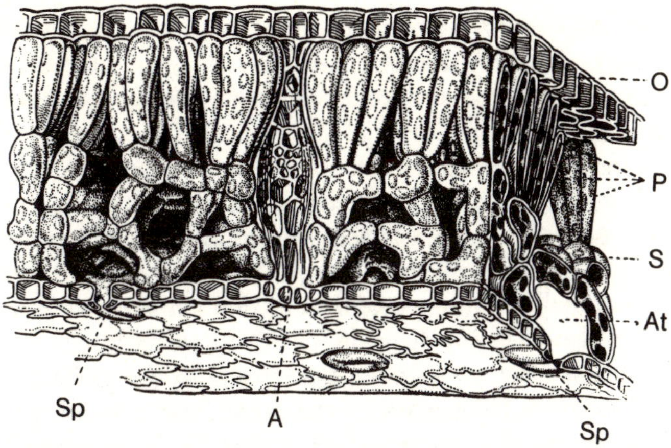

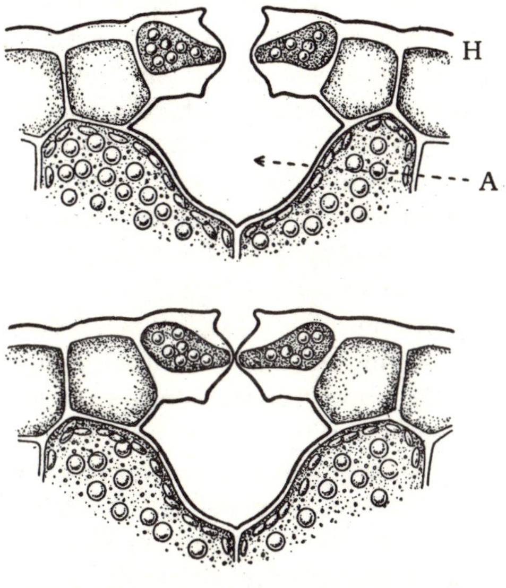

Schnitt durch ein Laubblatt (als «Blockdiagramm»). O=Blattoberhaut (Epidermis); P=Palisadenzellen; S=Schwammzellen; At=Atemhöhle; Sp=Spaltöffnung; A=Blattader mit Leitgefäßen.

Schnitt durch eine Spaltöffnung. Oben Schließzellen geöffnet, unten geschlossen. H=Blatthäutchen (Cuticula); A=Atemhöhle.

geschieht? Man sollte doch eigentlich erwarten, daß sich prall mit Wasser gefüllte (turgeszente) Zellen derart gegeneinanderpressen, daß auch nicht der geringste Spalt zwischen ihnen offen bleibt!

Erst unter dem Mikroskop offenbart sich der besondere *Trick* dieser Schließzellen. Da zeigt sich, daß die Rückwand einer jeden auffallend dünn ist – in deutlichem Gegensatz zu der ihr gegenüberliegenden stark verdickten und festen Wand, die den Spalt begrenzt. Nehmen nun die beiden Schließzellen Wasser auf, so wölben sich lediglich ihre dehnbaren Rückwände nach außen gegen die Zellen des angrenzenden Epidermisgewebes. Dabei ziehen sie die starrbleibenden Vorderwände mit, wodurch der Spalt zwischen ihnen immer weiter geöffnet wird. Erschlaffen jedoch die dünnen Rückwände wieder nach starker Wasserabgabe, erfolgt die entsprechende Bewegung in der Gegenrichtung, und der Spalt schließt sich. Ein Ingenieur, der eine vergleichbare Erfindung gemacht hätte, wäre zweifellos für diese geistige Leistung ausgezeichnet worden!

Die Schließzellen sind als *Sonderkonstruktionen* durch Teilung aus gewöhnlichen Oberhautzellen in ihrer raffinierten gegenseitigen Zuordnung hervorgegangen. Wie in aller Welt wäre so etwas möglich durch *nichts als den Zufall?* Nicht allein, daß hier aus *normalen* Zellen ganz offensichtlich durch *gezielte* Teilungen und Veränderungen ein ausgeklügelter, funktionsfähiger *Mechanismus* entsteht! Die Spaltöffnungen werden in der Regel nur auf der vor Staubablagerungen und Regenwasser geschützten Blattunterseite ausgebildet und sind nach einem festgelegten *Muster* verteilt. Das aber bedeutet: keinesfalls rein zufällig! Vergleicht man ihre Verteilung über die Epidermis mit *Zufallsverteilungen*, die mit Hilfe von Koordinatennetzen und Zufallszahlen gewonnen wurden, so zeigt die Anordnung der Spaltöffnungen eine auffällige, durch die *Zufallsverteilung* nie auch nur annähernd erreichte Regelmäßigkeit. Butterfaß spricht deshalb auch von einer *überzufällig gleichmäßigen Verteilung in der Fläche.* Ein echtes *Muster* also, da Muster definiert wird als «die nicht zufällige Verteilung gleichartiger Elemente einer Pflanze»[2].

Allerdings bedarf dieser Muster-Begriff im Hinblick auf unser Blatt wohl einer Erweiterung – schließlich stellt ja das ganze

Blatt ein Muster dar, in diesem Fall jedoch aus verschiedenartigen Elementen, da sich die Gewebe der einzelnen *Stockwerke* des Pflanzenorgans deutlich voneinander unterscheiden. Als echtes Muster kennzeichnet sie jedoch ihre gegenseitige Zuordnung, in der sie sich räumlich und funktional ergänzen. Zweifellos liegt also dieser nicht-zufälligen Ordnung ein Plan als das Gegenteil von Zufall und als die einzige denkbare Alternative zugrunde. Die vielen verschiedenen, zur rechten Zeit am richtigen Ort erfolgenden Zelldifferenzierungen und -spezialisierungen folgen einem von Anfang an festgelegten, ererbten Programm. Nach diesem Programm konstruiert sich der *Computer Blatt* selbsttätig als eine *Raum-Zeit-Gestalt* (Schubert-Soldern), die als funktionelle Ordnung wesentliche Lebensaufgaben, physiologische Funktionen, zu erfüllen vermag.

Es fällt in der Tat recht schwer, sich vorzustellen, daß dieses Programm für jede einzelne Blattzelle ihr spezielles *Verhalten* exakt vorschreibt: wie oft sie sich zu teilen hat, nach welchen Richtungen des Raumes ihre dabei entstehenden Tochterzellen abzugliedern sind, wann, an welcher Stelle und wozu sie sich auszudifferenzieren hat. Wenn Manfred Eigen feststellt, daß der komplette Chromosomensatz – also das codierte Gesamtprogramm – «selbst beim Menschen nicht mehr als einige Milliarden Codezeichen umfaßt», dann ist die Programmkapazität bei weitem nicht groß genug, als daß jede einzelne der Milliarden zählenden somatischen Zellen eines Organismus direkt im Genom seiner Keimzelle vorprogrammiert sein könnte[3]. Was also lenkt hier zusätzlich die betrachteten Differenzierungen? Sind es *Nachbarschaftswirkungen*, also indirekte Beeinflussungen etwa durch unmittelbar angrenzende Gewebe, wird «die Umwelt durch einen von der Zelle aus gelenkten Prozeß strukturiert», spielen da unterschiedliche Verteilungsmuster der Konzentrationen chemischer Stoffe die entscheidende Rolle?[4] Das Beispiel der Augenbildung u.a. wies bereits deutlich darauf hin. Allerdings: Die Lenkung der Differenzierungsprozesse über Zweit- und Drittursachen müßte ja, wie schon andere Beispiele zeigten, ebenfalls *vorprogrammiert* sein, denn andernfalls käme niemals etwas Funktionsfähiges, etwas *Ganzes* dabei heraus. Wenn das detaillierte Entwicklungsprogramm für jede Zelle nicht fix und

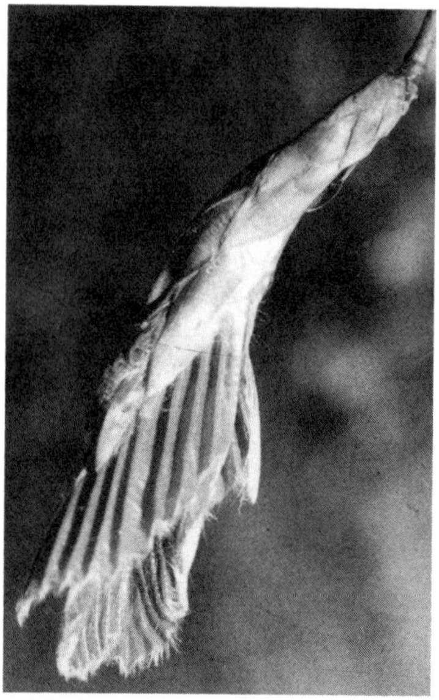

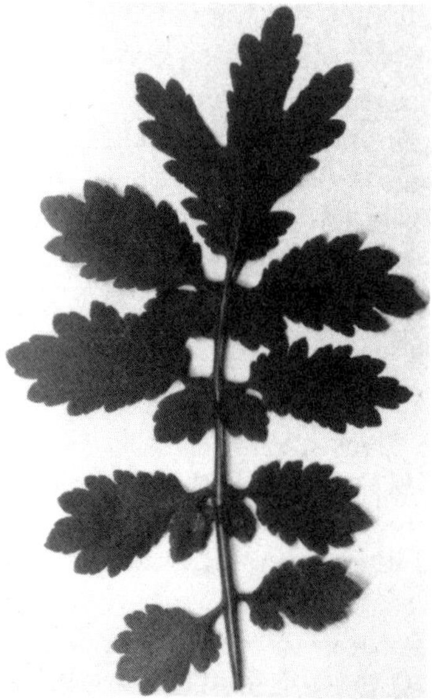

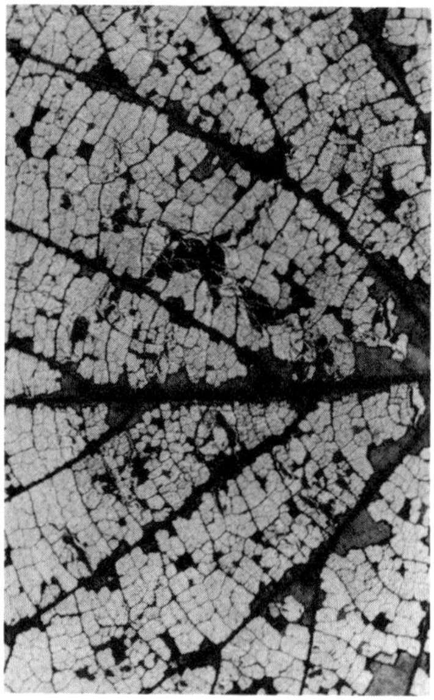

Von den ca. zweihunderttausend Blättern eines mittelgroßen Buchenbaumes sind nicht zwei völlig kongruent (deckungsgleich). Dennoch zeigen sie alle die unverwechselbare Gestalt des Rotbuchenblattes, die deutlich von der des Eichen- oder Ahornblattes abweicht. Unter den Knospenschuppen teilen sich Abertausende von Zellen so lange und exakt nach den verschiedenen Richtungen des Raumes, bis diese «Endgestalt» erreicht ist. Wohlgemerkt vollzieht sich dieses in allen späteren Proportionen stimmende Wachstum des jungen Blattes in eng zusammengefaltetem Zustand! Erst nach dem Sprengen der Knospenhülle ist ja eine Entfaltung der Blattflächen möglich.

Das gefiederte Blatt des Schöllkrautes (Chelidonium) veranschaulicht die Problematik der Gestaltbildung besonders eindrucksvoll. Wir wissen nicht, wie die Zellteilungs- und Wachstumsprozesse gesteuert werden, die zielsicher diese unverwechselbare Endgestalt (W. Heitler) anstreben. In jeder Einbuchtung der Fiederränder müssen die Zellen am Grunde ihre Teilungen schon früher einstellen als jene, die einmal gemeinsam den vorspringenden «Blattrand-Zahn» bilden. Aber auch innerhalb eines solchen «Zähnchens» teilen sich an der Basis die Zellen in einem anderen Rhythmus als die spitzenwärts liegenden, die zunehmend nur noch eine Teilungsrichtung bevorzugen. Auch daß der Blattstiel nur an bestimmten Stellen, und zwar exakt symmetrisch und in bestimmten Abständen Fiedern ausbildet, ist ein unbegreifliches Ordnungsphänomen. Nur beiläufig sei erwähnt, daß viele Blattgestalten keinerlei «Selektionsvorteil» anderen gegenüber zeigen. Sie können also mitnichten etwa als Ergebnis einer Auslese im «Kampf ums Dasein» erklärt werden!

Das Blatt des den Buddhisten heiligen Bo-Baumes aus Sri Lanka besitzt eine lange, schmal ausgezogene Spitze. Während seines Wachstums noch innerhalb der Knospe müssen also die Zellen von einer ganz bestimmten Stelle an ihre Teilungen nach den Seiten hin weitgehend eingestellt haben. Auch die Ei-Form des Blattes erklärt sich nur aus einer entsprechenden Lenkung der Zellteilungen und des anschließenden Streckungswachstums. Auch wenn das «Verhalten» jeder einzelnen Zelle nicht im Genom des Zellkernes der Samen-Eizelle bis ins letzte Detail vorprogrammiert ist, so ändert das letztlich nichts daran, daß auch die eventuellen Zweit- und Drittursachen ja entsprechend «eingeplant» sein müssen, also Teile eines insgesamt ausreichenden Programmes darstellen.

Das Adernetz eines jeden Blattes bildet ein echtes «funktionales Muster», da auch nicht der kleinste Teil der Gesamtblattfläche ohne Wasserversorgung bleibt. Von einer «zufälligen» Verteilung der Gefäße kann keine Rede sein!

fertig im Genom, der Erbsubstanz der befruchteten Eizelle enthalten sein kann, sondern während dieser Entwicklungsprozesse die weiteren Voraussetzungen fortschreitender Differenzierung erst geschaffen werden – dann wären ja auch diese *Umwege* von vornherein in allen Einzelschritten eingeplant! Gerade diese Vorausplanung später, aber exakt zum richtigen Zeitpunkt erst als Zweitursachen wirkender Faktoren, erforderte von einem Informatiker, der einen entsprechenden Computer programmieren sollte, weit mehr an geistiger Leistung und Genialität als ein sozusagen *starres,* bis ins Detail von Anbeginn festgelegtes, unwiderruflich determiniertes und determinierendes Programm.

Nein – es geht nicht ohne Geist! Wenn des alten Philosophen Schopenhauers Feststellung eines Beweises bedurfte, dann hätten ihn jene Konstrukteure von Sortier-Waagen und Verteilungsspielen erbracht, die angeblich Muster, also Ordnung, wenn auch nichtfunktionale, selbständig aus Unordnung erzeugen: Auch der naive biologische Physikalismus ist, wie jeder Materialismus, die *Philosophie jenes Individuums, das bei all seinen Bemühungen völlig vergessen hat, an sich selbst zu denken.* An seinen Geist nämlich als den Ursprung jenes Geschehens und seiner *Ordnung,* durch das eben dieser Geist geleugnet werden soll.

Es geht nun einmal nicht ohne Geist! Im Anfang war nicht, wie frevelnd dogmatisch verkündet wurde, der *Wasserstoff.* Denn *vor* dem Wasserstoff waren zumindest jene Naturgesetze existent, aufgrund derer Wasserstoff überhaupt erst entstehen konnte, wie Max Thürkauf immer wieder betont. Gesetze aber, so erinnert er, sind nichts Materielles, sondern stets Manifestationen des Geistes. Im Anfang war nicht der Wasserstoff, sondern der Geist[5] – jener Logos, der auch als *das Wort* übersetzt wird!

1 *Illies, J.;* Adolf Portmann, Freiburg 1981, S. 170

2 *Butterfaß, Th.,* Wachstums- und Entwicklungsphysiologie der Pflanze, Heidelberg 1970/S. 124

3 *Eigen, M. u. Winkler, R.,* Das Spiel – Naturgesetze steuern den Zufall, München-Zürich, 1975/S. 99

4 *ebd.*/S. 100

5 *Dobbelstein, H.,* Im Anfang war der Geist – und nicht der Wasserstoff, Trier, 1978

5
factu
6
fact
7/8
factum
200 Jahre
Französische
Revolution

WOLFGANG KUHN
Stolpersteine
des
Darwinismus (1)
Wunder der Schöpfung
in Wort und Bild
factum -Taschenbuch

Bestell-Nr. 72160

Wolfgang Kuhn
Stille Wunder am Wegrand
Format 21×23 cm,
100 S. mit zahlreichen farbigen Bildern
Fr. 27.—, DM 29.80, öS 232.40

Naturwunder – gibt es die heute noch? Hat nicht unsere Wissenschaft längst alles geklärt, was früher einmal als Rätsel oder Geheimnis galt? – Und doch bewahrheitet sich auch in unserer nüchternen Zeit, was der Philosophe Schopenhauer vor mehr als anderthalb Jahrhunderten sagte: «Jeder dumme Junge kann einen Käfer tottreten – aber alle Professoren der Welt können keinen Käfer machen!»
Wieviel unerklärte, ja der messenden Wissenschaft unerklärliche Pracht verbirgt sich doch in den kleinsten Dingen!
Ein Buch zum Staunen und Denken, vom bekannten Biologieprofessor.